Der Handelskauf nach der Schuldrechtsreform

Europäische Hochschulschriften

Publications Universitaires Européennes
European University Studies

Reihe II
Rechtswissenschaft

Série II Series II
Droit
Law

Bd./Vol. 4489

PETER LANG
Frankfurt am Main · Berlin · Bern · Bruxelles · New York · Oxford · Wien

Marcus Schaeffer

Der Handelskauf nach der Schuldrechtsreform

Eine Untersuchung zu den persönlichen Anwendungsbereichen des geltenden Kaufrechts

PETER LANG
Europäischer Verlag der Wissenschaften

Bibliografische Information der Deutschen Nationalbibliothek
Die Deutsche Nationalbibliothek verzeichnet diese Publikation in der Deutschen Nationalbibliografie; detaillierte bibliografische Daten sind im Internet über <http://www.d-nb.de> abrufbar.

Zugl.: Hamburg, Univ., Diss., 2006

D 18
ISSN 0531-7312
ISBN 3-631-56078-8

www.peterlang.de

Meinem Vater,
Prof. Dr. Hellmut Schaeffer
† 12.03.1987

Vorwort

Die vorliegende Arbeit wurde im Sommersemester 2006 von der Universität Hamburg als Promotion angenommen. Rechtsprechung und Literatur konnten bis Januar 2006 berücksichtigt werden.

Danken möchte ich zunächst Frau Prof. Dr. Marina Wellenhofer für die Betreuung der Arbeit, insbesondere für die jederzeitige Bereitschaft zu einem hilfreichen Gespräch.

Weiterhin bedanke ich mich bei Herrn Prof. Dr. Reinhard Bork für die äußerst zügige Erstellung des Zweitgutachtens und bei Herrn Prof. Dr. Frank Peters, Herrn Prof. Dr. Tilman Repgen und Frau Prof. Dr. Marina Wellenhofer für die kurzfristige Durchführung des Kolloquiums.

Großer Dank gebührt Dorothea Schaeffer und Ulrike Schaeffer für die uneingeschränkte Förderung meiner Ausbildung, ohne die diese Arbeit nie hätte entstehen können.

Frau Lydia Preis, Herrn Timo Quehl und Herrn Dr. Christian Schaumburg bin ich dankbar für den Beistand während der Entstehung der Arbeit. Besonderer Dank gebührt schließlich meiner Freundin Minoschka Spietz für Ihren unerschütterlichen Glauben an den Erfolg dieses Projektes.

Hamburg, 15. September 2006 *Marcus Schaeffer*

Inhaltsverzeichnis

Literaturverzeichnis

Anwaltkommentar BGB	Band 1: Allgemeiner Teil mit EGBGB Bonn 2005 Band 2: Schuldrecht Teilband 1: §§ 241 bis 610 Bonn 2005 (zit.: AnwKommBGB/*Bearbeiter*)
Bamberger, Heinz Georg/ **Roth**, Herbert	Kommentar zum Bürgerlichen Gesetzbuch München 2003 (zit.: Bamberger/Roth/*Bearbeiter*)
Baumbach, Adolf (Begr.)/ **Hopt**, Klaus J./ **Merkt**, Hanno	Handelsgesetzbuch 32. Auflage, München 2006 30. Auflage, München 2000 (zit.: Baumbach/Bearbeiter)
Böhler, Elisabeth	Grundwertungen zur Mängelrüge Wien 2000
Brox, Hans	Handels- und Wertpapierrecht 17. Auflage München 2004
Brüggemeier, Gert	Das neue Kaufrecht des Bürgerlichen Gesetzbuches WM 2002, S. 1376 – 1387
Bydlinski, Franz	Handels- oder Unternehmensrecht als Sonderprivatrecht Berlin, New York 1990
Callies, Gralf-Peter	Nach der Schuldrechtsreform: Perspektiven des deutschen, europäischen und internationalen Verbrauchervertragsrechts AcP 203 (2003), S. 575 – 602

Canaris, Claus-Wilhelm	Handelsrecht 23. Auflage München 2000
Canaris, Claus-Wilhelm	Schuldrechtsmodernisierung 2002 München 2000
–	Wandlungen des Schuldvertragsrechts – Tendenzen zu seiner „Materialisierung" AcP 200 (2000), S. 273 – 364
Dauner-Lieb, Barbara/ **Dötsch**, Wolfgang	Ein „Kaufmann" als „Verbraucher"? Zur Verbrauchereigenschaft des Personengesellschafters DB 2003, S. 1666 – 1669
Dauner-Lieb, Barbara/ **Heidel**, Thomas/ **Lepa**, Manfred/ **Ring**, Gerhard (Hrsg.)	Das neue Schuldrecht Ein Lehrbuch Heidelberg 2002
Dietz, Rolf	Anspruchskonkurrenz bei Vertragsverletzung und Delikt Bonn, Köln 1934
Doucet, Michel/ **Fleck**, Klaus E. W.	Wörterbuch der Rechts- und Wirtschaftssprache Teil I Französisch-Deutsch München 1988
Dreher, Meinrad	Der Verbraucher – Das Phantom in den opera des europäischen und deutschen Rechts? JZ 1997, S. 167 – 178
Ebenroth, Carsten Thomas/ **Boujong**, Karlheinz/ **Joost**, Detlev (Hrsg.)	Handelsgesetzbuch Band 1 – §§ 1 – 342a München 2001 (zit.: Ebenroth/Boujong/Joost/*Bearbeiter*)
–	Handelsgesetzbuch Band 2 – §§ 343 – 475h

München 2001

– Handelsgesetzbuch
Aktualisierungsband
München 2003
(zit.: Ebenroth/Boujong/Joost/*Bearbeiter*)

Ehmann, Horst/
Sutschet, Holger — Modernisiertes Schuldrecht
München 2002

Elßner, Christof/
Schirmbacher, Martin — Die Gesellschaft bürgerlichen Rechts als Verbraucher?
VuR 2003, S. 247 – 253

Emmerich, Volker — Der Handelskauf
JuS 1997, S. 98 – 102

– Verschulden bei Vertragsverhandlungen, positive Vertragsverletzung und Sachmängelhaftung beim Kauf – in: Festschrift für Günther Jahr
Tübingen 1993

Ensthaler, Jürgen (Hrsg.) — Gemeinschaftskommentar zum Handelsgesetzbuch
6. Auflage
Neuwied, Kriftel, Berlin 1999
(zit.: Ensthaler/*Bearbeiter*, GK-HGB)

Erman — Bürgerliches Gesetzbuch
Band 1
11. Auflage
Aschendorf, Münster, Köln 2004
(zit.: Erman/*Bearbeiter*)

Ernst, Wolfgang/
Gsell, Beate — Kritisches zum Stand der Schuldrechtsmodernisierung
ZIP 2001, S. 1389 – 1403

Ernst, Wolfgang/
Zimmermann, Reinhard
(Hrsg.) — Zivilrechtswissenschaft und Schuldrechtsreform
Tübingen 2001

Haas, Lothar/ **Medicus**, Dieter/ **Rolland**, Walter/ **Schäfer**, Carsten	Das neue Schuldrecht München 2002
Fehrenbacher, Oliver/ **Herr**, Gunther	Die BGB-Gesellschaft – eine natürliche Person im Sinne des Verbraucherschutzrechts? BB 2002, 1006 – 1010
Grundmann, Stefan	Verbraucherrecht, Unternehmensrecht, Privatrecht – warum sind sich UN-Kaufrecht und EU-Kaufrechtsrichtlinie so ähnlich? AcP 202 (2002), S. 40-71
Grünhoff, Lutz	Die Rechtsfolgen der unterlassenen Mängelrüge (§§ 377, 378 HGB) bei genehmigungsfähiger Minder- oder Mehrlieferung Bochumer juristische Studien Bd. 126 Diss. Bochum 1995
Hassemer, Michael	Kaufverträge nach der Schuldrechtsreform – Vertragsgestaltung gegenüber Verbrauchern und im Handelsgeschäft ZGS 2003, S. 95 – 102
Heck, Ph.	Weshalb besteht ein von dem bürgerlichen Recht gesondertes Handelsprivatrecht? AcP 92 (1901), S. 438 – 466
Heidelberger Kommentar zum Handelsgesetzbuch	6. Auflage Heidelberg 2002 (zit.: *Bearbeiter*, HK-HGB)
Henssler, Martin	Gewerbe, Kaufmann und Unternehmen ZHR 161 (1997), S. 13 – 51
Henssler, Martin/ **Westphalen**, Friedrich Graf von	Praxis der Schuldrechtsreform Recklinghausen 2002

Heymann, Ernst (Begr.)/
Horn, Norbert (Hrsg.) — Handelsgesetzbuch
Band 1
Erstes Buch
Einleitung; §§ 1 – 104
Berlin, New York 1995
(zit.: Heymann/*Bearbeiter*)

Hoffmann, Jochen — Das Zusammentreffen von Handelskauf und Verbrauchsgüterkauf: Wertungswidersprüche und Korrekturbedarf
BB 2005, S. 2090 – 2093

Honsell, Heinrich — Die EU-Richtlinie über den Verbrauchsgüterkauf und ihre Umsetzung ins BGB
JZ 2001, S. 278 – 283

– — Einige Bemerkungen zum Diskussionsentwurf eines Schuldrechtsmodernisierungsgesetzes
JZ 2001, S. 18 – 21

Huber, Peter/
Faust, Florian — Schuldrechtsmodernisierung
München 2002

Huber, Ulrich — Wandlungen im Recht des Handelskaufs
ZHR 161 (1997), S. 160 – 185

Jacobs, Matthias — Der Rückgriff des Unternehmers nach § 478 BGB
JZ 2004, S. 225 – 232

Jauernig, Othmar — Bürgerliches Gesetzbuch
10. Auflage
München 2003

Jung, Peter — Handelsrecht
4. Auflage
München 2005

Knop, Jens — Ein neues Recht des Warenverkehrs: Überlegungen zu einer neuerlichen Reform des Anwendungsbereiches des Handelsrechts
Diss. Rostock 2001

Knütel, Rolf — Zur Schuldrechtsreform
NJW 2001, S. 2519 – 2521

Kohte, Wolfhard/
Micklitz, Hans-W./
Rott, Peter/
Tonner, Klaus/
Willingmann, Armin — Das neue Schuldrecht
Kompaktkommentar
Neuwied, München 2003
(zit.: KompaktKom-BGB/*Bearbeiter*)

Koller, Ingo/
Roth, Wulf-Henning/
Morck, Winfried — Handelsgesetzbuch
3. Auflage, München 2002
4. Auflage, München 2003
(zit.: Koller/Roth/Morck)

Krebs, Peter — Verbraucher, Unternehmer oder Zivilperson
DB 2002, S. 517 – 520

Laupichler, Ekkehart — Die Aliud-Lieferung beim Kauf
Diss. Köln 1964

Lettl, Tobias — Die Falschlieferung durch den Verkäufer nach der Schuldrechtsreform
JuS 2002, S. 866 – 872

Lorenz, Stephan — Aliud, Peius und indebitum im neuen Kaufrecht
JuS 2003, S. 36 – 40

Lorenz, Stephan/
Riehm, Thomas — Lehrbuch zum neuen Schuldrecht
München 2002

Mankowski, Peter — Der Nachweis der Unternehmereigenschaft
VuR 2004, S. 79 – 85

Marburger, Peter — Die Sachmängelhaftung beim Handelskauf
JuS 1983, S. 1 – 12

Matthes, Jens — Der Herstellerregress nach § 478 BGB in Allgemeinen Geschäftsbedingungen – ausgewählte Probleme
NJW 2002, S. 2505 – 2511

Medicus, Dieter — Schutzbedürfnisse (insbesondere Verbraucherschutz) und das Privatrecht
JuS 1996, S. 761 – 767

Menhofer, Cornelia — Probleme bei der Rügelast nach §§ 377, 378 HGB im Lichte der neueren Rechtsprechung und Literatur
Diss. Frankfurt am Main 1994

Mohr, Jochen — Der Begriff des Verbrauchers und seine Auswirkungen auf das neugeschaffene Kaufrecht und das Arbeitsrecht
AcP 204 (2004), S. 660 – 696

Mülbert, Peter — Außengesellschaften – manchmal ein Verbraucher?
WM 2004, S. 905 – 915

Müller, Gerd — Die Rügeobliegenheit des Kaufmanns
ZIP 1997, S. 661 – 670

– — Zu den Folgen des Rügeversäumnisses im Sinne des § 377 HGB
ZIP 2002, S. 1178 – 1186

Münchener Kommentar zum Bürgerlichen Gesetzbuch — Band 1, Allgemeiner Teil
§§ 1 – 240, AGB-Gesetz
4. Auflage
München 2001
Band 2, Schuldrecht – Allgemeiner Teil
§§ 241 – 432
3. Auflage
München 1994
Band 3, Schuldrecht – Besonderer Teil I
§§ 433 – 606, VerbrKrG, HausTWG
3. Auflage
München 1995
Band 5, Schuldrecht – Besonderer Teil III
§§ 705 – 853, PartGG, ProdHaftG
4. Auflage
München 2004
(zit.: MünchKommBGB/*Bearbeiter*)

Münchener Kommentar zum Handelsgesetzbuch — Band 1 – Erstes Buch. Handelsstand
§§ 1 – 104
München 1996

– Band 5 – Viertes Buch. Handelsgeschäfte
§§ 343 – 372
München 2001
Band 6 – Viertes Buch. Handelsgeschäfte
§§ 373 – 406
CISG
München 2004
(zit.: MünchKommHGB/*Bearbeiter*)
Ergänzungsband
München 1999
(zit.: MünchKommHGB-Ergb./*Bearbeiter*)

Musielak, Hans-Joachim — Die Falschlieferung beim Stückkauf nach dem neuen Schuldrecht
NJW 2003, S. 89 – 92

Neuner, Jörg — Handelsrecht – Handelsgesetz – Grundgesetz
ZHR 157 (1993), S. 243 – 290

Niedrig, Hans-Peter — Die Mängelrüge
Diss. Bochum 1993

N.N. — Denkschrift zu dem Entwurf eines Handelsgesetzbuchs und eines Einführungsgesetzes

Oetker, Hartmut — Handelsrecht
4. Auflage
Berlin 2005

Palandt, Otto — Bürgerliches Gesetzbuch
65. Auflage, München 2006
(zit.: Palandt/*Bearbeiter*)

Pfeiffer, Thomas — Vom kaufmännischen Verkehr zum Unternehmensverkehr
NJW 1999, S. 169 – 174

Preis, Ulrich — Der persönliche Anwendungsbereich der Sonderprivatrechte
ZHR 158 (1994), S. 567 – 613

Raisch, Peter
Die rechtsdogmatische Bedeutung der Abgrenzung von Handelsrecht und bürgerlichem Recht
JuS 1967, S. 533 – 542

Recknagel, Christian
Die Trennung von Zivil- und Handelsrecht unter besonderer Berücksichtigung der Untersuchungs- und Rügepflicht nach § 377 HGB
Diss. Frankfurt am Main, Bern, New York 1986

Reich, Norbert
Markt und Recht
1. Auflage
Neuwied, Darmstadt 1977

–
Zivilrechtstheorie, Sozialwissenschaften und Verbraucherschutz
ZRP 1974, S. 187 – 194

Röhricht, Volker/ **Westphalen**, Friedrich Graf von (Hrsg.)
Handelsgesetzbuch
2. Auflage
Köln 2001
(zit.: Röhricht/Graf von Westphalen/*Bearbeiter*)

Sachsen Gessaphe, Karl August von
Der Rückgriff des Letztverkäufers – neues europäisches und deutsches Kaufrecht
RIW 2001, S. 721 – 735

Schäch, Klaus-Hannes
Die kaufmannsähnlichen Personen als Ergänzung zum normierten Kaufmannsbegriff
Diss. München 1988

Schimmel, Roland/ **Buhlmann**, Dirk
Frankfurter Handbuch zum neuen Schuldrecht
Neuwied 2002

Schlegelberger, Franz (Begr.)
Handelsgesetzbuch
Band V, §§ 373 – 382
5. Auflage

München 1982
(zit.: Schlegelberger/*Bearbeiter*)

Schmidt, Detlef — Qualitätssicherungsvereinbarungen und ihr rechtlicher Rahmen
NJW 1991, S. 144 – 151

Schmidt, Karsten — Fünf Jahre „neues Handelsrecht"
JZ 2003, S. 585 – 993

– — Handelsrecht
5. Auflage
Köln, Berlin, Bonn, München 1999

– — „Unternehmer" – „Kaufmann" – „Verbraucher"
BB 2005, S. 837 – 842

– — Vom Handelsrecht zum Unternehmens-Privatrecht?
JuS 1985, S. 249 – 257

Schmidt, Rudolf — Die Falschlieferung beim Kauf
NJW 1962, S. 710 – 716

Schmitt, Ralph — Die Rechtsstellung der Kleingewerbetreibenden nach dem Handelsrechtsreformgesetz
München 2003

Schubel, Christian — Mysterium Lieferkette
ZIP 2002, S. 2061 – 2071

– — Schuldrechtsmodernisierung 2001/2002 – Das neue Kaufrecht
JuS 2002, S. 313 – 319

– — Schuldrechtsreform: Perspektivenwechsel im Bürgerlichen Recht
JZ 2001, S. 1113 – 1119

Schulte-Nölke, Hans/
Schulze, Reiner — Die Schuldrechtsreform vor dem Hintergrund des Gemeinschaftsrechts
1. Auflage
Tübingen 2001

– — Europäische Rechtsangleichung und nationale Privatrechte
1. Auflage
Baden-Baden 1999

Schulze, Götz — Falschlieferung beim Spezieskauf – Unzulänglichkeiten des Gesetzes?
NJW 2003, S. 1022 – 1023

Siems, Mathias — Fünf Jahre neuer Kaufmannsbegriff – Eine Bestandsaufnahme der Rechtsprechung
NJW 2003, S. 1296 – 1297

Soergel, Hs. Th. (Begr.) — Bürgerliches Gesetzbuch
Band 2a, Allgemeiner Teil 3,
§§ 13, 14, 126a – 127, 194 – 225
13. Auflage, Stand: Herbst 2002
Stuttgart

Bürgerliches Gesetzbuch
Band 3, Schuldrecht II, §§ 433 – 515
12. Auflage
Stuttgart 1991
(zit.: Soergel/*Bearbeiter*)

Staub, Hermann (Begr.) — Handelsgesetzbuch
Großkommentar
4. Lieferung: §§ 377 – 382
4. Auflage
Berlin New York 1983
(zit.: Staub/*Bearbeiter*)

Staudinger,
J. von Staudingers Kommentar zum Bürgerlichen Gesetzbuch mit Einführungsgesetz und Nebengesetzen — Einleitung zum BGB
Buch 1 – Allgemeiner Teil
§§ 1 – 14; VerschG
Neubearbeitung 2004
Berlin

Buch 2 – Recht der Schuldverhältnisse
§§ 255-304
Neubearbeitung 2004
Berlin

– — Buch 2 – Recht der Schuldverhältnisse
§§ 433 – 487; Leasing
Neubearbeitung 2004
Berlin

Zweites Buch
Recht der Schuldverhältnisse
§§ 823 – 825
Dreizehnte Bearbeitung, Berlin 1999
Berlin

– Wiener UN-Kaufrecht
(CISG)
Neubearbeitung 2005
Berlin
(zit.: Staudinger/*Bearbeiter*)

Steck, Dieter — Das HGB nach der Schuldrechtsreform
NJW 2002, S. 3201 – 3204

Steinbeck, Anja — Handelsrecht
1. Auflage
Baden-Baden 2005

Struck, Nicola — Der Verbraucher- /Unternehmerbegriff im BGB
MittBayNot 2003, S. 259 – 263

Thamm, Manfred/
Möffert, Franz-Josef — Die Mängelrüge im Handelsverkehr im Lichte jüngster Rechtsprechung
NJW 2004, S. 2710 – 2712

Theim, Michael — Die Anwendung handelsrechtlicher Vorschriften auf Geschäfte zwischen Nichtkaufleuten
Diss. Mainz 1985

Tiedtke, Klaus/
Schmitt, Marco — Der Händlerregreß im Rahmen des Verbrauchsgüterkaufs
ZIP 2005, S. 681 – 688

Thier, Andreas — Aliud- und Minus-Lieferung im neuen Kaufrecht des Bürgerlichen Gesetzbuches
AcP 203 (2003), S. 399 – 428

Tröger, Tobias — Voraussetzungen des Verkäuferregresses im BGB
AcP 204 (2004), S. 115 – 135

Wackerbarth, Ulrich
Unternehmer, Verbraucher und die Rechtfertigung der Inhaltskontrolle vorformulierter Verträge
AcP 200 (2000), S. 45 – 90

Wellenhofer-Klein, Marina
Zulieferverträge im Privat- und Wirtschaftsrecht
München 1999

Westermann, Harm Peter
Das neue Kaufrecht
NJW 2002, S. 241 – 253

–
Das neue Kaufrecht einschließlich des Verbrauchsgüterkaufs
JZ 2001, S. 530 – 543

Westphal, Constantin
Der Ausschluß der §§ 377, 378 HGB durch Allgemeine Geschäftsbedingungen
Diss. Berlin, Bern, New York, Paris, Wien 1996

Weyer, Hartmut
Handelsgeschäfte (§§ 343 ff. HGB) und Unternehmergeschäfte (§ 14 BGB)
WM 2005, S. 490 – 502

Wrase, Michael/
Müller-Helle, Adrian
Aliud-Lieferung beim Verbrauchsgüterkauf – ein nur scheinbar gelöstes Problem
NJW 2002, S. 2537 – 2539

Einleitung

Die vorliegende Arbeit befasst sich mit den unterschiedlichen persönlichen Anwendungsbereichen des Kaufrechts und deren Zweckmäßigkeit.

Im Hinblick auf bestimmte Eigenschaften der am Kauf beteiligten Parteien finden sich im Kaufrecht unterschiedliche Arten von Kaufverträgen. Der Umgang mit den Begriffen Verbraucher, Unternehmer und Kaufmann, die zur Abgrenzung dieser Kaufarten dienen, bringt dabei verschiedene Probleme mit sich, die hier erörtert werden sollen. Ein besonderes Augenmerk wird auf den Handelskauf und die bedeutendste Vorschrift des Handelskaufs gerichtet: die Untersuchungs- und Rügeobliegenheit des § 377 HGB.[1] Zur Einführung in die Rechtsmaterie sollen die folgenden Beispielfälle dienen.

Ein Student bietet über ein sog. Online-Auktionshaus neben einer „Vielzahl" anderer Gegenstände ein Notebook an.[2] Es liegt nahe, dass es sich bei dem am Ende der Auktion mit dem Meistbietenden zu Stande kommenden Vertrag um einen Kaufvertrag handelt. Welche kaufrechtlichen Vorschriften im Einzelnen zur Anwendung kommen, bedarf dagegen weiterer Feststellungen. Angenommen, Erwerber des Notebooks ist ein nicht eingetragener Sportverein, der dieses für die Verwaltung der Mitgliederdaten, Betreuung der eigenen Homepage usw. nutzen möchte. Kann sich der Verein gegenüber dem Studenten auf die Beweislastumkehr des § 476 BGB berufen, wenn das Gerät nach drei Monaten einen Defekt aufweist oder bleibt es bei den im Rahmen von § 434 BGB geltenden Grundsätzen? Angenommen, Erwerber des Notebooks ist ein Rechtsanwalt, der dieses im Rahmen seiner anwaltlichen Tätigkeit verwenden möchte. Muss der Rechtsanwalt das Notebook unmittelbar nach Erhalt auf seine Funktionstüchtigkeit hin überprüfen, um nicht nach § 377 HGB jegliche Rechte wegen eines vorhandenen Sachmangels zu verlieren?

---

1 § 377 HGB sowie weitere ausgewählte Vorschriften sind in Anhang 4 aufgeführt.

2 Dem Ausgangsbeispiel liegt der Sachverhalt der Entscheidung des LG Hof, VuR 2004, 109 f. zugrunde.

Um eine Antwort auf diese Fragen zu finden, wird eingangs die durch die Schuldrechtsreform[3] veränderte Systematik der subjektiven Anknüpfungspunkte des Kaufrechts im Sinne einer Dreiteilung in Verbrauchsgüterkauf, Handelskauf und sonstige Käufe erörtert. Dazu werden zunächst alle Kaufrechtssubjekte dargestellt und miteinander verglichen sowie die jeweiligen Begriffe auf ihre strukturellen Schwachstellen untersucht. Es stellt sich dabei die Frage, welche Ziele dieser Systematik zu Grunde liegen bzw. inwieweit sich die genannte Dreiteilung überhaupt als zweckmäßig erweist.

Vor dem Hintergrund einer ggf. anzustrebenden Überarbeitung der kaufrechtlichen Anwendungsbereiche wird im 2. Teil dieser Arbeit der Handelskauf insgesamt, vor allem aber die Untersuchungs- und Rügeobliegenheit eingehender zu betrachten sein. Anlass dafür ist zunächst die zu vermutende geringe verbleibende Bedeutung der handelskaufrechtlichen Vorschriften mit Ausnahme von § 377 HGB. Es ist dem Grunde nach unbestritten, dass lediglich der Untersuchungs- und Rügeobliegenheit noch eine nennenswerte praktische Bedeutung zukommt. Einen weiteren Grund liefern die anhaltende und grundsätzliche Kritik am Begriff des Kaufmanns als Anknüpfungspunkt eines Sonderprivatrechts des Geschäftsverkehrs sowie die bislang erfolglose Suche nach einer hinreichend akzeptierten Alternative. Daher werden zunächst die Auswirkungen der Schuldrechtsreform auf den Handelskauf insgesamt sowie die verbleibenden Unterschiede zu den allgemeinen Regeln dargestellt. Im Rahmen der Untersuchungs- und Rügeobliegenheit des § 377 HGB ist neben den Veränderungen durch die Schuldrechtsreform insbesondere festzustellen, inwieweit die tatsächlichen und rechtlichen Rahmenbedingungen weiterhin eine Regelung wie § 377 HGB erfordern bzw. rechtfertigen. Dazu sei schon an dieser Stelle angemerkt, dass die handelsrechtliche Rügepflicht in der Rechtsprechung zwar eine eher geringe Rolle spielt, an den wenigen Grundsatzentscheidungen des BGH zu diesem Bereich fällt jedoch auf, dass die Rechtsfolgen einer Rügepflichtverletzung unter Rückgriff auf vermeintliche Nebenpflichtverletzungen wiederholt umgangen wurden. Diese Rechtsprechung gilt es daraufhin zu überprüfen, inwieweit sie von dem Bestreben geleitet ist, die Rechte des Käufers zu stärken, indem der sachliche Anwendungsbereich der Untersuchungs- und Rügeobliegenheit eingeschränkt wird und wie überzeugend dies gelingt.

Im 3. Teil der vorliegenden Arbeit schließlich wird herausgearbeitet, welcher Handlungsbedarf sich aus den gewonnenen Erkenntnissen ergibt. Die

3 Gesetz zur Modernisierung des Schuldrechts vom 26.11.2001, BGBl. I S. 3138, in Kraft getreten am 1.1.2002.

zur Lösung der aufgezeigten Schwierigkeiten infrage kommenden Ansätze im rechtswissenschaftlichen Schrifttum werden dargelegt und auf Ihre Effektivität überprüft. Da dabei jedoch kein hinreichend befriedigender Ansatz zu erkennen sein wird, soll abschließend ein eigener Vorschlag entwickelt werden.

1. Teil: Die Dreiteilung im Kaufrecht

§ 1 Einteilung der Kaufverträge nach Art der beteiligten Parteien

I. Überblick

Gab es bislang den „normalen" Kauf in den §§ 433 ff. BGB sowie den (ein- oder beiderseitigen) Handelskauf gem. §§ 373 ff. HGB mit einigen wenigen abweichenden Sonderregelungen, ist durch das Schuldrechtsmodernisierungsgesetz[4] noch der Verbrauchsgüterkauf gem. §§ 474 ff. BGB hinzugekommen. Handels- und Verbrauchsgüterkauf sind im Hinblick auf den Kaufgegenstand wiederum beschränkt auf Waren (bewegliche Sachen oder Wertpapiere)[5] bzw. auf bewegliche Sachen im Sinne von § 474 Abs. 1 BGB. Schließlich ist noch der internationale Warenkauf nach dem „Wiener UN-Übereinkommen über Verträge über den Internationalen Warenkauf" (CISG)[6] zu beachten.

Um die subjektiven Anwendungsbereiche der genannten Kauftypen vollständig erfassen und gegeneinander abgrenzen zu können, ist zum einen eine nähere Betrachtung der am Kauf beteiligten Parteien (Kaufrechtssubjekte) erforderlich sowie zum anderen eine Darstellung der möglichen Konstellationen, in denen diese aufeinander treffen können.

II. Verbrauchsgüterkauf

Der in den §§ 474 BGB ff. enthaltene Verbrauchsgüterkauf setzt die Verbrauchereigenschaft (§ 13 BGB) des Käufers sowie die Unternehmereigenschaft (§ 14 BGB) des Verkäufers voraus. Die Begriffe des Verbrauchers und des Unternehmers in ihrer jetzigen Fassung wurden im Jahr 2000 in das

4 S.o. Fn. 3.
5 *K. Schmidt*, Handelsrecht, § 29 I. 1. a).
6 BGBl 1989 II S. 588 und BGBl 1990 II S. 1699, in Kraft getreten am 1.1.1991, BGBl 1990 II S. 1477.

BGB eingefügt,[7] wodurch verschiedene europarechtliche Vorgaben umgesetzt wurden.[8] Gemeinschaftsprivatrechtlich kommt dem Verbraucherbegriff erhebliche Bedeutung zu, ist er doch eines der wenigen, über eine einzelne Rechtsquelle hinausgehenden normativen Konzepte eines bislang eher bruchstückartigen europäischen Privatrechts.[9] Umso bedeutender sind die Unterschiede, die der nationale Verbraucherbegriff zum gemeinschaftsrechtlichen aufweist.

Abgesehen vom Verbrauchsgüterkauf ist das Vorliegen der Verbraucher-/Unternehmereigenschaft noch Anwendungsvoraussetzung in weiteren Vorschriften des BGB, HGB und anderen Gesetzen.[10]

1. Der Verbraucher, § 13 BGB

Nach § 13 BGB ist Verbraucher jede natürliche Person, die ein Rechtsgeschäft zu einem Zweck abschließt, der weder Ihrer gewerblichen noch ihrer selbstständigen beruflichen Tätigkeit zugerechnet werden kann.

a) Privater Zweck des Rechtsgeschäfts

Weder gewerblich noch im Rahmen einer selbstständigen beruflichen Tätigkeit handelt, wer ein Rechtsgeschäft zu privaten Zwecken vornimmt, wozu beispielsweise Urlaub, Freizeit, Sport, Gesundheitsvorsorge sowie die Verwaltung und Anlage von eigenem Vermögen zählen.[11]

Abweichend von den EG-rechtlichen Vorgaben, die einen Verbraucher regelmäßig definieren als jede natürliche Person, die (...) zu einem Zweck handelt, der nicht ihrer beruflichen oder gewerblichen Tätigkeit zugerechnet

---

7 Durch das „Gesetz über Fernabsatzverträge und andere Fragen des Verbraucherrechts sowie zur Umstellung von Vorschriften auf Euro“ vom 27.06.2000, BGBl. I S. 897; zuvor enthielt seit 1996 schon das AGBG in den §§ 24, 24a a.F. die Begriffe des Verbrauchers und Unternehmers, der Verbraucherbegriff fand sich zudem noch in § 1 Abs. 1 VerbrKrG a.F.

8 Vgl. Soergel/*Pfeiffer*, § 13 Rn. 4 und § 14 Rn. 4.

9 Schulte-Nölke/Schulze/*Pfeiffer*, Europäische Rechtsangleichung, S. 21.

10 §§ 241a, 310 Abs. 3, 312, 312d, 355, 356, 485, 495, 655a, 661a BGB; §§ 449 Abs. 1 S. 1., 451a Abs. 2, 451b Abs. 2 und 3, 451g Abs. 1, 451h Abs. 1, 455 Abs. 3, 466 Abs. 1, 468 Abs. 2 S. 1, 472 Abs. 1 S. 2, 475 HGB; §§ 17 Abs. 2a BeurkG, 4 FernUSG, 34 Abs. 1 S. 3 RVG,
2 UklaG, 2 Abs. 2 UWG, 1031 Abs. 5 ZPO.

11 Palandt/*Heinrichs*, § 13 Rn. 3.

werden kann,[12] ist der Verbraucherbegriff des BGB weiter gefasst. So lässt das Handeln im Rahmen einer *un*selbstständigen beruflichen Tätigkeit die Verbrauchereigenschaft noch nicht entfallen, erst bei einer selbstständigen beruflichen Tätigkeit entfällt die Verbrauchereigenschaft. Daraus ergeben sich jedoch keine Bedenken, da die zu Grunde liegenden Verbraucherrechtsrichtlinien auf dem Grundsatz der Mindestharmonisierung beruhen, wonach den Mitgliedsstaaten ein Handlungsspielraum für über die europäischen Mindeststandards hinausgehende Regelungen bleibt.[13]

b) Gesellschaften bürgerlichen Rechts als Verbraucher

Unterschiedliche Auffassungen werden hinsichtlich der Frage vertreten, ob eine Gesellschaft bürgerlichen Rechts (GbR) Verbraucher sein kann. Der BGH kam zu dem Ergebnis, dass auf einen Kreditvertrag einer GbR, zu der sich mehrere natürliche Personen zusammengeschlossen haben, das Verbraucherkreditgesetz anwendbar sein kann.[14] Nach der Integration des Verbraucherkreditgesetzes in das BGB mit unveränderter Definition des Verbrauchers könnte der GbR mithin Verbraucher-Eigenschaft im Sinne des § 13 BGB zukommen. Entscheidend sei der Normzweck, alle natürlichen Personen zu schützen, die mit dem Kredit nach dem Inhalt des Vertrages nicht eine bereits ausgeübte gewerbliche oder selbstständige berufliche Tätigkeit fördern wollen. Da sich an der Schutzwürdigkeit solcher Kreditnehmer nichts ändere, wenn sie auf gesellschaftsvertraglicher Grundlage einen gemeinsamen Zweck verfolgen, könne es deshalb auf die rechtsdogmatisch richtige Einordnung der GbR für die Einordnung als Verbraucher nicht ankommen.[15]

Die Entscheidung des BGH lässt jedoch Zweifel aufkommen, so wünschenswert das Ergebnis im Hinblick auf die umfassende Haftung der Gesellschafter einer GbR[16] auch sein mag. Auszugehen ist zunächst von den gemeinschaftsrechtlichen Vorgaben. Der in den betreffenden Richtlinien

---

12 Z.B. in Art. 1 Abs. 2 lit. a) der Verbrauchsgüterkaufrichtlinie, RL 1999/44/EG vom 25.05.1999, Abl. EG Nr. L 171 vom 07.07.1999, S. 12 ff.

13 *Fehrenbacher/Herr* BB 2002, 1006, 1009; Staudinger/*Weick*, § 13 Rn. 13 und 30; MünchKommBGB/*Micklitz*, § 14 Rn. 6.

14 BGH NJW 2002, 368 ff.; i.E. ebenso Palandt/*Heinrichs*, § 13 Rn. 2; Soergel/*Pfeiffer*, § 13 Rn. 48; Erman/*Saenger*, § 13 Rn. 6 sowie MünchKommBGB/*Ulmer*, VerbrKrG § 1 Rn. 20 (vor Einführung der §§ 13, 14 BGB).

15 BGH NJW 2002, 368, 369.

16 Vgl. Palandt/*Sprau*, § 714 Rn. 11 ff.

enthaltene europäisch-autonome Verbraucherbegriff ist bei der Auslegung des nationalen Rechts zu beachten. Daneben zählt zu den bei der Auslegung des § 13 BGB zu berücksichtigenden Rechtserkenntnisquellen grundsätzlich auch die Rechtsprechung des EuGH.[17] Dieser hat sich diesbezüglich dahingehend geäußert, dass ausschließlich natürliche Personen Verbraucher sein können.[18] Dadurch ist jedoch wenig Klarheit gewonnen, da zum einen weder die Verbraucherrechts-Richtlinien entsprechende Vorgaben enthalten, wie die Begriffe natürliche und juristische Person zu verstehen sind, noch hat sich eine abschließende gemeinschaftsrechtliche Begriffsbestimmung herausgebildet.[19] Selbst wenn nach anderer Auffassung durch das Gemeinschaftsrecht selbst[20] oder die aktuelle Rechtsprechung des EuGH[21] Personengemeinschaften als aus dem Verbraucherbegriff ausgenommen angesehen werden, bliebe derzeit eine Erweiterung des Verbraucherbegriffs auf nationaler Ebene auch insoweit möglich.[22] Dies könnte sich lediglich de lege ferenda durch die Umsetzung der Finanzdienstleistungsfernabsatz-Richtlinie ändern. Besagte Richtlinie ist in ihrem Regelungsbereich auf eine Maximalharmonisierung des Verbraucherschutzes angelegt. Sollte deren Verbraucherbegriff ebenfalls mit § 13 BGB umgesetzt werden, stünde dies einer autonomen Erweiterung des Verbraucherbegriffs wohl entgegen.[23]

Folglich müsste sich die Einordnung der GbR als Verbraucher de lege lata aus nationalem Recht, insbesondere der §§ 13, 14 BGB, herleiten lassen. Bereits der Wortlaut von § 13 BGB weckt jedoch Bedenken, da dort ausschließlich die „natürliche" Person erwähnt ist.[24] Zur Abgrenzung der natürlichen Person gerät dabei, neben der in § 14 Abs. 1 BGB genannten juristischen Person, die rechtsfähige Personengesellschaft ins Blickfeld. Bei dieser handelt es sich nach Abs. 2 um eine Personengesellschaft, die mit der Fähigkeit ausgestattet ist, Rechte zu erwerben und Verbindlichkeiten einzugehen. Der BGH grenzt die natürliche Person lediglich von der juristischen ab und betont, dass die GbR, trotz neuerdings anerkannter beschränkter

---

17 Soergel/*Pfeiffer*, § 13 Rn. 5.
18 EuGH NJW 2002, 205.
19 *Fehrenbacher/Herr* BB 2002, 1006, 1009; MünchKommBGB/*Micklitz*, § 14 Rn. 6.
20 So *Mülbert* WM 2004, 905, 906 ff.
21 So *Struck* MittBayNot 2003, 259, 260.
22 KompaktKom-BGB/*Tonner*, § 474 Rn. 4; *Krebs* DB 2002, 517, 518; MünchKommBGB/*Micklitz*, § 13 Rn. 2.
23 Vgl. *Mülbert* WM 2004, 905, 906 und 909.
24 *Dauner-Lieb/Dötsch* DB 2003, 1666.

Rechtsfähigkeit, nach wie vor keine juristische Person sei.[25] Die Kategorie der rechtsfähigen Personengesellschaft zwischen juristischer und natürlicher Person wird in der Entscheidung nicht erwähnt, obwohl die §§ 13, 14 BGB zu dieser Zeit bereits in Kraft getreten waren. Es ist seit dem Grundsatzurteil des BGH zur beschränkten Rechtsfähigkeit der GbR[26] kein Grund ersichtlich, warum diese nicht als rechtsfähige Personengesellschaft im Sinne des § 14 Abs. 2 BGB gelten sollte. Da die rechtsfähige Personengesellschaft jedoch nur in § 14 BGB, nicht aber in § 13 BGB erwähnt wird, scheint es nicht mehr vertretbar, die GbR stattdessen als natürliche Person im Sinne des § 13 BGB und damit als Verbraucher einzuordnen.[27] Dieses Ergebnis versucht der BGH zu vermeiden, indem er auf die natürlichen Personen als einzelne Gesellschafter abstellt, anstatt auf die Gesellschaft selbst. Andererseits betont der BGH jedoch, dass der Kreditvertrag unmittelbar mit der Gesellschaft und nicht zu den einzelnen Gesellschaftern besteht. Demnach hat auch die GbR „das Rechtsgeschäft abgeschlossen" im Sinne von § 13 BGB bzw. ist die GbR Kreditnehmer im Sinne von § 1 Abs. 1 VerbrKrG. Ein Rückgriff auf die Gesellschafter kann dann aber nicht mehr in Betracht kommen. Ferner müsste ein derartiger Rückgriff konsequenterweise auch auf die hinter den übrigen Personengesellschaften stehenden natürlichen Personen und möglicherweise auch auf GmbH-Gesellschafter, soweit es sich um natürliche Personen handelt, erfolgen.[28]

Für eine letztlich noch in Betracht kommende analoge Anwendung des § 13 BGB fehlt es bereits an der notwendigen Lücke. Da die rechtsfähige Personengesellschaft in § 14 BGB erwähnt wird, ist es unwahrscheinlich, dass sie im Rahmen des gleichzeitig eingeführten § 13 BGB vergessen wurde.[29] Daher kann die GbR bei entsprechender Tätigkeit zwar Unternehmer sein wegen ihrer Rechtssubjektivität, aber nicht Verbraucher im Sinne des § 13 BGB.[30]

---

25 BGHZ 149, 81, 83 f.

26 BGHZ 146, 341 ff.

27 Staudinger/*Weick*, § 13 Rn. 35 f. scheint der Erwähnung der rechtsfähigen Personengesellschaft in § 14 BGB dagegen keinerlei Bedeutung zuzumessen.

28 *Elßner/Schirmbacher* VuR 2003, 247, 248 f.

29 *Elßner/Schirmbacher* VuR 2003, 247, 252; *Krebs* DB 2002, 517, 518.

30 *Mülbert* WM 2004, 905, 914; *Dauner-Lieb/Dötsch* DB 2003, 1666; *Elßner/Schirmbacher* VuR 2003, 247, 253; *Fehrenbacher/Herr* BB 2002, 1006, 1010; *Krebs* DB 2002, 517, 519; *Jauernig*, § 13 Rn. 2; gleiches gilt für den nicht eingetragenen Verein.

Bei den juristischen Personen (GmbH, AG, Genossenschaft, KGaA, Idealverein, VVaG, Stiftung) spielt der Vertragszweck in diesem Zusammenhang keine Rolle. Hier ist aufgrund des Wortlauts der §§ 13, 14 BGB unbestritten, dass ihnen keine Verbrauchereigenschaft zukommen kann.[31]

c) Existenzgründer als Verbraucher

Zweifelhaft ist, ob Existenzgründer Verbraucher im Sinne des § 13 BGB sein können. Gemeinschaftsrechtlich scheint diese Frage seit der Benincasa-Entscheidung des EuGH geklärt. In dieser hatte der EuGH angenommen, dass der Zweck eines Vertragschlusses auch dann ein gewerblicher sei, wenn der Betrieb des Gewerbes erst ein künftiger ist.[32]

Im Bereich des nationalen Rechts führt der Wortlaut der §§ 13, 14 BGB zu keinem eindeutigen Ergebnis.[33] Einerseits ließe sich argumentieren, dass Existenzgründungsgeschäfte ihrer Zweckrichtung nach der beruflichen oder gewerblichen Tätigkeit dienen und damit zu einem solchen Zweck abgeschlossen werden, was gegen die Verbrauchereigenschaft spräche. Andererseits wird dagegen angeführt, § 14 BGB setze eine bereits ausgeübte gewerbliche oder selbstständige berufliche Tätigkeit voraus, die ja aber durch die Existenzgründung gerade erst aufgenommen werden soll.[34] Vorgeschlagen wurde schließlich auch, den Unternehmerbegriff ausgehend vom Normzweck der jeweiligen Sonderregelungen zu bestimmen, wobei dann für die Unternehmereigenschaft des Existenzgründers auch differenzierende Lösungen in Betracht kommen sollen.[35]

Nunmehr hat auch die nationale obergerichtliche Rechtsprechung entschieden, dass Unternehmerhandeln (§ 14 BGB) vorliegt, wenn das betreffende Geschäft im Zuge der Aufnahme einer gewerblichen oder selbstständigen beruflichen Tätigkeit abgeschlossen wird. Mit der Aufnahme vorbereitender oder unmittelbar eröffnender Geschäfte begebe sich der Existenzgründer in den unternehmerischen Geschäftsverkehr. Er agiere eben nicht mehr „von seiner Rolle als Verbraucher her". Vielmehr gebe er dem

31 EuGH NJW 2002, 205; BGH NJW 2002, 368; Staudinger/*Weick*, § 13 Rn. 31; Soergel/*Pfeiffer*, § 13 Rn. 46.

32 EuGH 3.7.1997, Rs. C-269/95 (Benincasa/Dentalkit), Slg. 1997, I-3767 zum Verbraucherbegriff des damaligen EuGVÜ, nunmehr übergegangen in die EuGVO.

33 Staudinger/*Weick*, § 13 Rn. 57.

34 Soergel/*Pfeiffer*, § 13 Rn. 35; MünchKommBGB/*Micklitz*, § 13 Rn. 38.

35 *Weyer* WM 2005, 490, 499 f.

Rechtsverkehr zu erkennen, dass er sich nunmehr dem Recht der Unternehmer unterwerfen und dieses seinerseits auch für sich in Anspruch nehmen wolle.[36] Dem ist zuzustimmen.

Bestätigt wird dieses Ergebnis durch § 507 BGB, demzufolge die verbraucherdarlehensrechtlichen Vorschriften auch auf Existenzgründungsgeschäfte bis zu einer gewissen Höhe anwendbar sind. Daraus kann in einem Umkehrschluss gefolgert werden, dass Existenzgründer grundsätzlich nicht unter den Verbraucherbegriff des § 13 BGB, auf den in den §§ 491 ff. BGB Bezug genommen wird, fallen. Zwar enthielt der Diskussionsentwurf in § 491 Abs. 1 S. 2 BGB-E noch eine in dieser Hinsicht eindeutigere Formulierung als die letztlich in § 507 BGB aufgenommene.[37] Die entsprechenden Aussagen in der Gesetzesbegründung untermauern jedoch das Ergebnis: „Durch die gewählte Formulierung wird der in § 13 BGB enthaltene Verbraucherbegriff für einen bestimmten Teilbereich des BGB erweitert, wodurch die in § 13 BGB enthaltene Definition in unerwünschter Weise an Konturen verliert. (...) Das gleiche Ziel ließe sich statt durch Erweiterung des Verbraucherbegriffs dadurch erreichen, dass man die Vorschriften des Titels für die näher beschriebenen Personen für anwendbar erklärt, ohne dieselben als Verbraucher einzustufen.“ [38] Damit wird klar gestellt, dass Existenzgründer generell nicht als Verbraucher anzusehen sind. In Anbetracht dessen kann der Umstand, dass der letztlich in § 507 BGB aufgenommene Wortlaut weniger eindeutig ist als noch der Diskussionsentwurf, nicht als Argument für eine Einbeziehung der Existenzgründer herangezogen werden.[39]

2. Der Unternehmer, § 14 BGB

Unternehmer gem. § 14 Abs. 1 BGB ist eine natürliche oder juristische Person oder eine rechtsfähige Personengesellschaft, die bei Abschluss eines Rechtsgeschäfts in Ausübung ihrer gewerblichen oder selbstständigen beruflichen Tätigkeit handelt.

---

36 BGH NJW 2005, 1273 ff; in dieselbe Richtung Staudinger/*Weick*, § 13 Rn. 60; i.E. ebenso Erman/*Saenger*, § 14 Rn. 14.

37 KompaktKom-BGB/*Tonner*, § 474 Rn. 6.

38 BT-Drs. 14/6857 S. 32 f.; Zustimmung zu diesem Vorschlag des Bundesrates BT-Drs. 14/7052 S. 203.

39 A.A. KompaktKom-BGB/*Tonner*, § 474 Rn. 6.

a) Gewerbliche oder selbstständige berufliche Tätigkeit

Da die §§ 13, 14 BGB keine eigene Definition der gewerblichen Tätigkeit enthalten, erfolgt ein Rückgriff auf den handelsrechtlichen Gewerbebegriff.[40] Danach ist ein Gewerbe eine planmäßige, auf Dauer angelegte selbstständige, jedenfalls wirtschaftliche Tätigkeit am Markt unter Ausschluss freiberuflicher, wissenschaftlicher und künstlerischer Tätigkeiten.[41]

Selbst wenn man es für erforderlich hält, die einzelnen Merkmale dem jeweiligen Zusammenhang im Rahmen des § 14 BGB anzupassen,[42] scheinen die daraus resultierenden praktischen Konsequenzen gering. Zu Recht wird insoweit darauf hingewiesen, dass eine abschließende Bestimmung der Grenzen des handelsrechtlichen Gewerbebegriffs im Rahmen dieses Tatbestandsmerkmals entbehrlich ist, da es sich beim Betrieb eines Gewerbes lediglich um einen Unterfall der selbstständigen beruflichen Tätigkeit handelt.[43]

Beruf ist nach ständiger Rechtsprechung jede erlaubte, sinnvolle, auf Dauer angelegte Tätigkeit, die der Schaffung und Erhaltung der Lebensgrundlage dient.[44] Unmittelbare Gewinnerzielungsabsicht ist allerdings nicht erforderlich, wesentliches Kriterium ist die Anbieterfunktion am Markt.[45] Selbstständig tätig ist nach § 84 Abs. 1 S. 2 HGB, wer „im wesentlichen frei seine Tätigkeit gestalten und seine Arbeitszeit bestimmen kann" und damit in eigener Verantwortung und auf eigene Rechnung und Gefahr handelt.[46] Erfasst sind damit auch die Freien Berufe.[47] Ausgeschlossen werden dadurch im Zusammenhang mit einer abhängigen Beschäftigung abgeschlossene Verträge. Da das Merkmal der Selbstständigkeit regelmäßig zur Abgrenzung von der abhängigen Beschäftigung dient und somit eine Tätigkeit natürlicher Personen beschreibt, § 14 BGB aber ausdrücklich auch juristische Personen erfasst, sind diese stets als selbstständig im Sinne von § 14 BGB anzusehen.[48]

40 Staudinger/*Habermann*, § 14 Rn. 33; MünchKommBGB/*Micklitz*, § 14 Rn. 12.

41 Baumbach/*Hopt*, § 1 Rn. 12; Vgl. auch MünchKommHGB-Ergb./*Schmidt*, § 1 Rn. 22 ff.; Ebenroth/Boujong/Joost/*Kindler*, § 1 Rn. 9 ff.; *K. Schmidt*, Handelsrecht, § 9 IV; *Canaris*, Handelsrecht, § 1 Rn. 1 ff.

42 So MünchKommBGB/*Micklitz*, § 14 Rn. 12 ff.

43 Staudinger/*Habermann*, § 14 Rn. 32; Soergel/*Pfeiffer*, § 14 Rn. 11.

44 BVerfGE 50, 290, 362; BGH WM 1988, 857, 858.

45 Soergel/*Pfeiffer*, § 14 Rn. 13.

46 MünchKommBGB/*Micklitz*, § 14 Rn. 24.

47 Palandt/*Heinrichs*, § 14 Rn. 2.

48 Soergel/*Pfeiffer*, § 14 Rn. 12.

b) Scheinunternehmer – Scheinverbraucher?

Für die Zuordnung eines Rechtsgeschäfts zum geschäftlichen oder privaten Bereich des Handelnden ist im Rahmen der §§ 13, 14 BGB grundsätzlich der tatsächliche, ggf. durch Auslegung zu ermittelnde Zweck maßgeblich und nicht der innere Wille.[49]

Der Verbraucherschutz würde ausgehebelt, ließe man einem nach objektiven Maßstäben tatsächlich unternehmerisch handelnden Verkäufer die Möglichkeit, sich durch eine schlichte, den Tatsachen widersprechende Erklärung dem gegen ihn geltenden Verbraucherschutzrecht zu entziehen. So findet sich beispielsweise im Rahmen von Onlineauktionen[50] häufig die Anmerkung, dass es sich um eine Privatauktion handele und daher jegliche Gewährleistung ausgeschlossen werde. Hinter dem Begriff *Privat*auktion steht die Aussage, zu privaten Zwecken und damit als Verbraucher zu handeln und nicht als Unternehmer, denn nur dann ist ein umfassender Gewährleistungsausschluss gegenüber einem Verbraucher als Käufer möglich, vgl. §§ 474, 475 BGB. Derartige Formulierungen stellen hier nicht mehr als eine Tatsachenbehauptung bzw. einen Hinweis dar. Rechtlich entfalten sie im Zweifel keine Wirkung, da der Vertragszweck und damit die Einordnung als Verbraucher oder Unternehmer insoweit nicht vom Willen des Verkäufers abhängt, sondern nach den tatsächlichen objektiven Umständen zu bestimmen ist. Gelingt dem Käufer demnach der Nachweis einer umfangreichen Verkaufstätigkeit des Versteigerers, ist dieser als Unternehmer anzusehen.[51] Ohne Belang sind dann anders lautende Darstellungen im Angebotstext.[52]

Aufgrund des Erfordernisses größtmöglicher Rechtssicherheit ist jedoch ausnahmsweise nicht auf den tatsächlichen Zweck sondern auf entsprechende Erklärungen abzustellen, wenn ein damit verbundener Verlust des Verbraucherschutzes gerade durch das Verhalten der Person erfolgt, die ge-

---

49 Staudinger/*Weick*, § 13 Rn. 42; Soergel/*Pfeiffer*, § 13 Rn. 4; MünchKommBGB/*Micklitz*, § 13 Rn. 41; Palandt/*Heinrichs*, § 13 Rn. 4.

50 Z.B. unter www.ebay.de.

51 Zu den Anforderungen an den Nachweis der Unternehmereigenschaft bei Internetauktionen LG Hof VuR 2003, 109; zur Beweislast im Rahmen der §§ 13, 14 BGB generell sowie möglichen Beweiserleichterungen für Verbraucher sogleich unter 1. Teil § 1 II. 5.

52 Für eine „opt-in Option" für Kleinunternehmer, wenn diese als Nachfrager auftreten *Calliess* AcP 203 (2003), 575, 598 f. mit dem Beispiel des Kleinunternehmers, der in einem Verbrauchermarkt ein Fax erwirbt und daher als Verbraucher gelten soll.

schützt werden soll. Geriert sich also ein Verbraucher als Unternehmer, indem er den Anschein einer gewerblichen Verwendung der Kaufsache erweckt, ist er abweichend vom Grundsatz der objektiven Zweckbestimmung auch entsprechend einzuordnen. Als Scheinunternehmer ist ihm die Berufung auf die Vorschriften über den Verbrauchsgüterkauf verwehrt, ohne dass er tatsächlich einen geschäftlichen Vertragszweck verfolgt.[53] Wo es an ersichtlichen Merkmalen fehlt, sind entsprechende Erklärungen maßgeblich, z.B. durch Auswahl eines für Geschäftskunden bestimmten Bereichs einer Internetpräsenz.[54]

c) Nebenberufliche Tätigkeiten und branchenfremde Nebengeschäfte

Maßgeblich für die Einordnung als Unternehmer und dem damit einhergehenden Verlust der Verbrauchereigenschaft ist insbesondere, welches Ausmaß eine bestimmte Tätigkeit erreichen muss, um einerseits „auf Dauer" angelegt zu sein und andererseits zur „Schaffung und Erhaltung der Lebensgrundlage" zu dienen. Besondere Schwierigkeiten können sich dabei im Zusammenhang mit sog. nebenberuflichen Tätigkeiten ergeben. Denn Unternehmereigenschaft ist dabei nur dann anzunehmen, wenn diese für sich ein weiteres Gewerbe oder eine weitere selbstständige berufliche Tätigkeit darstellten, wobei ohne Bedeutung ist, ob Haupt- und Nebentätigkeit ein und derselben Branche zuzurechnen sind.[55] Begründet z.B. bereits der gelegentliche und unregelmäßige Verkauf gebrauchter Waren auf Flohmärkten oder über Internetauktionen die Unternehmereigenschaft? Sicherlich nicht, auch wenn dabei eine Lebensgrundlage erhaltende oder zumindest unterstützende Funktion selbst bei nur geringen Erlösen nicht ausgeschlossen werden kann. Die Abgrenzung der von solchen Freizeitbetätigungen zu unterscheidenden geschäftlichen Tätigkeit ist zuweilen nur schwer möglich. Die Beschreibung der Tätigkeit als mit „nach Art und Zuschnitt privatem Charakter" birgt dabei wenig konkrete Anhaltspunkte.

Daher bleibt nur die Möglichkeit, auf den konkreten Umfang bzw. die Dauer der Tätigkeit als Maßstab für die Bestimmung der Grenze zwischen Verbraucher und Unternehmer abzustellen. Dementsprechend hat der BGH die Häufigkeit des Auftretens mancher Anbieter als Versteigerer im

53 BGH NJW 2005, 1045 ff.; *Mankowski* VuR 2004, 79, 80; Staudinger/*Habermann*, § 14 Rn. 53 f.; Staudinger/*Weick*, § 13 Rn. 63; Soergel/*Pfeiffer*, § 13 Rn. 29.

54 *Calliess* AcP 203 (2003), 575, 598 f.: „opt-out Option" des Verbrauchervertragsrechts.

55 Staudinger/*Weick*, § 13 Rn. 61; Staudinger/*Habermann*, § 14 Rn. 47.

Rahmen von Internetauktionen als Hinweis auf eine geschäftliche Tätigkeit gewertet.[56] Ob allerdings schon der (einmalige) Erwerb von Gegenständen zur Gewinn bringenden Weiterveräußerung generell zur Annahme einer geschäftlichen Tätigkeit führt, erscheint fraglich.[57] Für ein eher weites Verständnis des Unternehmerbegriffs spricht zwar das Interesse an einem effektiven Verbraucherschutz. Ein Verbraucher kommt lediglich dann in den Genuss verbraucherschützender Normen, wenn es sich bei seinem Vertragspartner um einen Unternehmer handelt. Werden zu hohe Anforderungen an die Unternehmereigenschaft gestellt, gerät gleichzeitig der Verbraucherschutz in Gefahr. Andererseits darf aber nicht übersehen werden, dass es aus der Perspektive des Verkäufers ebenfalls dem Interesse eines effektiven Verbraucherschutzes zuwiderläuft, ihn vorschnell als Unternehmer statt als Verbraucher einzuordnen, da sich dadurch seine Rechtsposition gegenüber dem Käufer erheblich verschlechtert. Ihm wird zwar kein besonderer Schutz entzogen, er muss jedoch die für ihn ungünstigeren §§ 474 ff. BGB gegen sich gelten lassen.

Erforderlich ist vielmehr auch hier ein hinreichendes Ausmaß der Tätigkeit. Zutreffend hat das LG Hof daher eine „stetige" An- und Verkaufstätigkeit verlangt.[58] Zwar bietet der Begriff der Stetigkeit auch noch keinen absoluten bzw. eindeutigen Maßstab. Er gibt jedoch einen brauchbaren Anhaltspunkt und hat darüber hinaus den Vorteil, im Einzelfall noch weitere Umstände wie z.B. die Professionalität des Auftretens oder die Umsatzhöhe, wertend hinzuziehen zu können. Eine konkrete Zahl von 252 Verkäufen über einen Zeitraum von zwei Jahren und sieben Monaten findet sich schließlich in einer Entscheidung des LG Mainz.[59] Dieses Ausmaß an Verkaufstätigkeit begründe zunächst allerdings nur einen Beweis des ersten Anscheins für eine unternehmerische Tätigkeit des Verkäufers. Ein gelegentlicher Warenankauf begründet jedenfalls selbst dann noch keine geschäftliche Tätigkeit im Sinne von § 14 BGB, wenn er zum Zwecke gewinnbringender Veräußerung erfolgt.[60]

Für branchenfremde Nebengeschäfte gelten im Rahmen von § 14 BGB keine Besonderheiten. So kommt dem Umstand, dass die geschäftlich agierende Partei im Rahmen ihrer gewerblichen oder selbstständigen berufli-

---

56 BGH NJW 2004, 3102, 3104.

57 So der BGH a.a.O.

58 LG Hof VuR 2004, 109 f.

59 LG Mainz BB 2005, 2264 f.

60 MünchKommBGB/*Micklitz*, § 13 Rn. 43: wer nur ein „Taschengeld" verdient, ist kein Unternehmer.

chen Tätigkeit handelt, das konkrete Rechtsgeschäft jedoch nicht dem eigentlichen Kerngeschäft zuzurechnen ist, keine eigenständige Bedeutung zu. Deutlich wird dies durch die Formulierung „Abschluß eines Rechtsgeschäfts", wodurch dem sachlichen Anwendungsbereich nach jedes Rechtsgeschäft zum Zwecke einer geschäftlichen Tätigkeit erfasst wird.[61]

d) Abweichender Unternehmerbegriff in §§ 474 ff. BGB ?

Eine spezielle Variante der Frage nach der Beurteilung von branchenfremden Nebengeschäften stellt sich im Rahmen des Verbrauchsgüterkaufs. Im Zusammenhang mit dem persönlichen Anwendungsbereich der §§ 474 ff. BGB wird in Betracht gezogen, den dortigen Unternehmerbegriff enger auszulegen als den des § 14 BGB. Hier reiche nicht jeder Verkauf einer beweglichen Sache durch einen Unternehmer im Sinne des § 14 BGB aus, vielmehr müsse es sich um einen gewerblichen Verkäufer handeln. Art. 1 Abs. 2 lit. c) der den Verbrauchsgüterkauf einführenden Richtlinie setze voraus, dass es sich bei dem Verkäufer um eine Person handelt, die im Rahmen ihrer beruflichen oder gewerblichen Tätigkeit Verbrauchsgüter verkauft. Die damit im Zentrum stehende Händler-Verbraucher-Konstellation erfordere es, den Anwendungsbereich der §§ 474 ff. BGB eng auszulegen und auf die kommerzielle Verkäuferfunktion zu beschränken.[62]

Unklar bleibt dabei zunächst, wo die Grenze verlaufen soll.[63] Daneben ergeben sich weitere Zweifel. Art. 8 Abs. 2 der Richtlinie räumt den Mitgliedstaaten ausdrücklich die Möglichkeit ein, strengere Bestimmungen zu erlassen, um ein höheres Schutzniveau für Verbraucher sicherzustellen. Genau das ist die Folge eines weiteren Verständnisses des Unternehmerbegriffs in diesem Zusammenhang. Zwar mag sich der Gesetzgeber einer derartigen Abweichung von der Richtlinie nicht bewusst gewesen sein.[64] Dies steht jedoch einem entsprechenden Gesetzesverständnis nicht im Wege. Der Wortlaut des § 474 i.V.m. § 14 BGB lässt die Art der gewerblichen bzw. selbstständigen beruflichen Tätigkeit zunächst außer Betracht. Sinn und Zweck des Verbrauchsgüterkaufs ist der Schutz des Verbrauchers als Käufer. Aus seiner Perspektive ist daher die notwendige Reichweite der ihn schützenden Vorschriften zu ermitteln. Für den Verbraucher macht es jedoch keinen Unterschied (wenn er es überhaupt erkennen kann), worin die

61 Palandt/*Heinrichs*, § 14 Rn. 2; MünchKommBGB/*Micklitz*, § 13 Rn. 44.
62 *Brüggemeier* WM 2002, 1376, 1385.
63 So *Brüggemeier* selbst a.a.O.
64 Vgl. BT-Drs. 14/6040, S. 571.

eigentliche gewerbliche oder selbstständige berufliche Tätigkeit seines professionell agierenden Gegenübers besteht.

Der deutsche Gesetzgeber hat sich grundsätzlich für das Verbraucher-/Unternehmerbegriffspaar als einheitlichen persönlichen Anknüpfungspunkt für das Verbraucherschutzrecht entschieden. Soweit ersichtlich, wird im Rahmen anderer Verbraucherverträge wie dem Kredit- oder Fernabsatzvertrag auch nicht verlangt, dass die entsprechende Tätigkeit zum Kerngeschäft des jeweiligen Unternehmers gehört. Zwar mögen etwa speziell gefährliche AGB wahrscheinlicher sein, wenn der Verkauf zum Kerngeschäft des Unternehmers gehört. Aufgrund dieser Wahrscheinlichkeit den Verbraucherschutz im Kauf-recht auf eine kommerzielle Verkäuferfunktion zu beschränken, ist jedoch noch nicht gerechtfertigt.

Verkäufer im Sinne der §§ 474 ff. BGB ist damit ein Unternehmer, der ein Verbrauchsgut an einen Verbraucher verkauft. Nicht erforderlich ist dagegen, dass es gerade die gewerbliche oder selbstständige berufliche Tätigkeit des Unternehmers darstellt, Verbrauchsgüter zu verkaufen.

3. Zwischen Verbraucher und Unternehmer: die Zivilperson

Wie bereits dargelegt, können nach hier vertretener Auffassung die GbR als (teil-) rechtsfähige Personengesellschaft sowie der nicht eingetragene Verein auch bei fehlender unternehmerischer Tätigkeit nicht Verbraucher sein. Ebenso können nach § 13 BGB juristische Personen nicht Verbraucher sein. Aufgrund der Eindeutigkeit des Wortlauts und der zu Grunde liegenden gesetzgeberischen Entscheidung ist auch hier eine Einordnung als Verbraucher im Wege einer analogen Anwendung von § 13 BGB selbst bei unzweifelhaft nicht geschäftlicher Tätigkeit ausgeschlossen.[65]

Liegt jedoch eine private Tätigkeit vor, kommt auch die Annahme der Unternehmereigenschaft nicht in Betracht. Es stellt sich damit die Frage, wie diese Kaufrechtssubjekte, die mithin *weder* Verbraucher- *noch* Unternehmereigenschaft besitzen, einzuordnen sind. Unumgänglich erscheint die Annahme einer weiteren Kategorie, die in der Literatur bereits als Zivilperson bezeichnet wurde.[66] Diese erfasst somit jedenfalls die teilrechtsfähigen

---

65 Soergel/*Pfeiffer*, § 13 Rn. 46.

66 *Struck* MittBayNot 2003, 259, 261; *Elßner/Schirmbacher* VuR 2003, 247, 252; *Krebs* DB 2002, 517, 520; MünchKommBGB/*Micklitz*, § 13 Rn. 42 bestreitet dagegen im Zusammenhang mit der Einordnung von Nebenerwerbstätigkeiten die Existenz einer Zwischenkategorie; Staudinger/*Habermann*, § 14 Rn. 3 stellt den praktischen Nutzen einer dritten Kategorie infrage.

Personengemeinschaften, die keinen geschäftlichen Zweck verfolgen sowie den nicht eingetragenen Verein. Dem ersten Anschein nach gehören zu dieser Kategorie auch die zu privaten Zwecken tätigen juristischen Personen wie z.B. Idealvereine und Stiftungen.[67]

4. *Strukturmerkmale des Verbraucher-/ Unternehmerbegriffspaares*

a) *Persönliche, funktionale und sachliche Komponente*

Der Verbraucher- und der Unternehmerbegriff setzen sich jeweils aus einer persönlichen (subjektiven), funktionalen (hier situations- bzw. rollenspezifischen) sowie sachlichen (weiteren situativen) Komponente zusammen.[68]

Während der persönliche Anwendungsbereich des § 13 BGB auf natürliche Personen beschränkt ist, enthält der Unternehmerbegriff des § 14 BGB keinerlei Einschränkungen in dieser Hinsicht.

Die funktionale Komponente besteht im Rahmen der §§ 13, 14 BGB aus dem Zweck des Vertrages. Für die Verbrauchereigenschaft ist ein privater Zweck erforderlich, während Unternehmer ist, wer bei Abschluss eines Rechtsgeschäfts in Ausübung einer gewerblichen oder selbstständigen beruflichen Tätigkeit handelt.

Die sachliche Komponente ist der tatsächliche materiellrechtliche Anwendungsbereich. Verbraucher- und Unternehmereigenschaft für sich haben keine Auswirkungen auf das Recht der Vertragsverhältnisse. Diese ergeben sich erst aus denjenigen Vorschriften, die die Begriffe Verbraucher und Unternehmer enthalten und sich damit auf die §§ 13, 14 BGB beziehen.[69] Das ist jedoch nicht dahingehend zu verstehen, als dass die §§ 13, 14 BGB zwingend abhängig von einer verweisenden Vorschrift wären. Mietet sich beispielsweise ein(e) Student(in) einen Sportwagen für einen Ausflug am Wochenende, kann ohne weiteres von einem Verbrauchermietvertrag unter Beteiligung eines Verbrauchers nach § 13 BGB (Student/in) und einem Unternehmer nach § 14 BGB (Vermieter) gesprochen werden. Mangels an diese Eigenschaften anknüpfender Sondernormen in den §§ 535 ff. BGB bleibt dies jedoch (bis dato) ohne weitere Rechtsfolgen.

---

67 *Struck* MittBayNot 2003, 259, 261; MünchKommBGB/*Micklitz*, § 13 Rn. 10 ff.; siehe dazu allerdings noch § 2 III. 1. a).

68 Vgl. *Struck* MittBayNot 2003, 259, 260 ff.; *Elßner/Schirmbacher* VuR 2003, 247, 248.

69 *Elßner/Schirmbacher* VuR 2003, 247, 248: „Definitions- und Gestaltungsnormen"

b) Mittelbare Bedeutung der Geschäftskompetenz

Den §§ 13, 14 BGB liegt ein typisierender Regelungsansatz zu Grunde. Geschäftliche Erfahrenheit oder Schutzbedürftigkeit werden durch die funktionalen und sachlichen Komponenten der Begriffe in pauschalisierender Weise vermutet.[70] Die tatsächliche Schutzbedürftigkeit eines potenziellen Verbrauchers im Einzellfall ist unerheblich, der intellektuelle oder ökonomische Status spielt keine Rolle.[71]

Dies gilt spiegelbildlich auch für Unternehmer, da durch die Ablehnung der Verbrauchereigenschaft (in aller Regel) die Unternehmereigenschaft festgestellt ist. Auch für die Unternehmereigenschaft sind konkrete Eigenschaften und Fähigkeiten der handelnden Person somit ohne Bedeutung.[72] Anknüpfungspunkt der Unternehmereigenschaft sind vielmehr typische Merkmale besonderer rechtsgeschäftlicher Erfahrung.[73] Dabei handelt es sich um die, in den §§ 13, 14 BGB genannte, selbstständige berufliche und gewerbliche Tätigkeit, jedoch nur in den durch den sachlichen Anwendungsbereich festgelegten Situationen. Die Funktion des Verbraucherbegriffs kann mithin – negativ formuliert – dahingehend beschrieben werden, dass die Ablehnung der Verbrauchereigenschaft auf einem hinreichenden Maß an Geschäftskompetenz beruht, welches einen besonderen Schutz entbehrlich macht.[74]

---

70 Soergel/*Pfeiffer*, § 13 Rn. 22.

71 Staudinger/*Weick*, § 13 Rn. 41; *Struck* MittBayNot 2003, 259, 260; daraus ergibt sich ein weiteres Argument gegen die von der Rechtsprechung vorgenommene Einordnung der GbR als Verbraucher. Der BGH hat auf die Schutzbedürftigkeit der hinter der GbR stehenden natürlichen Personen abgestellt. Schutzbedürftigkeit wird wie gesehen jedoch pauschal vermutet. Ergibt sich bereits aufgrund des persönlichen Anwendungsbereichs des § 13 BGB (natürliche Person) im Zusammenhang mit § 14 BGB (rechtsfähige Personengesellschaft), dass die Verbrauchereigenschaft (für die GbR) abzulehnen ist, kann diese gesetzliche Wertung erst recht nicht mit dem Hinweis auf die gar nicht erheblich Schutzbedürftigkeit im konkreten Fall umgangen werden. Gleiches gilt doch unbestritten auch für juristische Personen, die trotz denkbarer Schutzwürdigkeit niemals Verbraucher sein können.

72 Soergel/*Pfeiffer*, § 14 Rn. 10.

73 *Preis* ZHR 158 (1994), 567, 584.

74 Schulte-Nölke/Schulze/*Pfeiffer*, Europäische Rechtsangleichung, S. 30; ähnlich *Canaris* AcP 200 (2000), 273, 360.

c) Verhältnis der Begriffe zueinander

Für den Gesetzgeber ist der Unternehmer das Spiegelbild des Verbrauchers.[75] Fest steht insoweit, dass es sich um Gegenbegriffe handelt, die einander ausschließen.[76] Darüber hinaus ließe sich vermuten, dass die §§ 13, 14 BGB in einem strengen Alternativitätsverhältnis stehen,[77] wonach zwingend Verbraucher ist, wer nicht Unternehmer ist und umgekehrt.

(1) Alternativität

Was zunächst den Vertragszweck betrifft, ist § 14 BGB dem Wortlaut nach trotz leicht abweichender Formulierung das kontradiktorische Gegenteil zu § 13 BGB.[78] Dies bedeutet, dass jeder denkbare Vertragszweck entweder dem geschäftlichen oder privaten Bereich zuzuordnen ist.

Sind damit alle denkbaren Vertragszwecke abschließend erfasst, ist jedoch noch keine Aussage darüber getroffen, ob auch alle denkbaren (Kauf-) Rechtssubjekte entweder unter den einen oder den anderen Begriff subsumiert werden können. Vielmehr sind die persönlichen Anwendungsbereiche inkongruent,[79] da lediglich die „natürliche Person" in beiden Formulierungen gleichermaßen erwähnt ist. Die Aussage, wer in Bezug auf das konkrete Rechtsgeschäft kein Unternehmer ist, sei Verbraucher, trifft damit nur auf natürlichen Personen zu. Wie gesehen, lässt sich dagegen die GbR bei entsprechender Tätigkeit zwar unter § 14 BGB, nicht jedoch unter § 13 BGB einordnen. Zwischen den beiden Vorschriften besteht daher lediglich ein Ausschließlichkeitsverhältnis, nach dem niemand gleichzeitig Unternehmer und Verbraucher sein kann.[80]

(2) „Dual-use-Problematik"

Das soeben dargestellte Ausschließlichkeitsverhältnis im Hinblick auf den Vertragszweck führt zu der Frage, wie diejenigen Rechtsgeschäfte zu beur-

75 BT-Drs. 14/6040, S. 243.

76 *Struck* MittBayNot 2003, 259, 260.

77 So Soergel/*Pfeiffer*, § 14 Rn. 3.

78 Staudinger/*Habermann*, § 14 Rn. 2; Soergel/*Pfeiffer*, § 14 Rn. 3; *Pfeiffer* NJW 1999, 169, 171.

79 *Elßner/Schirmbacher* VuR 2003, 247, 248.

80 *Dauner-Lieb/Dötsch* DB 2003, 1666.

teilen sind, die sowohl zu privaten als auch geschäftlichen Zwecken abgeschlossen werden (sog. „Dual-use-Problematik“, Zweckverbindung).

Weder enthalten die entsprechenden Verbraucherrechts-Richtlinien Hinweise, noch hat sich der EuGH bislang zu dieser Frage geäußert. Das grundsätzlich enge Verständnis des Verbraucherbegriffs im Gemeinschaftsrecht lässt jedoch vermuten, dass auch hier ein strengerer Maßstab anzulegen ist. Nach einer europäisch-autonomen Auslegung kann daher lediglich bei einem im Wesentlichen bzw. ganz überwiegend außerhalb der beruflichen Tätigkeit liegenden Vertragszweck von einer Verbrauchereigenschaft ausgegangen werden.[81]

Damit vergleichbar wird für die Annahme der Verbrauchereigenschaft im Rahmen der §§ 13, 14 BGB zu Recht ein Überwiegen des privaten Zwecks gefordert.[82] Aus der Perspektive des Unternehmerbegriffs reicht somit bereits ein geringfügiger, nachrangiger Zusammenhang mit einer geschäftlichen Tätigkeit aus, um Unternehmer im Sinne des § 14 BGB zu sein. Umgekehrt formuliert muss sich der Zweck des Rechtsgeschäfts schon weit gehend aus der Sphäre der geschäftlichen Tätigkeit entfernt haben, um den auch geschäftlich Handelnden aus den gegen ihn geltenden strengeren Regeln (wie denen des Verbrauchsgüterkaufs) zu entlassen.

Entgegen einer Ansicht in der Literatur ist der Gesetzesbegründung zum Verbrauchsgüterkauf nicht zu entnehmen, dass bei einer Doppelverwendung der Kaufsache generell die Verbrauchereigenschaft anzunehmen sein soll.[83] Die betreffende Aussage begründet die Einbeziehung der unselbstständigen beruflichen Tätigkeit in den funktionalen Anwendungsbereich des Verbraucherbegriffs. Dass jeglicher private Zweck, insbesondere unabhän-

---

81 Schulte-Nölke/Schulze/*Pfeiffer*, Europäische Rechtsangleichung, S. 37; Soergel/*Pfeiffer*, § 13 Rn. 38; MünchKommBGB/*Micklitz*, § 13 Rn. 35.

82 Speziell für die sowohl private als auch geschäftliche Nutzung des Kaufgegenstandes:
OLG Bremen ZGS 2004, 394; LG Trier, Urteil vom 8. Juni 2004, AZ: 1 S 87/03;
allgemein für das Erfordernis eines überwiegend privaten Zwecks bei Zweckverbindung:
Palandt/*Heinrichs*, § 13 Rn. 4; Soergel/*Pfeiffer*, § 13 Rn. 38; Erman/*Saenger*, § 13 Rn. 17; AnwKomm-BGB/*Ring*, § 14 Rn. 31 sowie eingehend Staudinger/*Weick*, § 13 Rn. 44 ff.

83 So KompaktKom-BGB/*Tonner*, § 474 Rn. 5 mit Verweis auf BT-Drs. 14/6040, S. 243, wo es heißt: „Es sollten aber nicht die Personen aus dem Verbraucherbegriff ausgenommen werden, die als abhängig Beschäftigte eine Sache zu einem Zweck kaufen, der (auch) ihrer beruflichen Tätigkeit dient (…).“

gig von seinem jeweiligen Ausmaß, die Verbrauchereigenschaft begründen soll, kommt dort nicht zum Ausdruck. Dies wäre auch sachlich nicht überzeugend. Die Anwendung des Verbraucherrechts wird mit einer, wenn auch zunächst pauschal vermuteten, Schutzbedürftigkeit einer Vertragspartei gerechtfertigt. Diese ist jedoch nur dann mit hinreichender Wahrscheinlichkeit auch tatsächlich gegeben, wenn der überwiegende Zweck des Rechtsgeschäfts ein privater ist. Dadurch wird gleichzeitig gewährleistet, dass der Anwendungsbereich des Verbraucherrechts nicht zu weit eingeschränkt wird, da ja der Vertragspartner des Verbrauchers stets ein Unternehmer sein muss.

Allerdings kann auch nicht bei jeder geschäftlichen Nutzung die Verbrauchereigenschaft generell abgelehnt werden.[84] Dadurch würde das Ziel eines effektiven Verbraucherschutzes stark gefährdet, da die Schutzbedürftigkeit eben nicht mit hinreichender Wahrscheinlichkeit ausgeschlossen werden kann, ohne den Umfang der geschäftlichen Nutzung zu beachten.

5. *Beweislastverteilung*

Für die Beantwortung der Frage, wer die Verbraucher- oder Unternehmereigenschaft zu beweisen hat, sei zunächst festgestellt, dass es sich dabei um eine zweistufige Prüfung handelt. Zunächst geht es allgemein um das Vorliegen einer gewerblichen oder selbstständigen beruflichen bzw. privaten Tätigkeit und anschließend um die Zugehörigkeit des zu beurteilenden Rechtsgeschäfts zu eben dieser.

§ 14 BGB enthält ebenso wie § 13 BGB keine ausdrückliche Beweislastregelung. Daher hat nach den allgemeinen Regeln derjenige die Verbraucher- bzw. Unternehmereigenschaft zu beweisen, der sich auf entsprechende Normen beruft.[85] Macht der Verbraucher ihn begünstigende Vorschriften aus dem Bereich des Verbrauchervertragsrechts geltend, hat er neben seiner Verbrauchereigenschaft die Unternehmereigenschaft seines Vertragspartners darzulegen.

Ersteres dürfte ihm vergleichsweise leicht gelingen, da es sich um Umstände handelt, die in seiner eigenen Sphäre liegen. Darüber hinaus kann dem potenziellen Verbraucher eine Vermutung hinsichtlich der Privatheit

---

84 So *Jauernig*, § 13 Rn. 3, da Doppelverwendung einen nicht schutzbedürftigen Freiberufler nicht zu einem total schutzbedürftigen Privatmann mache.

85 Staudinger/*Weick*, § 13 Rn. 67 f.; Staudinger/*Habermann*, § 14 Rn. 67 ff.; Palandt/*Heinrichs*, § 13 Rn. 4; AnwKomm-BGB/*Ring*, § 14 Rn. 34; *Mankowski* VuR 2004, 79.

des Vertragszweckes zugute kommen, als diese umso wahrscheinlicher ist, je mehr die äußeren Gesamtumstände der Typizität eines Verbrauchervertrages entsprechen.[86]

Sehr viel schwieriger gestaltet sich für den Verbraucher der Nachweis der Unternehmereigenschaft seines Vertragspartners, wenn dieser weder einen Rechtsformzusatz führt noch ein Ladengeschäft unterhält. Um den angestrebten effektiven Verbraucherschutz nicht durch zu hohe Anforderungen im Rahmen der Beweislast zu gefährden, sind Beweiserleichterungen in Betracht zu ziehen, ohne jedoch die Beweislastverteilung vollständig umzukehren.[87]

Die mit der Ableitung eines allgemeinen Rechtsgedankens aus § 344 HGB begründete Vermutung, dass Rechtsgeschäfte eines Unternehmers im Zweifel dem unternehmerischen Bereich zuzuordnen sind,[88] enthält im Rahmen der §§ 13, 14 BGB zunächst einen auf einer sprachlichen Ungenauigkeit basierenden Zirkelschluss. Die Verbraucher- bzw. Unternehmereigenschaft als Rechtsfolge der §§ 13, 14 BGB ist stets auf ein konkretes Rechtsgeschäft bezogen.[89] Sie kann daher nicht gleichzeitig Anknüpfungspunkt einer Vermutung für das Vorliegen der Voraussetzungen derselben Vorschriften sein. Die Formulierung „Rechtsgeschäfte eines Unternehmers" ist insofern ungenau, auch wenn deutlich wird, was damit gemeint ist: Unternehmer soll danach sein, wer *grundsätzlich* eine selbstständige berufliche oder gewerbliche Tätigkeit ausübt. Dies berücksichtigend müsste ein aus § 344 HGB abgeleiteter Rechtsgedanke, auf die §§ 13, 14 BGB bezogen, dahingehend formuliert werden, dass Rechtsgeschäfte von Personen, die einer gewerblichen oder selbstständigen beruflichen Tätigkeit nachgehen, im Zweifel dieser Tätigkeit zugerechnet werden.[90]

Inhaltlich wird diesem Ansatz vorgehalten, dass eine ausschließlich auf nationalem Recht beruhende Vorgehensweise aufgrund des Vorrangs eines europarechtlichen Verbraucherbegriffs methodisch nicht möglich sei.[91] Wie bereits festgestellt wurde, sind im nationalen Recht abweichende verbraucherrechtliche Regelungen und damit auch Beweislastregelungen grundsätzlich zulässig, soweit diese den Verbraucherschutz nicht einschränken. Durch

---

86 MünchKommBGB/*Basedow*, AGBG § 24a Rn. 34.
87 Vgl. *Mankowski* VuR 2004, 79 ff.
88 So z.B. Palandt/*Heinrichs*, § 14 Rn. 2.
89 Schulte-Nölke/Schulze/*Pfeiffer*, Europäische Rechtsangleichung, S. 25.
90 Zutreffend daher Staudinger/*Habermann*, § 14 Rn. 70 und Ebenroth/Boujong/Joost/*Kort*, § 344 Rn. 2.
91 Staudinger/*Habermann*, § 14 Rn. 70; Soergel/*Pfeiffer*, § 13 Rn. 54.

eine Vermutung für die Zugehörigkeit eines Rechtsgeschäfts zu einer geschäftlichen Tätigkeit werden die Rechte des auf Käuferseite stehenden Verbrauchers nicht beschnitten, sondern erweitert.

Der regelmäßig unternehmerisch, jedoch ausnahmsweise privat handelnden Partei ist es auch durchaus zumutbar, auf den nicht geschäftlichen Zweck des Rechtsgeschäfts hinzuweisen bzw. die vermutete Zugehörigkeit des Rechtsgeschäfts zu ihrer geschäftlichen Tätigkeit zu widerlegen.[92]

Eine derartige Vermutung ist auch aus Praktikabilitätsgründen geboten. Der Nachweis einer geschäftlichen Tätigkeit des Verkäufers ist für den Verbraucher häufig schon schwer zu führen. Bürdet man dem Verbraucher auch die weitergehende Beweislast für die Zugehörigkeit des Rechtsgeschäfts zu der unternehmerischen Tätigkeit des Verkäufers auf, wird ihm die Durchsetzung seiner Rechte zusätzlich erschwert.

Der Rechtsgedanke des § 344 HGB ist daher grundsätzlich auf die Geschäfte einer unternehmerisch tätigen Person übertragbar.[93] Das bedeutet zwar eine Beweislastverschiebung zu Ungunsten insbesondere der selbstständig Tätigen.[94] Diese ist jedoch nach Abwägung der Belange und im Hinblick auf den Schutzgedanken des Verbraucherrechts durchaus gerechtfertigt.

Damit ist dem Verbraucher jedoch erst auf der zweiten Stufe geholfen. Der Nachweis, dass überhaupt eine unternehmerische Tätigkeit vorliegt, ist vorrangig und umso schwerer zu erbringen. Zweckmäßig erscheint daher darüber hinaus die Formulierung eines Indizienkataloges, dessen Indizien jeweils einen Anscheinsbeweis begründen. Einzelne Indizien für eine unternehmerische Tätigkeit können sich demnach u.a. aus dem Geschäftsgegenstand, aus Zahl, Häufigkeit und Volumen nachweisbarer anderer Geschäfte oder Auftreten des Vertragsgegners ergeben.[95]

In der Rechtsprechung wurde dieser Ansatz bereits aufgegriffen und konkretisiert. Bei einer Anzahl von 252 Verkäufen über einen Zeitraum von

---

92 A.A. Staudinger/*Habermann*, § 14 Rn. 70.

93 Palandt/*Heinrichs*, § 14 Rn. 2; Mankowski VuR 2004, 79, 80; a.A. AnwKomm-BGB/*Ring*, § 14 Rn. 31; MünchKommBGB/Micklitz, § 14 Rn. 27; Erman/*Saenger*, § 14 Rn. 17; Staudinger/*Habermann*, § 14 Rn. 71 zieht eine Indizierung der Unternehmereigenschaft bei objektivem Bezug zur Geschäftstätigkeit vor, da dem Vertragspartner dabei die Möglichkeit bliebe, durch Darlegung plausibler Gründe die Vermutung der Unternehmereigenschaft zu widerlegen, ohne einen vollen Gegenbeweis führen zu müssen.

94 Ebenroth/Boujong/Joost/*Kort*, § 344 Rn. 2.

95 Im Einzelnen *Mankowski* VuR 2004, 79, 81 f.

zwei Jahren und sieben Monaten, dem Angebot gleichartiger Waren (im vorliegenden Fall 3 PKW) binnen eines kürzeren Zeitraums sowie freiwillige Teilnahme am sog. PowerSeller-Programm, die nach außen den Anschein eines Profiverkäufers erwecke, spreche der Beweis des ersten Anscheins für eine unternehmerische Tätigkeit des Verkäufers.[96] Das überzeugt, scheint es doch ein praktikabler Weg, um dem Verbraucher als Käufer in derartigen Fällen den Nachweis der Unternehmereigenschaft seines Vertragspartners zu ermöglichen, ohne die Beweislast zu verkehren.

6. *Zwischenergebnis*

Kauft ein Verbraucher von einem Unternehmer eine bewegliche Sache, liegt ein Verbrauchsgüterkauf im Sinne von § 474 Abs. 1 S. 1 BGB vor. Verbraucher gem. § 13 BGB sind ausschließlich natürliche Personen im Sinne des nationalen Rechts, die zu privaten Zwecken handeln. *Gesellschaften bürgerlichen Rechts* können nicht Verbraucher sein. Sie stellen rechtsfähige Personengesellschaften dar, die zwar in § 14 Abs. 2 BGB, nicht aber in § 13 BGB erwähnt werden. Ebenso kann *Existenzgründern* keine Verbrauchereigenschaft zukommen.

Unternehmereigenschaft wird zunächst durch Abschluss eines Rechtsgeschäfts in Ausübung einer *gewerblichen* Tätigkeit begründet werden, zu deren Feststellung auf den handelsrechtlichen Gewerbebegriff zurückzugreifen ist. Übergeordneter Begriff ist die selbstständige berufliche Tätigkeit, die insbesondere auch die Freien Berufe erfasst, so dass der Abschluss eines Rechtsgeschäfts in Ausübung einer solchen Tätigkeit ebenfalls die Unternehmereigenschaft begründet. Im Gegensatz zum Verbraucher kann Unternehmer ohne Einschränkung jede natürliche oder juristische Person oder rechtsfähige Personengesellschaft sein.

Für die Einordnung des Rechtsgeschäfts als privat oder geschäftlich ist grundsätzlich der *objektive Zweck* maßgeblich und nicht der Wille des Handelnden. Dementsprechend kann eine unternehmerisch agierende Person nicht durch entsprechende Erklärungen die Einordnung als Unternehmer vermeiden. Ausnahmsweise ist aber aus Gründen der Rechtssicherheit derjenige als Unternehmer zu behandeln, der eine geschäftliche Tätigkeit nur *vortäuscht*, das Rechtsgeschäft aber tatsächlich zu privaten Zwecken tätigt.

Um als Unternehmer angesehen zu werden, bedarf es eines *hinreichenden Ausmaßes* der geschäftlichen Tätigkeit. So begründet beispielsweise der gelegentliche Warenankauf zum Zwecke gewinnbringender Veräußerung noch

---

96 LG Mainz BB 2005, 2264 f.

keine geschäftliche Tätigkeit im Sinne von § 14 BGB. Erforderlich ist zumindest eine stetige An- und Verkaufstätigkeit. Eine allgemeine Grenze lässt sich jedoch nicht pauschal bestimmen, sie ist im Einzelfall von den Gerichten festzustellen.

Der Begriff des Unternehmers in den §§ 474 ff. BGB entspricht dem des § 14 BGB, nicht erforderlich ist im Rahmen des Verbrauchsgüterkaufs, dass es sich gerade um einen gewerblichen Verkäufer handelt.

Im Hinblick auf Ihre Struktur enthalten sowohl der Verbraucher- wie auch der Unternehmerbegriff eine persönliche, sachliche und funktionale Komponente.

Das Verbraucher/Unternehmer Begriffspaar hat sich als nicht abschließend herausgestellt. Juristische Personen und teilrechtsfähige Personengemeinschaften, die zu privaten Zwecken handeln, lassen sich weder unter § 13 noch unter § 14 BGB einordnen. Sie sind der Gruppe der sog. *Zivilpersonen* zuzuordnen. Allerdings schließen sich die Begriffe gegenseitig aus, da § 14 BGB in Anbetracht des Vertragszwecks das kontradiktorische Gegenteil zu § 13 BGB ist.

Wird ein Rechtsgeschäft sowohl zu privaten als auch zu geschäftlichen Zwecken abgeschlossen, ist für die Annahme der Verbrauchereigenschaft ein Überwiegen des privaten Zwecks erforderlich. Umgekehrt reicht für die Unternehmereigenschaft ein geringfügiger, nachrangiger Zusammenhang mit der geschäftlichen Tätigkeit aus.

Beweispflichtig ist im Rahmen der §§ 13, 14 BGB nach den allgemeinen Grundsätzen derjenige, der sich auf die entsprechende Vorschrift beruft. Dem Verbraucher wird der ihm zuweilen nur schwer mögliche Nachweis der Unternehmereigenschaft seines Vertragspartners in zweierlei Hinsicht erleichtert: Zum einen sind bestimmte Indizien anzuerkennen, die einen Anscheinsbeweis für eine unternehmerische Tätigkeit begründen. Zum anderen lässt sich der in § 344 HGB enthaltene Rechtsgedanke übertragen, so dass eine widerlegbare Vermutung dafür besteht, dass Rechtsgeschäfte von Personen, die grundsätzlich einer gewerblichen oder selbstständigen beruflichen Tätigkeit nachgehen, im Zweifel dieser zuzurechnen sind.

III. Der Handelskauf

Die Vorschriften über den Handelskauf setzen die Kaufmannseigenschaft im Sinne der §§ 1 ff. HGB einer bzw. beider (vgl. § 345 HGB) Vertragsparteien voraus. Ferner muss der Kauf zum Betrieb des jeweiligen Handelsgewerbes gehören, § 343 Abs. 1 HGB.

1. Der Kaufmann, §§ 1 ff. HGB

Auch nach der Handelsrechtsreform von 1998[97] bleibt der Begriff des Kaufmanns der subjektive Anknüpfungspunkt des Handelsrechts, des Sonderprivatrechts der Kaufleute. [98]

a) Betrieb eines Handelsgewerbes und sog. Kannkaufleute

Kaufmann ist nach § 1 Abs. 1 HGB, wer ein Handelsgewerbe betreibt, wobei Handelsgewerbe nach Abs. 2 zunächst jeder Gewerbebetrieb ist. Ausgeschlossen werden durch § 1 Abs. 2 HGB diejenigen Gewerbetreibenden, deren Unternehmen nach Art und Umfang einen in kaufmännischer Weise eingerichteten Geschäftsbetrieb nicht erfordert (sog. Kleingewerbetreibende[99]). Machen diese allerdings von der ihnen durch § 2 HGB eingeräumten Möglichkeit einer Eintragung ins Handelsregister Gebrauch, gelten auch ihre Unternehmen als Handelsgewerbe. Lediglich ein Gewerbe und kein Handelsgewerbe stellen nach § 3 HGB die land- und forstwirtschaftlichen Betriebe auch bei Erforderlichkeit einer kaufmännischen Einrichtung dar.[100] Ihnen ist mit § 3 Abs. 2 HGB jedoch ebenfalls die Möglichkeit zur Eintragung in das Handelsregister und damit zur Erlangung der Kaufmannseigenschaft gegeben.

Die Kaufmannseigenschaft setzt somit regelmäßig den Betrieb eines Gewerbes voraus, worunter nach ständiger Rechtsprechung und überwiegender Meinung in der Literatur in etwa eine planmäßige, auf Dauer angelegte selbstständige, jedenfalls wirtschaftliche Tätigkeit am Markt unter Ausschluss freiberuflicher, wissenschaftlicher und künstlerischer Tätigkeiten zu verstehen ist.[101] Insbesondere der Ausschluss der Freien Berufe ist dabei jedoch nach wie vor umstritten und wird daher noch eingehender zu erörtern sein.

---

97 Gesetz zur Neuregelung des Kaufmanns- und Firmenrechts und zu Änderung anderer handels- und gesellschaftsrechtlicher Vorschriften vom 22.06.1998, BGBl I S. 1474.

98 *Siems* NJW 2003, 1296; Ensthaler/*Achilles*/*Schmidt*, GK-HGB Einleitung Rn. 9; *K. Schmidt*, Handelsrecht, § 9 I; *Jung*, Handelsrecht, § 1 Rn. 1.

99 Baumbach/*Hopt*, § 1 Rn. 6.

100 Baumbach/*Hopt*, § 3 Rn. 3.

101 Baumbach/*Hopt*, § 1 Rn. 12; vgl. auch MünchKommHGB-Ergb./*Schmidt*, § 1 Rn. 22 ff.; Ebenroth/Boujong/Joost/*Kindler*, § 1 Rn. 9 ff.; *K. Schmidt*, Handelsrecht, § 9 IV;
Canaris, Handelsrecht, § 1 Rn. 1 ff.

b) Form- und Scheinkaufleute

Nach § 6 Abs. 1 HGB finden die in Betreff der Kaufleute gegebenen Vorschriften auch auf die Handelsgesellschaften Anwendung. Dabei handelt es sich zum einen um die Personenhandelsgesellschaften des HGB (OHG und KG) sowie zum anderen um die sonstigen Handelsgesellschaften kraft sondergesetzlicher Anordnung: GmbH (§ 13 Abs. 3 GmbHG), AG (§ 3 Abs. 1 AktG), KGaA (§§ 3 Abs. 1, 278 III AktG) sowie die EWIV (§ 1 EWIV-AusfG). Keine Handelsgesellschaft stellt die eingetragene Genossenschaft dar, die jedoch aufgrund von § 17 Abs. 2 GenG dennoch als Kaufmann gilt.[102]

Unter bestimmten Umständen muss sich schließlich auch als sog. Scheinkaufmann behandeln lassen, wer objektiv zwar kein Handelsgewerbe betreibt, aber einen entsprechenden Eindruck hervorruft. Voraussetzung ist ein durch Auftreten und Verhalten zurechenbar erzeugter Rechtsschein bei einem darauf vertrauenden Dritten.[103] Der Scheinkaufmann muss handelsrechtliche Vorschriften gegen sich gelten lassen. Zu seinen Gunsten kann er sich dagegen nicht auf die Kaufmannseigenschaft berufen, damit ihm das Hervorrufen eines den Tatsachen widersprechenden Rechtscheins nicht auch einen Vorteil bringt.

c) „Dual-use" Geschäfte

Ähnlich wie bei der Abgrenzung zwischen Verbraucher und Unternehmer ist festzustellen, wie diejenigen Geschäfte, die ein Kaufmann sowohl zu privaten wie auch geschäftlichen Zwecken vornimmt, einzuordnen sind. Ausreichend für eine Zuordnung zum Handelsgewerbe ist hier bereits ein entfernter, lockerer Zusammenhang mit der gewerblichen Tätigkeit.[104] Mit dem Erfordernis der Zugehörigkeit zum Betrieb des Handelsgewerbes werden damit lediglich die reinen Privatgeschäfte des Kaufmanns aus dem Anwendungsbereich der Vorschriften über die Handelsgeschäfte ausgenommen.[105]

---

102 Ebenroth/Boujong/Joost/*Kindler*, § 6 Rn. 1 ff.

103 Ebenroth/Boujong/Joost/*Kindler*, § 5 Rn. 51 ff.; *Oetker*, Handelsrecht, § 2 Rn. 59 ff.

104 Baumbach/*Hopt*, § 343 Rn. 3; *Ruß*, HK-HGB, § 343 Rn. 2; Ensthaler/*Schmidt*, GK-HGB § 343 Rn. 10; *Jung*, Handelsrecht, § 33 Rn. 7.

105 MünchKommHGB/*Schmidt*, § 343 Rn. 14; Ebenroth/Boujong/Joost/*Kort*, § 343 Rn. 24.

d) Vorbereitende und branchenfremde Geschäfte

Für die Zugehörigkeit zum Handelsgewerbe im Sinne des § 343 HGB spielt es keine Rolle, dass ein Geschäft erst der Vorbereitung der eigentlichen, handelsgewerblichen Tätigkeit dient.[106]

Vom Begriff des Handelsgeschäfts werden schließlich nicht nur die typischen Kerngeschäfte des Gewerbebetriebes erfasst, sondern auch (branchenunübliche) Nebengeschäfte.[107]

e) Kaufmann mit Verbrauchereigenschaft?

Ungeklärt ist bislang, wie Personengesellschafter im Hinblick auf die Verbraucher- bzw. Unternehmereigenschaft im Sinne der §§ 13, 14 BGB einzuordnen sind.[108]

In Betracht kommt zunächst eine Parallele zur BGH-Rechtsprechung bezüglich der Verbrauchereigenschaft von GmbH-Gesellschaftern. Diese seien als Verbraucher einzuordnen, da das Halten eines Geschäftsanteils bloß eine Vermögensverwaltung und keine gewerbliche Tätigkeit darstelle.[109] In Übertragung dieser Rechtsprechung wären auch die Gesellschafter rechtsfähiger Personengesellschaften als Verbraucher einzuordnen. Allerdings hätte dieser an sich durchaus nahe liegende Ansatz eine missliche Konsequenz: einen Verbraucher, der zugleich Kaufmann ist. Denn es ist ebenso ständige Rechtsprechung, dass besagte Personengesellschafter (mit Ausnahme von Kommanditisten) Kaufleute im Sinne der §§ 1 HGB ff. sind.[110] Dieses Ergebnis würde jedoch einen nicht auflösbaren Widerspruch darstellen. Voraussetzung der Kaufmannseigenschaft ist die (handels-) gewerbliche Tätigkeit, die im Rahmen des Verbraucherbegriffs negatives Tatbestandsmerkmal ist, d.h. sie darf gerade nicht vorliegen. Ein und dieselbe Tätigkeit jedoch nicht gleichzeitig als geschäftlich wie auch als privat qualifiziert werden, ein Kaufmann mit Verbrauchereigenschaft bezüglich derselben Tätigkeit ist somit unter keinen Umständen denkbar.

---

106 MünchKommHGB/*Schmidt*, § 343 Rn. 14; *Ruß*, HK-HGB, § 343 Rn. 2; Ensthaler/*Schmidt*, GK-HGB § 343 Rn. 10.

107 *Ruß*, HK-HGB, § 343 Rn. 2; Ensthaler/*Schmidt*, GK-HGB § 343 Rn. 10; *Brox*, Handels- und Wertpapierrecht, Rn. 241.

108 Vgl. dazu *Dauner-Lieb/Dötsch* DB 2003, 1666 ff.

109 BGH NJW 1996, 2156 ff.; 2000, 3133 ff.

110 BGH NJW 1980, 1572, 1574; 1982, 569, 570.

Aber auch die Einordnung der Personengesellschafter als Unternehmer bereitet Schwierigkeiten, weil dann wiederum darzulegen wäre, warum das Halten von GmbH-Anteilen lediglich Vermögensverwaltung und somit eine private Tätigkeit, das von Personengesellschaftsanteilen jedoch eine gewerbliche bzw. selbständige berufliche Tätigkeit darstellen soll.

Auch in diesem Zusammenhang wurde zur Vermeidung dieses „befremdlichen" Ergebnisses erwogen, eine dritte und eigenständige Kategorie zwischen Unternehmer und Verbraucher herauszuarbeiten.[111] In Anbetracht der strikten tatbestandlichen Alternativität der §§ 13 und 14 BGB hinsichtlich des Vertragszwecks ergeben sich dagegen jedoch erhebliche Bedenken.

Zu erwägen bleibt daher einzig eine Änderung der dargestellten Rechtsprechung. Hinsichtlich der Verbrauchereigenschaft von GmbH-Gesellschaftern sieht sich diese ohnehin einiger Kritik ausgesetzt.[112]

2. *Strukturmerkmale des Kaufmannsbegriffs*

a) *Persönliche, funktionale und sachliche Komponente*

Vergleichbar mit dem Unternehmerbegriff lässt sich der Kaufmannsbegriff zumindest in eine persönliche und funktionale Komponente einteilen.

Der persönliche Anwendungsbereich des Kaufmannsbegriffs ist nicht beschränkt. Natürliche wie juristische Personen können ebenso unter § 1 HGB fallen, wie (teil-) rechtsfähige Personengesellschaften.

Die funktionale Komponente besteht beim Kaufmannsbegriff in dem Tatbestandsmerkmal „Betrieb eines Handelsgewerbes" im Sinne des § 1 Abs. 1 HGB (bzw. einer anderen Tatbestandsvoraussetzung der §§ 1 ff. HGB) und des daraus resultierenden Status Kaufmann.

Da die Kaufmannseigenschaft bereits aufgrund der genannten Komponenten einen von weiteren Voraussetzungen unabhängigen Status darstellt, kann insofern, anders als beim Unternehmerbegriff, nicht unmittelbar von einer sachlichen Komponente des Kaufmannsbegriffs gesprochen werden. Für den Bereich der Handelsgeschäfte ergibt sich diese jedoch aus dem

---

111 *Dauner-Lieb/Dötsch* DB 2003, 1666, 1668.

112 *Canaris* AcP 200 (2000), 273, 355 hält die Einordnung von GmbH Gesellschaftern/Geschäftsführern als Verbraucher für eine „paradoxe Übersteigerung des Verbraucherschutzgedankens"; *Dauner-Lieb/Dötsch* DB 2003, 1666, 1668, wonach alleine die Handelsgesellschaft, nicht aber die einzelnen Gesellschafter, Kaufmannseigenschaft besitzen.

sachlichen Anwendungsbereich der punktuellen Regelungen in den §§ 343 ff. HGB, insbesondere den §§ 373 ff. HGB für den hier interessierenden Handelskauf.

b) Mittelbare Bedeutung der Geschäftskompetenz

Auch für den Kaufmannsbegriff ist eine im Einzelfall vorhandene Geschäftskompetenz zunächst ohne Bedeutung. Jeder, der ein Handelsgewerbe betreibt, ist Kaufmann, unabhängig von seinen tatsächlichen wirtschaftlichen oder rechtlichen Kenntnissen. Jedoch kann die tatsächliche geschäftliche Erfahrenheit im konkreten Einzelfall an anderer Stelle mittelbare Bedeutung erlangen. Sie wird ergänzend herangezogen, wenn die Einordnung als *Handels*gewerbe nicht ohne weiteres möglich ist.

So bereitet die Abgrenzung Schwierigkeiten, ab wann ein Unternehmen nach Art oder Umfang einen in kaufmännischer Weise eingerichteten Geschäftsbetrieb im Sinne des § 1 Abs. 2 HGB erfordert, woraufhin unabhängig von einer eventuellen Eintragung im Handelsregister ein Handelsgewerbe vorliegt. Grundsätzlich wird ein Gewerbebetrieb ab einer bestimmten Mindestbetriebsgröße zum Handelsgewerbe.[113] Neben diesem quantitativen Merkmal kommen aber auch qualitative Merkmale (z.B. Komplexität, Risikogehalt und Schwierigkeit der Tätigkeit) zum tragen. Zur Konkretisierung der nicht eindeutig bestimmbaren Begriffe Art und Umfang wurden in der Rechtsprechung bestimmte Anhaltspunkte herausgebildet.[114]

In einer sich mit dieser Abgrenzung befassenden Entscheidung wurde auch darauf abgestellt, ob im Rahmen der vorzunehmenden Gesamtwürdigung der Verhältnisse des einzelnen Betriebes der potenzielle Kaufmann einen hinreichenden Grad an Professionalität besitzt, der die Unterwerfung unter die strengeren kaufmännischen Regeln rechtfertigt. Diese Professionalität umschreibe das Gesetz mit der entsprechenden Einrichtung des Geschäftsbetriebes.[115] Hinreichende Professionalität wird man nach allgemeinem Sprachgebrauch demjenigen unterstellen können, der über ein gesteigertes Maß an Erfahrung, Sach- und Rechtskenntnis verfügt. Mittelbar kann die tatsächliche Geschäftskompetenz somit ein Kriterium zur Feststellung dafür sein, ab wann von einem in kaufmännischer Weise eingerichteten Geschäftsbetrieb auszugehen ist.

---

113 Ebenroth/Boujong/Joost/*Kindler*, § 1 Rn. 9.
114 Ebenroth/Boujong/Joost/*Kindler*, § 1 Rn. 47 ff.
115 OLG Dresden NJW-RR 2002, 33, 34.

3. *Beweislastverteilung*

Der Beweis der Kaufmannseigenschaft erfolgt entweder über einen Auszug aus dem Handelsregister oder über die Darlegung der Voraussetzungen des § 1 Abs. 2 HGB.[116] Eine Vermutung für das Vorliegen eines Gewerbes existiert nicht. Es gelten die allgemeinen Grundsätze, so dass derjenige beweispflichtig ist, der sich auf die Existenz eines Gewerbebetriebs beruft.[117] Liegt jedoch unstreitig bzw. erwiesener Maßen ein Gewerbebetrieb vor, wird nach ebendieser Vorschrift vermutet, dass es sich um ein Handelsgewerbe handelt. Die Entbehrlichkeit eines in kaufmännischer Weise eingerichteten Geschäftsbetriebs (und das daraus resultierende Fehlen der Kaufmannseigenschaft) hat der tatsächlich nur ein Kleingewerbe Betreibende darzulegen.[118]

Für die Einordnung eines Kaufvertrages als Handelskauf im Sinne der §§ 373 ff. HGB ist, vergleichbar mit der Beweislast im Rahmen des Unternehmerbegriffs bzw. des Verbrauchsgüterkaufs, ein zweiter Schritt erforderlich, in dem die Zugehörigkeit des zu beurteilenden Rechtsgeschäfts zum Handelsgewerbe des Kaufmanns festzustellen ist. Wie bereits erwähnt, enthält § 344 HGB dafür die widerlegbare[119] Vermutung, dass die von einem Kaufmann vorgenommenen Rechtsgeschäfte im Zweifel zum Betrieb seines Handelsgewerbes gehören.

4. *Verhältnis von Kaufmanns- und Unternehmerbegriff*

Der Gesetzgeber hat sich bislang nicht zum Verhältnis von § 1 HGB und § 14 BGB geäußert. Daraus wurde der Schluss gezogen, dass sich seiner Ansicht nach weder die Begriffe noch die betroffenen Rechtsmaterien überschneiden. Doch schon vor In-Kraft-Treten des Schuldrechtsmodernisierungsgesetzes enthielten beide Begriffe wesentliche gemeinsame Merkmale.[120]

Es ist keine Konstellation ersichtlich, bei der ein Kaufmann im Rahmen von betriebszugehörigen Rechtsgeschäften nicht zugleich auch die Unternehmereigenschaft besitzen würde. Mithin lässt sich feststellen, dass jeder

116 *Wackerbarth* AcP 200 (2000), 45, 61.
117 Baumbach/*Hopt*, § 1 Rn. 25; MünchKommHGB-Ergb./*Schmidt*, § 1 Rn. 63.
118 Baumbach/*Hopt*, § 1 Rn. 25.
119 *K. Schmidt*, Handelsrecht, § 18 I 1 e) aa).
120 MünchKommBGB/*Micklitz*, Vor §§ 13, 14 Rn. 50; LG Hof VuR 2003, 109.

Kaufmann insoweit gleichzeitig auch Unternehmer ist.[121] Der Unternehmerbegriff des BGB geht jedoch über den handelsrechtlichen Kaufmannsbegriff hinaus. So ist der Unternehmerbegriff nicht beschränkt auf den Betrieb eines Handelsgewerbes. Er bezieht insbesondere die freiberuflichen Tätigkeiten ebenso mit ein[122] wie die künstlerischen und wissenschaftlichen, die land- und forstwirtschaftlichen Betriebe sowie die Kleingewerbetreibenden. Daher ist umgekehrt nicht jeder Unternehmer auch ein Kaufmann.

Spätestens seit der Einführung des Verbrauchsgüterkaufs ist nun auch eine Überschneidung der Rechtsmaterien nicht mehr von der Hand zu weisen. So dürfte bei Vorliegen eines Verbrauchsgüterkaufs häufig zugleich ein einseitiger Handelskauf vorliegen und umgekehrt.[123]

5. Vergleich von Kaufmanns- und Unternehmerbegriff

a) Statusbegriff statt Rechtslage beschreibender Begriff

Zwischen dem Kaufmannsbegriff des § 1 ff. HGB und dem Unternehmerbegriff des § 14 BGB besteht zumindest in der Theorie ein grundlegender systematischer Unterschied.

Beim Verbraucher- und spiegelbildlich beim Unternehmerbegriff handelt es sich um Rechtslagen beschreibende bzw. Rollenbegriffe. Die gesetzliche Definition des Unternehmers beschreibt bestimmte Rechtsgeschäfte und erklärt denjenigen zum Unternehmer, der solche Geschäfte abschließt. Der Kaufmannsbegriff hingegen ist ein Statusbegriff. Das Handelsrecht definiert den Kaufmann und erklärt dessen Rechtsgeschäfte zu Handelsgeschäften.[124]

Diese an sich einleuchtende Gegenüberstellung ist jedoch für den Unternehmerbegriff einzuschränken. Schon das Gesetz geht scheinbar davon aus, dass die Unternehmereigenschaft auch ohne ein konkretes Rechtsgeschäft festgestellt werden kann, wie die §§ 241a, 661a BGB zeigen. Auch im allgemeinen wie im juristischen Sprachgebrauch wird mit großer Selbstverständlichkeit häufig pauschal von dem „Unternehmer“ gesprochen, ohne

---

121 *Mankowski* VuR 2004, 79, 80: Die Kaufmannseigenschaft gem. §§ 1-6 HGB indiziert die Unternehmereigenschaft nach § 14 BGB.

122 Staudinger/*Habermann*, § 14 Rn. 14; Soergel/*Pfeiffer*, § 14 Rn. 7; *Brüggemeier* WM 2002, 1376, 1385.

123 Dazu sogleich unter § 2 III. 2 c).

124 *K. Schmidt* BB 2005, 837, 838 und 840; *Callies* AcP 203 (2003), 575, 577.

dass dabei ein konkretes Rechtsgeschäft in Rede stehen würde.[125] Dies deutet ein statusorientiertes Verständnis auch des Unternehmerbegriffs an.

Dennoch unterscheidet sich genau genommen der Unternehmerbegriff vom Kaufmannsbegriff in erster Linie dadurch, dass die Kaufmannseigenschaft durch den Betrieb eines Handelsgewerbes von Dauer und unabhängig vom konkreten Rechtsgeschäft ist. Dagegen ist die Unternehmereigenschaft dem Wortlaut nach immer nur auf ein konkretes Rechtsgeschäft bezogen.

Dieser grundlegende Unterschied in der systematischen Funktionsweise wird jedoch für den Bereich der Handelsgeschäfte im Allgemeinen sowie dem Kaufvertragsrecht insbesondere durch das Zusammenspiel von § 1 und § 343 HGB relativiert. Denn in den §§ 343 ff. HGB geht es ebenfalls um eine bestimmte Art von Rechtsgeschäften und nicht um einen bestimmten Personenkreis. Von daher steht der Unternehmerbegriff des § 14 BGB in einem sehr viel engeren Zusammenhang mit dem Begriff des Handelsgeschäfts in § 343 HGB als mit dem Kaufmannsbegriff der §§ 1 ff. HGB.[126]

Für die Anwendbarkeit der Vorschriften über den Handelskauf ist somit ebenso wie für die den Verbrauchsgüterkauf betreffenden Vorschriften eine zweistufige Prüfung erforderlich. Nach der Feststellung der Kaufmannseigenschaft ist das Vorliegen eines Handelsgeschäfts, d.h. die Zugehörigkeit zum Betrieb des Handelsgewerbes festzustellen, womit dann ebenfalls das konkrete Rechtsgeschäft in den Mittelpunkt rückt. Ähnlich verläuft die Feststellung der Unternehmereigenschaft, die zum einen eine gewerbliche oder selbstständige berufliche Tätigkeit voraussetzt und zum anderen, dass das fragliche Rechtsgeschäft in Ausübung eben dieser vorgenommen wird.

Unterschiedliche Auffassungen bestehen hinsichtlich der Frage, ob dem Unternehmerbegriff nun ein objektives oder subjektives System zu Grunde liegt. Da die §§ 13, 14 BGB an zu einem bestimmten Zweck bzw. in Ausübung einer bestimmten Tätigkeit handelnde Rechtssubjekte anknüpfen, wird angenommen, dass ihnen ein der Konzeption des HGB vergleichbares subjektives System zu Grunde liegt.[127] Betont man dagegen, dass nicht eine bestimmte persönliche Eigenschaft der vertragsschließenden Partei maßgeblich ist, sondern der Vertragszweck, lässt dies auf ein objektives Verständnis des Verbraucherbegriffs schließen.[128]

---

125 Ein Beispiel dafür ist die oben dargestellte Übertragung des Rechtsgedankens aus § 344 HGB auf den Nachweis der Unternehmereigenschaft, vgl. § 1 II. 5.

126 *K. Schmidt* BB 2005, 837, 841.

127 MünchKommBGB/*Micklitz*, Vor §§ 13, 14 Rn. 49; *Weyer* WM 2005, 490, 494.

128 Soergel/*Pfeiffer*, § 13 Rn. 27.

Im Grunde stellen die §§ 13, 14 BGB ebenso wie die §§ 1 ff. HGB i.V.m. §§ 373 ff. HGB sowohl auf subjektive (Kaufmann bzw. gewerbliche oder selbstständige berufliche Tätigkeit) wie auf objektiv-funktionsbezogene (zum Betrieb des Handelsgewerbes bzw. der gewerblichen oder selbstständigen beruflichen Tätigkeit gehörend) Kriterien ab. Es stellt sich jedoch die Frage, welchen Nutzen eine solche Abgrenzung von objektiver und subjektiver Anknüpfung im Ergebnis hat.[129]

b) Einzelne Strukturmerkmale

Sowohl der Kaufmanns- als auch der Unternehmerbegriff beschreiben einen Personenkreis, an den im Rechtsverkehr höhere Erwartungen gestellt werden. Gerechtfertigt wird dies in beiden Fällen mit einer höheren Geschäftskompetenz, die allerdings pauschal vermutet wird. Die tatsächliche Geschäftskompetenz im Einzellfall spielt lediglich mittelbar eine Rolle. Ebenfalls ohne Bedeutung ist für beide Begriffe der persönliche Status im Sinne von juristischer und natürlicher Person bzw. Personengemeinschaft. Maßgeblich ist ein funktionales Element: die Tätigkeit.

Unternehmer- wie auch Kaufmannseigenschaft hat stets derjenige zu beweisen, der sich auf diese beruft. Relativ einfach lässt sich die Kaufmannseigenschaft mittels eines entsprechenden Auszuges aus dem Handelsregister nachweisen. Zwar gibt es kein entsprechendes Unternehmerregister. Da jeder Kaufmann aber auch Unternehmer ist, kann durch einen solchen Auszug zumindest bewiesen werden, dass der potenzielle Unternehmer grundsätzlich ein (Handels-) Gewerbe betreibt. Zur Erleichterung des Nachweises der Unternehmereigenschaft kann zwar auf bestimmte Indizien zurückgegriffen werden, die einen Anscheinsbeweis begründen. Diese Vereinfachung ist jedoch nur aus Gründen eines effektiven Verbraucherschutzes geboten und daher nicht übertragbar auf den rein geschäftlichen Verkehr. Für die Zugehörigkeit der von einem Kaufmann vorgenommenen Rechtsgeschäfte zu seinem Handelsgewerbe enthält § 344 HGB eine Vermutung, deren Rechtsgedanke auf die Zugehörigkeit der von einer grundsätzlich gewerblich oder selbstständig beruflich tätigen Person vorgenommenen Rechtsgeschäfte zu ebendieser Tätigkeit übertragbar ist.

Anders als der Unternehmerbegriff bietet das Handelsrecht mit § 1 Abs. 2 HGB einen abgestuften Beurteilungsmaßstab hinsichtlich der rechtsge-

---

129 *Knop*, Ein neues Recht des Wirtschaftsverkehrs, S. 171 bezeichnet sie als „substanzlos“.

schäftlichen Kompetenz bzw. des Umfangs der gewerblichen Tätigkeit. Trotz Betreibens eines Gewerbes ist die Kaufmannseigenschaft bei Unterschreiten einer Grenze von Art und Umfang der kaufmännischen Organisation zu verneinen.[130] Indiz dafür ist, wie bereits dargestellt, u.a. eine unzureichende Professionalität, mit anderen Worten eine nicht ausreichende rechtsgeschäftliche Kompetenz. Möglich ist jedoch eine freiwillige Unterwerfung unter das Handelsrecht mittels einer Eintragung ins Handelsregister nach § 2 HGB. § 14 BGB sieht dagegen keine Abstufungen vor. Ist aufgrund des Umfangs der geschäftlichen Tätigkeit diese als gewerblich oder selbstständig beruflich anzusehen, spielen darüber hinaus Art und Umfang der Organisation der Tätigkeit keine Rolle.

Auch hinsichtlich der Einordnung von sowohl zu privaten wie auch geschäftlichen Zwecken abgeschlossenen Rechtsgeschäften sind möglicherweise bestehende Unterschiede hervorzuheben. So ist, wie gesehen, zunächst Verbrauchereigenschaft anzunehmen, wenn der Vertragszweck im Wesentlichen im privaten Bereich liegt. Umgekehrt kann daraus geschlossen werden, dass Unternehmereigenschaft anzunehmen ist, sobald der Vertragszweck mehr als nur unwesentlich einer geschäftlichen Tätigkeit zugeordnet werden kann. Für die Zugehörigkeit zum Betrieb eines Handelsgewerbes ist bereits ein entfernter, lockerer Zusammenhang ausreichend. Die Schwelle des nicht mehr nur unwesentlichen Zusammenhangs unterscheidet sich dabei, wenn auch nur geringfügig, von der eines nur entfernten, lockeren Zusammenhangs. Allerdings ist sowohl für die Einordnung als Unternehmer wie auch als Kaufmann kein Gleichgewicht zwischen privatem und geschäftlichem Zweck und erst recht kein Überwiegen des geschäftlichen Zwecks erforderlich.

Kaufmann und Unternehmer sind schließlich auch vergleichbar, was die Behandlung der Fälle angeht, in denen lediglich der Eindruck einer geschäftlichen bzw. gewerblichen Tätigkeit hervorgerufen wird, ohne dass eine solche jedoch tatsächlich vorliegt. Unter bestimmten Voraussetzungen wird auch derjenige als Kaufmann behandelt, der die entsprechenden Voraussetzungen lediglich dem Anschein nach erfüllt. Unternehmer kann ebenfalls jemand sein, der ein Rechtsgeschäft nicht zu geschäftlichen Zwecken abschließt, jedoch einen entsprechenden Eindruck erweckt. Das bloße Hervorrufen eines entsprechenden Anscheins kann demnach sowohl zur Annahme der Kaufmanns- wie auch der Unternehmereigenschaft führen.

Nach der nunmehr erfolgten Klarstellung durch die Rechtsprechung im Zusammenhang mit den §§ 13, 14 BGB werden auch die der Aufnahme ei-

---

130 *Preis* ZHR 158 (1994) 567, 606.

ner geschäftlichen Tätigkeit (Existenzgründung) dienenden Geschäfte dort ebenso beurteilt, wie im Rahmen der §§ 343 ff. HGB: Vorbereitende Geschäfte sind bereits der angestrebten Tätigkeit zuzurechnen.

Trotz einzelner Abweichungen voneinander besitzen der Kaufmanns- und der Unternehmerbegriff damit eine im Wesentlichen vergleichbare Struktur.

6. Einseitiger und zweiseitiger Handelskauf

Im Rahmen der §§ 373 ff. HGB ist zwischen einseitigem und zweiseitigem Handelskauf zu unterscheiden. Für einen zweiseitigen (auch beidseitig genannten) Handelskauf müssen sowohl Käufer als auch Verkäufer Kaufmann im Sinne der § 1 ff. HGB sein. Nur die Untersuchungs- und Rügeobliegenheit nach § 377 HGB und die einstweilige Aufbewahrung/Notverkauf nach § 379 HGB setzen voraus, dass der Kauf für beide „Teile" ein Handelsgeschäft ist.

Für den einseitigen Handelskauf als Voraussetzung der §§ 373-376 HGB reicht es aus, dass der Kauf lediglich für eine der beiden Parteien ein Handelsgeschäft darstellt. Für die andere ist der Kauf entweder nicht dem Betrieb ihres Handelsgewerbes zuzuordnen oder sie betreibt gar kein Gewerbe. Dabei kommen alle Vorschriften des Handelskaufs für beide Teile gleichmäßig zur Anwendung, auch wenn lediglich ein einseitiger Handelskauf vorliegt, § 345 HGB. Es erfolgt keine Differenzierung danach, ob derjenige, für den der Kauf kein Handelsgeschäft ist, auf Verkäufer- oder Käuferseite steht. Das kann insbesondere dann zweifelhafte Folgen haben, wenn der am Kauf beteiligte Nichtkaufmann Verbraucher im Sinne des § 13 BGB ist. Da jeder Kaufmann gleichzeitig Unternehmer ist, liegt nämlich neben einem einseitigen Handelskauf zugleich ein Verbrauchsgüterkauf vor. In Ausnahmefällen kann sogar ein beidseitiger Handelskauf als Verbrauchsgüterkauf anzusehen sein.[131]

Dass für die Anwendbarkeit der §§ 373 ff. HGB überwiegend bereits die Kaufmannseigenschaft nur einer der Parteien ausreicht, scheint in der Praxis jedoch nur wenig Beachtung zu finden. Dabei stellen die allermeisten Kaufverträge des täglichen Lebens einseitige Handelskäufe dar.[132]

---

131 Dazu sogleich unter § 2 III. 2. c).

132 *Oetker*, Handelsrecht, § 8 Rn. 3; *Steinbeck*, Handelsrecht, § 34 Rn. 2.

7. *Zwischenergebnis*

Anwendungsvoraussetzung handelskaufrechtlicher Vorschriften ist die Kaufmannseigenschaft grundsätzlich einer (§§ 373 ff. HGB) und ausnahmsweise beider (§§ 377, 379 HGB) Vertragsparteien. Kaufmann im Sinne des § 1 HGB ist, wer ein Handelsgewerbe, d.h. ein Gewerbe einer bestimmten Mindestgröße (Erfordernis eines in kaufmännischer Weise eingerichteten Geschäftsbetriebs) betreibt. Wer ohne diese Voraussetzung zu erfüllen einen entsprechenden Rechtsschein setzt, muss handelsrechtliche Vorschriften unter Umständen dennoch gegen sich gelten lassen, darauf berufen kann er sich jedoch nicht. Gesellschaften sind regelmäßig Formkaufleute nach § 6 Abs. 1 HGB.

Das Verhältnis von Unternehmer gem. § 14 BGB und Kaufmann nach den §§ 1 ff. HGB ist noch nicht vollständig geklärt. In der Theorie liegt ein grundlegender Unterschied zwischen den beiden Begriffen darin, dass der Unternehmer ein Rollenbegriff ist wohingegen der Kaufmann einen Statusbegriff darstellt. Die Grenze zwischen den beiden Begriffstypen verschwimmt jedoch zunehmend. Einerseits wird im allgemeinen Sprachgebrauch zunehmend von einem statusähnlichen Unternehmerbegriff ausgegangen, ohne dass auf eine konkrete Situation abgestellt würde. Andererseits rückt zumindest für die Vorschriften über die Handelsgeschäfte ein konkretes Rechtsgeschäft und somit eine bestimmte Situation in den Mittelpunkt. Dementsprechend hat in Bezug auf das Kaufrecht eine zweistufige Prüfung zu erfolgen: Vorliegen einer geschäftlichen Tätigkeit generell und Zugehörigkeit des Kaufvertrages zu ebendieser. Einzig wesentlicher Unterschied ist im Ergebnis die Ausnahme der Freien Berufe aus den §§ 1 ff. HGB. Daher ist jeder Kaufmann zugleich Unternehmer, aber nicht jeder Unternehmer ist gleichzeitig auch Kaufmann.

Auch die einzelnen Merkmale bzw. Behandlung von Sonderfällen betreffend sind die beiden Begriffe weit gehend vergleichbar.

IV. *Der normale Kauf*

In den §§ 433 BGB ff. ist ohne jegliche Einschränkung des subjektiven Anwendungsbereichs von Käufer und Verkäufer die Rede. Sie sind damit auf alle bisher behandelten Kaufrechtssubjekte anzuwenden.[133]

---

133 Dauner-Lieb/Heidel/Lepa/Ring/*Büdenbender*, Das neue Schuldrecht, S. 229.

V. CISG

Das UN-Übereinkommen über Verträge über den Internationalen Warenkauf (CISG) findet gem. seinem Art. 1 Anwendung auf Kaufverträge über Waren zwischen Parteien, die ihre Niederlassung in verschiedenen Vertragsstaaten haben, unabhängig davon, ob diese Kaufleute oder Nichtkaufleute sind oder ob der Vertrag handelsrechtlicher oder bürgerlich-rechtlicher Art ist. Damit ist das CISG zwar auf internationale Kaufverträge beschränkt. Eine Einschränkung des persönlichen Anwendungsbereichs erfolgt dagegen zunächst nicht.

Keine Anwendung findet das Abkommen u.a. jedoch auf den Kauf von Waren für den persönlichen Gebrauch oder den Gebrauch in der Familie oder im Haushalt, es sei denn, dass der Verkäufer vor oder bei Vertragsabschluss weder wusste noch wissen musste, dass die Ware für einen solchen Gebrauch gekauft wurde, Art. 2 lit. a) CISG. Das Übereinkommen definiert den Verbraucherkauf damit nach dem Verwendungszweck der Ware und ebenfalls unabhängig von persönlichen Eigenschaften des Käufers. Wegen der zuweilen schweren Erfassbarkeit des inneren Willens des Käufers enthält Art. 2 lit. a 2. HS CISG jedoch eine Vermutungsregel.[134]

Diese Herausnahme des Warenkaufs für bestimmte persönliche Zwecke entspricht in etwa dem funktionalen Anwendungsbereich des § 13 BGB (keine Verbrauchereigenschaft bei Abschluss von Rechtsgeschäften zu einem Zweck, der einer gewerblichen oder selbstständigen beruflichen Tätigkeit zugerechnet werden kann). Nationale Verbraucherschutzregeln sollten nicht beseitigt werden. Verbrauchergeschäfte sind damit aus dem Anwendungsbereich des CISG ausgenommen, ohne dass der Begriff des Verbrauchers erwähnt wird.[135] Auch auf den Unternehmerbegriff wird nicht ausdrücklich Bezug genommen. Im Ergebnis ist das UN-Kaufrecht aber grundsätzlich nur auf (grenzüberschreitende) Geschäfte zwischen Unternehmern anwendbar.[136]

Zu Überschneidungen von nationalem Verbraucherschutzrecht und UN-Kaufrecht kann es allerdings insofern gelegentlich kommen, als dass Verbrauchergeschäfte dann nicht aus dem Anwendungsbereich des CISG ausgenommen sind, wenn der Verkäufer vor oder bei Vertragsabschluss

---

134 Staudinger/*Magnus*, Art. 2 CISG Rn. 11.

135 Staudinger/*Weick*, Vorbem zu §§ 13, 14 Rn. 12; MünchKommBGB/*Westermann*, CISG Art. 2 Rn. 2 f.

136 Soergel/*Pfeiffer*, § 14 Rn. 6.

weder wusste noch wissen musste, dass die Ware für den privaten Gebrauch gekauft wurde.[137]

VI. Kombinationsmöglichkeiten der dargestellten Kaufrechtssubjekte im Rahmen von Kaufverträgen

Entscheidend für die Anwendbarkeit der einzelnen Kaufrechtsarten ist vor allem, in welcher Konstellation die Kaufrechtssubjekte aufeinander treffen. Nach der hier vertretenen Ansicht lassen sich die Kaufrechtssubjekte nach geltendem Recht in folgende Gruppen einteilen: Verbraucher, Unternehmer, Zivilpersonen, Kaufleute. Rechnerisch ergeben sich daraus 16 denkbare Konstellationen, in denen diese aufeinander treffen können. Für jede einzelne ist jeweils festzustellen, welche kaufrechtlichen Vorschriften anwendbar sind. Zur Veranschaulichung soll die folgende Übersicht dienen:

Übersicht der Fallkonstellationen mit den anwendbaren Vorschriften

Variante	Käufer ist...	Verkäufer ist...	Anwendbare Vorschriften
1	Verbraucher	Verbraucher	NK
2	Verbraucher	Unternehmer	NK, VK
3	Verbraucher	Kaufmann	NK, VK, HK_1
4	Verbraucher	Zivilperson	NK
5	Unternehmer	Verbraucher	NK
6	Unternehmer	Unternehmer	NK
7	Unternehmer	Kaufmann	NK, HK_1
8	Unternehmer	Zivilperson	NK
9	Kaufmann	Verbraucher	NK, HK_1
10	Kaufmann	Unternehmer	NK, HK_1
11	Kaufmann	Kaufmann	NK, HK_2
12	Kaufmann	Zivilperson	NK, HK_1
13	Zivilperson	Verbraucher	NK
14	Zivilperson	Unternehmer	NK
15	Zivilperson	Kaufmann	NK, HK_1
16	Zivilperson	Zivilperson	NK

137 Staudinger/*Magnus*, Art. 2 CISG Rn. 29 ff.; Staudinger/*Weick*, § 13 Rn. 12; Staudinger/*Habermann*, § 14 Rn. 12 f.

NK Vorschriften über den „normalen" Kauf – §§ 433 ff. BGB
VK Vorschriften über den Verbrauchsgüterkauf – §§ 474 ff. BGB
HK1 Vorschriften über den einseitigen Handelskauf – §§ 373 ff. HGB
HK2 Vorschriften über den zweiseitigen Handelskauf – §§ 377, 379 HGB

Zusammengefasst lassen sich folgende Fallkonstellationen unterscheiden:[138]

1. *Normaler Kauf*
- Verbraucher i.S.d. § 13 BGB kauft von Verbraucher (zweiseitiges Verbrauchergeschäft) oder von Zivilperson
- Zivilperson kauft von Verbraucher i.S.d. § 13 BGB, Unternehmer i.S.d. § 14 BGB, Kaufmann i.S.d. §§ 1 ff. HGB oder Zivilperson
- §§ 433 ff. BGB

2. *Verbrauchsgüterkauf* – ggf. zugleich einseitiger Handelskauf
- Verbraucher i.S.d. § 13 BGB kauft von Unternehmer i.S.d. § 14 BGB oder Kaufmann i.S.d. §§ 1 ff. HGB
- §§ 433 ff., 474-479 BGB; ggf. §§ 373 ff. HGB

3. *Umgekehrter Verbrauchsgüterkauf* – ggf. zugleich einseitiger Handelskauf
- Unternehmer i.S.d. § 14 BGB kauft von Verbraucher i.S.d. § 13 BGB oder Zivilperson
- Kaufmann i.S.d. §§ 1 ff. HGB kauft von Verbraucher i.S.d. § 13 BGB oder Zivilperson
- §§ 433 ff. BGB; ggf. §§ 373 ff. HGB

4. *Zweiseitiges Unternehmergeschäft* – ggf. zugleich ein- oder zweiseitiger Handelskauf
- Unternehmer i.S.d. § 14 BGB kauft von Unternehmer oder Kaufmann i.S.d. §§ 1 ff. HGB

138 Vgl. *Brüggemeier* WM 2002, 1376, 1377, dessen Aufzählung m.E. jedoch nicht abschließend ist; dies gilt selbst dann, wenn man mit der h.M. das Verbraucher/Unternehmerbegriffspaar für abschließend hält.

- Kaufmann i.S.d. §§ 1 ff. HGB kauft von Unternehmer i.S.d. § 14 BGB
oder
Kaufmann i.S.d. §§ 1 ff. HGB
- §§ 433 ff. BGB; ggf. §§ 373 ff. HGB; ggf. §§ 377, 379 HGB

5. *Einseitiger Handelskauf*
- Kaufmann i.S.d. § 1 HGB kauft von Zivilperson
- Zivilperson kauft von Kaufmann i.S.d. § 1 HGB
- §§ 433 ff. BGB; §§ 373 ff. HGB

Weiter verallgemeinert lassen sich symmetrische Vertragsverhältnisse, die auf beiden Seiten der beruflichen/gewerblichen Tätigkeit zugeordnet werden können, den asymmetrischen gegenüberstellen, die nur für die eine Partei Teil ihrer beruflich-gewerblichen Existenz sind, während sie der anderen Partei für private Zwecke dienen.[139]

VII. Ergebnis

Im Hinblick auf die persönlichen Anwendungsbereiche der einzelnen Kauftypen sind nicht nur Verbraucher, Unternehmer und Kaufleute zu unterscheiden, sondern auch Zivilpersonen. Treffen diese Personengruppen in unterschiedlichen Konstellationen aufeinander, sind jeweils unterschiedliche Vorschriften anwendbar. Die erhebliche Zahl der Varianten ist vor allem auf die Zivilperson zurückzuführen, welche eine Folge der nicht vollständigen Erfassung aller Personen durch das Verbraucher/Unternehmer Begriffspaar ist. Selbst wenn man die Zwischenkategorie der Zivilperson nicht anerkennt, sind deutlich mehr Typen von Vertragsverhältnissen zu berücksichtigen, als eine unmittelbare Übertragung der weit gehend anerkannten Dreiteilung der Vertragsverhältnisse in Unternehmens-, Verbraucher- und Privatverträge[140] auf das Kaufvertragsrecht vermuten lassen würde. Bedingt ist dies durch den einseitigen Handelskauf sowie den entscheidenden Unterschied zwischen Unternehmer- und Kaufmannsbegriff (Ausklammerung der Freien Berufe aus Letzterem).

---

139 MünchKommBGB/*Basedow*, AGBG § 24a Rn. 21.

140 MünchKommBGB/*Basedow*, AGBG § 24a Rn. 21; *Reich* ZRP 1974, 187, 188: Unternehmens-, Verbraucher- und Bürgerrecht.

§ 2 Sinn und Zweck der Dreiteilung im Kaufrecht

I. Erfordernis unterschiedlicher Kauftypen

Zunächst geht es um die Frage, warum überhaupt drei Kauftypen nebeneinander existieren. Aus welchen Gründen wurden für Verbraucher, Unternehmer und Kaufleute spezielle kaufrechtliche Vorschriften geschaffen?

1. Ausgangspunkt

a) Gleichheit contra Gerechtigkeit

Dem nationalen Privatrecht liegt seit jeher ein „Ideal der Gleichheit der Privatrechtssubjekte" zu Grunde.[141] Es ist die Grundlage für die verfassungsrechtlich garantierte Privatautonomie. Eine wesentliche Erscheinungsform der Privatautonomie ist die Vertragsfreiheit. Formal verstanden räumt sie zunächst allen Privatrechtssubjekten gleichermaßen die rechtliche Freiheit zum Abschluss und zur inhaltlichen Gestaltung von Verträgen ein.[142]

Im Gegensatz dazu hat sich in der Wirklichkeit jedoch alsbald eine tatsächliche Ungleichheit bzw. eine Ungleichgewichtslage zwischen den Rechtsubjekten als Regelfall innerhalb rechtsgeschäftlicher Beziehungen herausgebildet. Verträge aller Art werden sowohl zwischen Parteien geschlossen, die in einem stark unterschiedlichen Maße Sach- und Rechtskenntnis, Geschäftserfahrung, Marktmacht usw. besitzen wie auch zwischen solchen, die sich diesbezüglich auf einem vergleichbaren Niveau befinden. Schon früh wurde dieser Umstand mit Begriffen wie „rechtsgeschäftlicher Virtuose" und im Gegensatz dazu „Durchschnittsniveau" gekennzeichnet.[143] Derartige Niveauunterschiede können zu einer erheblichen faktischen Beeinträchtigung der Vertragsfreiheit, zu einem Machtungleichgewicht[144] führen.

Vor diesem Hintergrund fand sich im bürgerlichen Recht zu keiner Zeit eine strikte Umsetzung formal verstandener Gleichheit. Stattdessen wurden Sonderrechte und Privilegien geschaffen,[145] deren Entwicklung weit zurück-

---

141 Schulte-Nölke/Schulze/*Pfeiffer*, Die Schuldrechtsreform vor dem Hintergrund des Gemeinschaftsrechts, S. 134; *Mohr* AcP 204 (2004), 660; *Calliess* AcP 203 (2003), 575; *Dreher* JZ 1997, 167, 176.

142 *Canaris* AcP 200 (2000), 273, 277 f.

143 *Heck* AcP 92 (1901), 438, 462.

144 *Reich*, Markt und Recht, S. 190.

145 *Calliess* AcP 203 (2003), 575, 575.

reicht und deren Zahl stetig steigt. Sie bewirken eine „ausgleichende Gerechtigkeit als spezifische Gerechtigkeitsform des Privatrechts“.[146]

Eine verfassungsrechtliche Rechtfertigung dieser Vorgehensweise liefert die Rechtsprechung. Nach dem Bundesverfassungsgericht ist den Grundrechten neben der Garantie einer formalen Vertragsfreiheit noch ein Gebot materialer Vertragsgerechtigkeit zu entnehmen: Im Rahmen der grundrechtlich gewährleisteten Privatautonomie sei (auch) von Bedeutung, ob und inwieweit beide Vertragspartner über den Abschluss und den Inhalt des Vertrages tatsächlich frei entscheiden konnten.[147]

b) Rechtsgeschäftliche Kompetenz als Maßstab

Naturgemäß bedürfen nicht alle Privatrechtssubjekte in gleichem Umfang des Schutzes durch die Rechtsordnung.[148] Als Ausgangspunkt einer rechtssubjektsbezogenen Bereichsabgrenzung der Sonderprivatrechte wird das Bestreben deutlich, „den rechtsgeschäftlich Unerfahreneren vor nachteiligen Vertragsgestaltungen zu schützen“, den rechtsgeschäftlich Erfahreneren dagegen „strengeren Regeln zu unterwerfen, die zu einer Erweiterung des Spielraums der Privatautonomie“ führen,[149] mit denen zugleich aber auch größere Risiken einhergehen. Als Maßstab für eine Differenzierung dient dabei die sog. rechtsgeschäftliche Kompetenz. Problematisch ist allerdings, wie das Maß der rechtsgeschäftlichen Kompetenz tatbestandlich zu erfassen ist.[150] Der Begriff selbst ist zu unscharf und hat daher keine unmittelbare Bedeutung bei der Bereichsabgrenzung der Sonderprivatrechte.

c) Typisierende Merkmale statt Kaufmannsbegriff

Lange Zeit wurde die größere rechtsgeschäftliche Erfahrung an der Kaufmannseigenschaft festgemacht, die Gruppe der Verbraucher also durch Ausklammerung der Kaufleute definiert. Mittlerweile wird dagegen überwiegend auf bestimmte, typisierende Merkmale einer besonderen rechtsge-

146 *Mohr* AcP 204 (2004), 660, 660 und 663.
147 BVerfGE 89, 214, 231; dazu *Canaris* AcP 200 (2000), 273, 296 f.
148 *Medicus* JuS 1996, 761.
149 *Preis* ZHR 158 (1994), 567, 582.
150 *Preis* a.a.O.

schäftlichen Erfahrung abgestellt, nämlich die in § 14 BGB dargelegte gewerbliche oder selbstständige berufliche Tätigkeit.[151]

Diese hinter der Unterscheidung zwischen Berufs- und Privatsphäre stehende Vorstellung der geschäftlichen Erfahrenheit (Professionalisierung) von Unternehmern trifft nach Ansicht von *Callies* nur auf häufig wiederkehrende Transaktionen zu, die das laufende Kerngeschäft betreffen. Nur dort liege regelmäßig ein Ausmaß an Spezialisierung vor, das den professionell handelnden Unternehmer als nicht schutzwürdig erscheinen lässt, weil er entweder selbst über genügend Erfahrung verfügt oder sich die kostspielige Einholung von Rechtsrat lohnt.[152] Dem liegt jedoch ein zu enges Verständnis der geschäftlichen Erfahrenheit zu Grunde. Es geht dabei nicht (nur) um Detailkenntnisse weniger spezifischer Geschäftsabläufe. Vielmehr sollte der potenzielle Unternehmer aufgrund seiner ja unzweifelhaft ausgeübten gewerblichen oder selbstständigen beruflichen Tätigkeit in den Grundzügen mit den besonderen Anforderungen, Risiken und Nuancen des geschäftlichen Verkehrs vertraut sein. Er wird sich seinem Geschäftsbetrieb grundsätzlich mit einer gesteigerten Aufmerksamkeit widmen. Diese Aufmerksamkeit wird der potenzielle Unternehmer unabhängig davon walten lassen, ob ein Rechtsgeschäft zu seinem Kerngeschäft gehört oder nicht. Zumindest kann dies von ihm erwartet werden. Nach Ansicht von *Basedow* hat eine unternehmerisch tätige Person auch einen erheblich größeren Anreiz, die Risiken vertraglicher Bindungen zu bedenken, weil sich sein wirtschaftliches Ergebnis dadurch verbessert.[153] Mit den Worten von *Canaris* schließlich verhalten sich Menschen im beruflichen Bereich regelmäßig geschäftsgewandter, weil dabei „ein ökonomisches Kalkül in der Regel selbstverständlich ist" und „ein robuster Egoismus zum Geschäft gehört".[154]

d) Gefahr und Korrektur der Typisierung

Einzuräumen ist bei der Verwendung von typisierenden Merkmalen ein potenzieller Problembereich, der durch die Bezeichnung als „typisierend" begrifflich bereits angedeutet wird: zu Grunde gelegt werden in erster Linie die typischen Fälle, in atypischen Fällen besteht hingegen die Gefahr unange-

---

151 Staudinger/*Weick*, Vorbem zu §§ 13, 14 Rn. 7; *Canaris* AcP 200 (2000), 273, 360; *Preis* ZHR 158 (1994), 567, 582 ff.

152 *Calliess* AcP 203 (2003), 575, 581.

153 MünchKommBGB/*Basedow*, AGBG § 24a Rn. 22.

154 *Canaris* AcP 200 (2000), 273, 360.

messener Ergebnisse.[155] Einerseits kann eine zu privaten Zwecken handelnde und damit als Verbraucher anzusehende Person im Einzellfall jegliche Schutzbedürftigkeit vermissen lassen.[156] Andererseits können im umgekehrten Fall aber auch eigentlich als Unternehmer anzusehende Personen wegen einer gleich gelagerten Schutzbedürftigkeit als Verbraucher zu behandeln sein.[157]

Grundsätzlich besteht jedoch die Möglichkeit einer Korrektur mithilfe der Generalklauseln des BGB. Beispielsweise kann einer Person, die nicht als Verbraucher anzusehen ist, über § 138 BGB zu einer vergleichbaren Rechtsposition verholfen werden. Oder aber man sieht in entsprechenden Fällen die Berufung des Überlegenen auf nur für den Unterlegenen bestimmten Schutz als Verstoß gegen Treu und Glauben im Sinne von § 242 BGB an. Im Interesse der Rechtssicherheit ist allerdings eine Beschränkung dieser Vorgehensweisen auf besonders gravierende Fälle geboten.[158]

Insgesamt überzeugt daher eine Abgrenzung anhand der Funktionalität des Vertrages.

2. *Verbraucherschutzrecht*

a) Ursprünge und Ziele

Auch wenn sich Verbraucherschutzrecht erst in jüngerer Zeit zu einem Kernpunkt der europäischen wie auch der nationalen Rechtssetzung entwickelt hat, so gehen seine Ursprünge doch weit zurück. Bereits in den sog. Polizeiordnungen der vorangegangenen Jahrhunderte finden sich entsprechende Vorschriften, beispielsweise zum Schutz von Mietern oder Darlehensnehmern. Als Meilenstein der weiteren Entwicklung findet stets das Abzahlungsgesetz von 1894 Erwähnung. Es galt zwar Verbrauchern, enthielt den Begriff aber noch nicht, sondern bestimmte den personalen Anwendungsbereich noch durch Ausklammerung der Kaufleute. In den 60er Jahren des 20. Jahrhunderts beschleunigte sich die Entwicklung des Verbraucherschutzrechts, flankiert von zunehmenden europarechtlichen Vor-

155 *Medicus* JuS 1996, 761, 767 mit Beispielen.

156 Klassisches Beispiel ist wohl der privat tätige Rechtsanwalt, in der Literatur finden sich jedoch zahlreiche weitere.

157 *Mohr* AcP 204 (2004), 660, 684 mit entsprechendem Beispiel.

158 *Medicus* JuS 1996, 761, 767; *Mohr* AcP 204 (2004), 660, 682.

gaben. Schließlich erfolgte der bereits dargestellte Wechsel zur Schutzbereichsbeschreibung anhand von typisierenden Merkmalen.[159]

Verbraucherrecht als Schutzrecht zielt grundsätzlich auf den intellektuell und wirtschaftlich unterlegenen Teilnehmer ökonomischer Aktivitäten.[160] Wirtschaftliche Ungleichheiten sollen mithilfe des Verbraucherrechts ausgeglichen werden.[161] Da die Voraussetzungen und Bedingungen von Vertragsgerechtigkeit nicht erfüllt sind, wird faktisch eine Vertragspartei gegenüber der anderen gezielt benachteiligt.[162]

Die Bestimmung des Anwendungsbereichs verbraucherschützender Normen erfolgt jedoch nicht ausschließlich aus der Perspektive der vermeintlich schutzbedürftigen Vertragspartei. Dies zeigt sich daran, dass die meisten verbraucherrechtlichen Vorschriften einen Unternehmer als Vertragspartner voraussetzen. Grund dafür sind die für den Vertragspartner des Verbrauchers gesteigerten Pflichten, die einem Nichtunternehmer häufig unzumutbar sind.[163]

Die im Rahmen des Anwendungsbereichs handelsrechtlicher Vorschriften seit längerer Zeit kontrovers diskutierte Frage, ob die sog. Freiberufler nun ein Gewerbe betreiben oder nicht, spielt im Rahmen des Verbraucherrechts keine Rolle. Maßgeblich ist ausschließlich der Schutzgedanke, nach dem der Verbraucher als schwächere Partei gegenüber einem professionell handelnden Vertragspartner vor einer unangemessenen Benachteiligung zu bewahren sein soll. Folgerichtig ist Normadressat als Vertragspartner des Verbrauchers auch nicht der Kaufmann, sondern der Unternehmer nach § 14 BGB.

b) Umstrittene Konstruktion

Sowohl der europäische als auch der nationale Verbraucherschutz lassen ein einheitliches Grundkonzept vermissen.[164] Entsprechend ist die Konstruktion des Verbraucherschutzes im deutschen Zivilrecht in vielen Punkten umstritten. So wird diskutiert, ob Verbraucherrecht ein auf eigenen Wertungs-

---

159 Vgl. dazu insgesamt Staudinger/*Weick*, Vorbem zu §§ 13, 14 Rn. 2 ff.; *Preis* ZHR 158 (1994), 567, 582 ff.

160 MünchKommBGB/*Micklitz*, Vor §§ 13, 14 Rn. 59; *Mohr* AcP 204 (2004), 660 spricht von „den einer Konsumgesellschaft inhärenten Gefahren".

161 MünchKommBGB/*Micklitz*, § 14 Rn. 20.

162 *Calliess* AcP 203 (2003), 575, 582 f.

163 Soergel/*Pfeiffer*, § 13 Rn. 23; *Elßner/Schirmbacher* VuR 2003, 247, 250.

164 *Elßner/Schirmbacher* VuR 2003, 247, 249.

prinzipien beruhendes Sonder-Privatrecht darstellt oder doch bloß Teil des allgemeinen Privatrechts ist.[165] Es wird bezweifelt, dass der Begriff des Verbrauchers befriedigende Abgrenzungen für unterschiedliche Regelungsmaterien ermöglicht.[166] Schließlich wird infrage gestellt, ob die Integration des Verbraucherschutzes in die allgemeine Zivilrechtskodifikation eine „sinnvolle äußere Ordnung des Rechts" darstellt.[167]

Ein Teil dieser Fragen ist rein theoretischer Natur und hat keine unmittelbaren praktischen Auswirkungen. Darüber hinaus ist nach der erfolgten Umsetzung entsprechender Richtlinien vieles zunächst entschieden. Insbesondere ist dabei die Entscheidung des Gesetzgebers zu erwähnen, dass „das Verbraucherrecht systematisch und wertungsmäßig Bestandteil des allgemeinen Zivilrechts" sein soll.[168] Zwar können einige dieser Fragen im Rahmen der Entstehung eines europäischen Zivilrechts theoretisch erneut in den Mittelpunkt treten.[169] Eine grundlegende Abkehr vom Verbraucherbegriff und dem Gegenstück des Unternehmerbegriffs scheint nach seiner nahezu europaweiten, wenn auch nicht gänzlich einheitlichen Einführung, allerdings eher unwahrscheinlich. Entstandene oder künftige Abgrenzungsschwierigkeiten im Rahmen des Verbraucherbegriffs sollten mit den Mitteln der Auslegung zu bewältigen sein bzw. durch den EuGH sowie die nationalen Gerichte entschieden werden.

Aus diesen Gründen sowie im Hinblick auf den Schwerpunkt dieser Arbeit ist eine umfassende Auseinandersetzung mit der Konstruktion des Verbraucherschutzrechts an dieser Stelle entbehrlich. Um den Verbrauchsgüterkauf jedoch in das System des nationalen Verbraucherschutzrechts einordnen zu können, sollen im Folgenden die unterschiedlichen Verbraucherschutzmodelle kurz dargestellt werden.

c) Verbraucherschutzmodelle und deren Leitbilder

In Anlehnung an die treffliche Übersicht von *Weick* lassen sich die folgenden Modelle mit ihren korrespondierenden Leitbildern unterscheiden.[170]

Nach dem „altliberalen" Modell sorgen Vertrag und Wettbewerb für eine ausreichende Berücksichtigung der Verbraucherinteressen. Exemplarisch

165 Soergel/*Pfeiffer*, § 13 Rn. 17.
166 *Preis* ZHR 158 (1994), 567, 592 ff.
167 Soergel/*Pfeiffer*, § 13 Rn. 17.
168 Staudinger/*Weick*, § 13 Rn. 15.
169 Soergel/*Pfeiffer*, § 13 Rn. 17.
170 Vgl. Staudinger/*Weick*, § 13 Rn. 2 ff.

sei auf den Standpunkt von *Dreher* verwiesen, für den im Rahmen von funktionierenden Märkten Verbraucherrecht nicht nur weit gehend überflüssig ist, sondern es zudem auch noch zu einer Erosion von Fundamenten des Privatrechts führt.[171] Zu Grunde liegt dem das Bild eines vollständig selbst verantwortlichen Marktteilnehmers, von dem eine eigenständige Interessenwahrnehmung und Risikoabwägung erwartet werden kann.

Das „Informationsmodell" geht ebenfalls von einem mündigen bzw. verständigen Verbraucher aus. Es setzt allerdings voraus, dass der Verbraucher ausreichend informiert und aufgeklärt wird. Dem Vertragspartner des Verbrauchers werden daher entsprechende Informationspflichten auferlegt.

Das „Schutzmodell" schließlich basiert auf der Annahme eines unterlegenen Verbrauchers bzw. eines strukturellen Ungleichgewichts zwischen Verbraucher und Unternehmer.[172] Die Beseitigung dieses Ungleichgewichts erfordere die Statuierung zwingender Schutzvorschriften durch Gesetzgeber und Rechtsprechung. Geht man dabei einschränkend lediglich von einer „situativen Schutzbedürftigkeit" aus, sollen auch punktuelle Regelungen genügen.[173] In weiterer Auslegung des Ungleichgewichts werden als umfassende Ziele des Verbraucherschutzes dagegen die Kontrolle von Anbietermacht, Gegeninformation, Gegenmacht und Individualschutz angesehen.[174]

d) Praktische Umsetzung im nationalen Recht

Das deutsche Verbraucherschutzrecht beruht nicht ausschließlich auf einem der dargestellten Modelle, vielmehr fußt es auf mehreren oder es liegen Kombinationen vor.

So hat § 13 BGB als reine Definitionsnorm, wie dargestellt, keinen eigenen materiellrechtlichen Regelungsgehalt im Vertragsrecht. Daher bedarf es der Feststellung, in welchen Bereichen die als Verbraucher am Rechtsverkehr teilnehmende Vertragspartei eines besonderen Schutzes bzw. besonderer Rechte bedarf. Somit wird eine situative Schutzbedürftigkeit für diejenigen im BGB geregelten Rechtsverhältnisse angenommen, in denen einzelne Vorschriften die Verbrauchereigenschaft voraussetzen,[175] wie z.B. der Verbrauchsgüterkauf gem. §§ 474 ff. BGB. Die aufgrund des strukturellen Un-

---

171 *Dreher* JZ 1997, 167, 177.
172 *Reich*, Markt und Recht, S. 182 und 185.
173 MünchKommBGB/*Micklitz*, Vor §§ 13, 14 Rn. 65.
174 *Reich* ZRP 1974, 187, 191.
175 Soergel/*Pfeiffer*, § 13 Rn. 21 f.

gleichgewichts vermutete Schutzbedürftigkeit erfährt so eine situationsspezifische Konkretisierung.[176]

Zuweilen ist der Verbraucherschutz aber auch beschränkt auf reine Informationspflichten gegenüber Verbrauchern, wie beispielsweise nach der Verordnung über Informations- und Nachweispflichten nach bürgerlichem Recht.

e) Umsetzung im Verbrauchsgüterkauf

Damit ist der Verbrauchsgüterkauf im Grunde bereits im System des Verbraucherschutzes verortet. Als weit gehend zwingend vorgeschriebenes Vertragsrecht folgt er dem Schutzmodell. Das nationale Vertragsrecht enthält demnach einen Verbrauchsgüterkauf, weil nach Auffassung des Gesetzgebers das strukturelle Ungleichgewicht zwischen einem Verbraucher als Käufer und einem geschäftlich handelnden Verkäufer regelmäßig besonders groß ist bzw. der Verbraucher in dieser Konstellation besonderen Schutzes bedarf.

Das den Verbrauchsgüterkauf in das BGB einführende Schuldrechtsmodernisierungsgesetz diente dabei neben der Übernahme von Vorschlägen der Schuldrechtskommission der Umsetzung verschiedener EG-Richtlinien, insbesondere der Verbrauchsgüterkaufrichtlinie.[177] Der europäische Richtliniengeber verfolgt mit dieser in erster Linie das Ziel, dem Verbraucher die Vorzüge des Binnenmarktes zu sichern. Voraussetzung sei, dass eine Abschottung der Märkte durch Schaffung neuer künstlicher Grenzen verhindert wird. Die Fortentwicklung des innereuropäischen Warenkaufs mittels neuer Fernkommunikationstechniken könne ohne eine Mindestangleichung der entsprechenden nationalen Regelungen beeinträchtigt werden.[178] Das Vertrauen der Verbraucher werde durch einen einheitlichen Mindeststandard an Verbraucherrechten gestärkt und ermögliche es ihnen, die durch den Binnenmarkt eröffneten Chancen besser zu nutzen.[179] Insgesamt soll die Verbrauchsgüterkaufrichtlinie einen Beitrag zur Erreichung eines hohen Verbraucherschutzniveaus leisten.[180]

---

176 MünchKommBGB/*Micklitz*, vor §§ 13, 14 Rn. 66.

177 RL 1999/44/EG vom 25.05.1999, Abl. EG Nr. L 171 vom 07.07.1999, S. 12 ff.

178 (4) der Gründe RL 1999/44/EG vom 25.05.1999.

179 (5) der Gründe RL 1999/44/EG vom 25.05.1999.

180 (1) der Gründe RL 1999/44/EG vom 25.05.1999; Art. 95, 153 EG in der Fassung von Amsterdam.

Im Zuge der Umsetzung der Richtlinie hat sich der deutsche Gesetzgeber dafür entschieden, einen Teil im Bereich des allgemeinen Schuldrechts der §§ 312 b – 312 f BGB und §§ 305 – 310 BGB einzuarbeiten, einen weiteren Teil im Kaufrecht der §§ 433 ff. BGB aufzunehmen sowie schließlich noch einen eigenen Untertitel über den Verbrauchsgüterkauf ins BGB einzufügen (§§ 474 – 479 BGB).[181] Im Ergebnis kann die Regelung des Verbrauchsgüterkaufs daher als eher unübersichtlich bezeichnet werden.[182] Nach den Erwägungen des nationalen Gesetzgebers finden sich im Verbrauchsgüterkauf der §§ 474 ff. BGB diejenigen Vorschriften, die zur Umsetzung der Verbrauchsgüterkaufrichtlinie erforderlich sind, deren Geltung jedoch nicht für sämtliche Kaufverträge gerechtfertigt sei, da sie spezifischen Verbraucherschutzgesichtspunkten Rechnung trage.[183]

Dies bewirkt beispielsweise § 475 BGB, durch den Teile der grundsätzlich dispositiven allgemeinen kaufrechtlichen Vorschriften im Rahmen des Verbrauchsgüterkaufs für unabdingbar erklärt werden. An anderer Stelle werden die für eine Vertragsseite ungünstigen Vorschriften ausgeschlossen, sofern es sich bei dieser um einen Verbraucher handelt, so z.B. in § 474 Abs. 2 BGB.

Den §§ 478 f. BGB über die Rückgriffsansprüche in der Lieferkette liegt dagegen eine andere Zielrichtung zu Grunde. Dort geht es primär um die gerechte Verteilung der Gewährleistungskosten.

3. Handelsrecht

a) Zielsetzungen

Das Handelsrecht ist das Sonderprivatrecht der Kaufleute. Es soll den besonderen Bedürfnissen des Handelsstandes Rechnung tragen. Dabei geht das HGB als spezielleres Recht dem BGB vor, indem es ergänzende oder abweichende Vorschriften enthält. Es ist jedoch regelmäßig nicht für sich alleine anwendbar.[184]

Rechtsgeschichtlich betrachtet bestand aufgrund der starken Rechtszersplitterung zwischen den Staaten des Deutschen Bundes vor In-Kraft-Treten des BGB für grenzüberschreitend handelnde Kaufleute ein intensi-

---

181 Sog. „große Lösung“, vgl. Dauner-Lieb/Heidel/Lepa/Ring/*Büdenbender*, Das neue Schuldrecht, S. 227.

182 Palandt/*Putzo*, § 474 Rn. 1.

183 BT-Drs. 14/6040 S. 242.

184 Baumbach/*Hopt*, Einl. v. § 1 Rn. 1 ff.

ves Bedürfnis nach Rechtsvereinheitlichung, was als einer der entscheidenden Entstehungsgründe des Handelsrechts in der Form des damaligen ADHGB angesehen wird.[185] Mit dem unverändert steigenden Anteil des internationalen Wirtschaftsverkehrs geht jedoch zunehmend auch ein Bedeutungsverlust des HGB einher, da dementsprechend auch eine Verlagerung vom nationalen zum internationalen Handelsrecht stattfindet.

Von großer Bedeutung für den Handelsverkehr und damit gleichzeitig maßgebliche Ziele des Handelsrechts sind die Einfachheit und Schnelligkeit des Handelsverkehrs.[186] Daneben dient das Handelsrecht dem gesteigerten Bedürfnis nach Rechtsklarheit, Rechtssicherheit, Publizität und dem Vertrauensschutz.[187] Zugleich führt die größere Geschäftsgewandtheit von Kaufleuten zu einer verminderten Schutzbedürftigkeit.[188]

Das HGB wird diesen Anforderungen beispielsweise dadurch gerecht, indem es auf bestimmte Formalien verzichtet oder dem Kaufmann grundsätzlich eine umgehende Äußerung und Disposition abverlangt.[189] Gleichsam eine Kehrseite der Schnelligkeit und Einfachheit stellen die besonderen Sorgfaltspflichten und Obliegenheiten des Handelsrechts, wie beispielsweise die Untersuchungs- und Rügeobliegenheit des § 377 HGB, dar.[190] Die Zumutbarkeit dieser erhöhten Anforderungen ergibt sich aus der durch sich häufig wiederholende Vorgänge sowie erhöhter Umsicht besonders ausgeprägten geschäftlichen Erfahrung.[191] Ebenso wird vereinzelt auf Schutzvorschriften des allgemeinen Privatrechts verzichtet, um die Möglichkeiten der Privatautonomie zu erweitern. Darauf ist der Kaufmann, der sich gegen erhebliche Konkurrenz am Markt behaupten muss, angewiesen, um seine Geschäfte möglichst flexibel gestalten zu können.[192] All dies zielt im Rahmen der Handelsgeschäfte darauf ab, Transaktionskosten zu senken und dabei gleichzeitig geschäftliche Risiken zu reduzieren.[193] Voraussetzung dafür ist des Weiteren jedoch noch ein gesteigerter Vertrauensschutz als weiteres Charakteristikum des Handelsrechts. Dieser zeigt sich insbesondere in der

---

185 *Medicus* JuS 1996, 761, 762.

186 Baumbach/*Hopt*, Einl. v. § 1 Rn. 5; Koller/*Roth*/Morck, Einleitung vor § 1 Rn. 6; *Canaris*, Handelsrecht, § 1 Rn. 16; *K. Schmidt*, Handelsrecht, § 1 IV 2.

187 MünchKommBGB/*Micklitz*, § 14 Rn. 20; *Weyer* WM 2005, 490, 491.

188 *Weyer* WM 2005, 490, 491.

189 Baumbach/*Hopt*, Einl. v. § 1 Rn. 5.

190 *Canaris*, Handelsrecht, § 1 Rn. 19.

191 *Knop*, Ein neues Recht des Wirtschaftsverkehrs, S. 169.

192 Baumbach/*Hopt*, Einl. v. § 1 Rn. 4; Koller/*Roth*/Morck, Einleitung vor § 1 Rn. 5; *Canaris*, Handelsrecht, § 1 Rn. 17; *K. Schmidt*, Handelsrecht, § 1 IV 2.

193 Koller/*Roth*/Morck, Einleitung vor § 1 Rn. 6 f.

handelsregisterrechtlichen Publizität sowie in den Grundsätzen der Rechtsscheinhaftung im Handelsrecht.[194]

Auffällig ist, dass im Bereich des Handelsrechts weniger der Schutz oder die Interessen des Einzelnen im Vordergrund stehen, wie im Verbraucherschutzrecht. Vielmehr geht es in erster Linie um Rahmenbedingungen, die einen problemlosen Ablauf des Handelsverkehrs (entsprechend dessen genannten Bedürfnissen) ermöglichen sollen.

b) Umsetzung im Handelskauf

Speziell auf den Handelskauf bezogen, ist anzumerken, dass das HGB in den §§ 373 – 381 seit In-Kraft-Treten des BGB nur noch wenige nicht zusammenhängende Sonderregeln enthält. Vielmehr baut der Handelskauf mittlerweile weit gehend auf dem allgemeinen Kaufrecht auf.[195] Mit Ausnahme des § 376 HGB, der auch dem Interesse des Käufers dient, verschärfen die handelskaufrechtlichen Vorschriften die Pflichten des Käufers zu Gunsten des Verkäufers. Ziel der Regelungen ist vor allem die Beschleunigung der Vertragsabwicklung.[196]

4. Allgemeines Zivilrecht

Der normale Kauf der §§ 433 ff. BGB stellt das einzig vollständige bzw. eigenständige Kaufrecht dar. Von daher geht es weniger um dessen Rechtfertigung als um die Funktionen, die es hat.

Im Unterschied zu den dargestellten sonderrechtlichen Kauftypen steht im allgemeinen Kaufvertragsrechts ein insgesamt gerechter und angemessener Interessenausgleich zwischen Käufer und Verkäufer im Mittelpunkt.[197] Nicht berücksichtigt werden dabei Eigenschaften oder persönliche Merkmale der Vertragsparteien. Die §§ 433 ff. BGB finden auf alle Konstellationen von Kaufverträgen zwischen Verbraucher, Unternehmer und Kaufmann Anwendung.

---

194 *Canaris*, Handelsrecht, § 1 Rn. 18.

195 *K. Schmidt*, Handelsrecht, § 29 I 2. a); Steinbeck, Handelsrecht, § 34 Rn. 1; *Huber* ZHR 161 (1997), 160, 161; *Lorenz/Riehm*, Lehrbuch zum neuen Schuldrecht, Rn. 597.

196 Koller/*Roth*/Morck, § 373 Rn. 3; *Canaris*, Handelsrecht, § 31 Rn. 5; *Jung*, Handelsrecht, § 37 Rn. 2.

197 *Schubel* JZ 2001, 1113, 1116; *Calliess* AcP 203 (2003), 575, 583: „Überparteilichkeit".

Ausfluss der Privatautonomie ist zunächst, dass von den kaufrechtlichen „Rahmenvorschriften“ der §§ 433 ff. BGB durch individualvertragliche Abreden grundsätzlich abgewichen werden kann. Ihnen kommt aber regelmäßig dann wieder Bedeutung zu, wenn auch die Vertragsauslegung nicht zu klären vermag, inwieweit im Streitfall eine abweichende individualvertragliche Abrede getroffen wurde.

Ferner stellt das dispositive Recht, bedingt durch seine Überparteilichkeit, den Maßstab für die Inhaltskontrolle allgemeiner Geschäftsbedingungen (AGB) nach § 307 Abs. 2 Nr. 1 BGB dar. Führt diese zur Unwirksamkeit einer Klausel, wird auf das dispositive Recht zurückgegriffen, um dadurch entstandene Vertragslücken zu schließen. Es handelt sich um die sog. Ordnungs- und Leitbildfunktion.[198]

II. Ökonomische Auswirkungen

Neben den Zielsetzungen der einzelnen Sonderrechte ist im Rahmen von Zweckmäßigkeitserwägungen auch zu erörtern, welche ökonomischen Auswirkungen deren Einführung hat bzw. hatte.

Einmalige Kosten sind durch den neu eingeführten Verbrauchsgüterkauf dadurch entstanden, dass sämtliche im Warenhandel verwandte AGB der besonderen verbraucherrechtlichen Gewährleistungssystematik anzupassen waren. Aufgrund der noch offenen Rechtsfragen zur Schuldrechtsreform könnte dazu nach entsprechenden höchstrichterlichen Entscheidungen auch zukünftig noch wiederholt Anlass bestehen.

Die schärfere Sachmängelhaftung für Unternehmer gegenüber Verbrauchern begründet vor allem für Gelegenheits- oder Nebenerwerbsverkäufer ein erheblich gesteigertes wirtschaftliches Risiko bzw. einen deutlich erhöhten Kostenfaktor, sollten sie als Unternehmer eingestuft werden. Daher findet sich z.B. bei zahlreichen über das Internetauktionshaus eBay angebotenen Artikeln der Zusatz, dass es sich um eine Privatauktion handele.[199] Nur dem zu privaten Zwecken agierenden Verkäufer ist es nämlich möglich, sämtliche Gewährleistungsverpflichtungen auszuschließen.

Die mit der Schuldrechtsreform eingeführten Veränderungen im allgemeinen Verjährungsrecht sind zwar keine Folge der Einführung des Ver-

---

198 *Schubel* JZ 2001, 1113, 1114; *Calliess* AcP 203 (2003), 575, 583.

199 Allerdings stellen derartige Aussagen wie gesehen nicht mehr als eine Tatsachen*behauptung* dar, da die Einordnung als Unternehmer bzw. Verbraucher grundsätzlich nicht vom Willen der Parteien abhängt, s.o. § 1 II. 2. b).

brauchsgüterkaufs. Sie sind jedoch in diesem Zusammenhang von besonderer Bedeutung. Zudem werden die grundsätzlich dispositiven Verjährungsregelungen durch § 475 Abs. 2 BGB für den Verbrauchsgüterkauf weit gehend festgeschrieben. Durch die erhebliche Ausdehnung der Verjährungsfrist wurde eine deutliche Verteuerung von Waren befürchtet.[200] Tatsächlich hat es nach dem In-Kraft-Treten des Schuldrechtsmodernisierungsgesetzes zum 1.1.2002 einen kräftigen Preisschub in den meisten Bereichen gegeben. Dieser wurde jedoch in der Regel in Zusammenhang mit der ebenfalls auf den 1.1.2002 fallenden Einführung des Euro als europäischer Gemeinschaftswährung gebracht. Eine ausschließlich auf den Bereich typischer Verbrauchsgüter beschränkte Verteuerung konnte bislang nicht festgestellt werden. Preissteigerungen ergaben sich ebenso in anderen Bereichen wie z.B. bei Lebensmitteln und Dienstleistungen. Vielmehr machten einige Unternehmen aus der durch die Schuldrechtsreform verursachten vermeintlichen Not werbewirksam eine Tugend, indem eine vorzeitige Umsetzung der auf zwei Jahre verlängerten Verjährungsfrist für Sachmängel im Kaufrecht als Verkaufsargument genutzt wurde.

III. Unzulänglichkeiten der Kaufrechtssystematik

Der folgende Abschnitt behandelt die spezifischen Probleme, die sich aus den persönlichen Anwendungsbereichen der dargestellten Kaufrechtsarten ergeben. Dabei kann unterschieden werden zwischen Kritik an den subjektiven Anknüpfungspunkten an sich einerseits sowie der sich daraus insgesamt ergebenden Systematik der Kaufrechtsarten andererseits.

1. Unzulänglichkeiten der subjektiven Anknüpfungspunkte

a) Herausnahme der teilrechtsfähigen Personengesellschaften aus dem Verbraucherbegriff

Juristische Personen sowie teilrechtsfähige Personengesellschaften können wie gesehen keine Verbrauchereigenschaft besitzen, lediglich natürliche Personen können unter § 13 BGB fallen. Das Nichteingreifen verbraucherrechtlicher Schutzmechanismen folgt für besagte Gruppen damit jedoch

---

200 *Honsell* JZ 2001, 278, 283; zu diesem Zeitpunkt war im Diskussionsentwurf eines Schuldrechtsmodernisierungsgesetzes vom 4.8.2000 allerdings noch von einer dreijährigen Verjährung für Sachmängel bei beweglichen Sachen die Rede. Tatsächlich wurde sie jedoch nur auf zwei Jahre ausgedehnt.

nicht infolge (wenn auch nur aufgrund des geschäftlichen Zwecks des konkreten Rechtsgeschäfts pauschal vermuteter) hinreichender geschäftlicher Erfahrenheit, sondern ausschließlich aufgrund ihres persönlichen Status bzw. ihrer Rechtsform. Fraglich ist, ob dies tatsächlich vertragsrechtsfremd und verfehlt ist, wie im Schrifttum behauptet wird.[201] Vor allem die vollständige Herausnahme der juristischen Personen aus dem europäischen Verbraucherbegriff widerspreche mithin dem Sinn und Zweck des Verbrauchervertragsrechts und sei daher wertungsmäßig als verfehlte Ausnahme zu qualifizieren.[202]

Die juristische Person ebenso wie die rechtsfähige Personengesellschaft selbst besitzt keine Geschäftskompetenz oder Erfahrung. Sie handelt durch ihre Organe bzw. Gesellschafter, bei denen es sich wiederum um natürliche Personen handelt. Sind diese natürlichen Personen für sich genommen als Verbraucher einzuordnen, ist auf den ersten Blick nicht ersichtlich, weshalb beispielsweise dem von der ehrenamtlichen Aktivität seiner Mitglieder getragenen Idealverein ein höheres Maß an Geschäftskompetenz zugeschrieben werden sollte als seinen einzelnen Mitgliedern bzw. Organen. Warum der kleine Idealverein demnach trotz Schutzwürdigkeit schutzlos bleibt, scheint in der Tat zunächst zweifelhaft.[203] Der Verbraucherschutz soll doch in erster Linie die in mehrerlei Hinsicht „schwächere" der beteiligten Parteien schützen. Schutzbedürftigkeit resultiert jedoch wie soeben dargestellt nicht unmittelbar aus der Rechtsform einer Gesellschaft.

In Bezug auf die teilrechtsfähige Personengesellschaft ist diese Kritik durchaus gerechtfertigt. Es ist nur schwer nachvollziehbar, warum jemand, der für ein bestimmtes Rechtsgeschäft wegen der Privatheit des Zwecks unstreitig als Verbraucher anzusehen wäre, stattdessen als Unternehmer eingestuft wird, nur weil er sich mit anderen natürlichen Personen zur Verfolgung diese Zwecks zusammengeschlossen hat. Auch die Rechtsprechung ist hier im Ergebnis wohl ähnlicher Ansicht, wie die eingangs dargestellte Entscheidung zur Anwendbarkeit des Verbraucherkreditgesetzes auf die BGB-Gesellschaft zeigt. Für die juristischen Personen ergibt sich jedoch ein wesentlicher Unterschied. Der Wahl einer entsprechenden Rechtsform liegt mittelbar auch die freie Entscheidung zu Grunde, einen bestimmten Zweck

---

201 Schulte-Nölke/Schulze/*Pfeiffer*, Die Schuldrechtsreform vor dem Hintergrund des Gemeinschaftsrechts, S. 138: „unberechtigter Vorrang des Status gegenüber dem Kontrakt"; Soergel/*Pfeiffer*, § 13 Rn. 46.

202 Schulte-Nölke/Schulze/*Pfeiffer*, Europäische Rechtsangleichung, S. 21 und 40 f.

203 Beispiel aus Schulte-Nölke/Schulze/*Pfeiffer*, Europäische Rechtsangleichung, S. 21 und 39.

eben nicht nur mit privater, sondern mit qua Status geschäftlicher Tätigkeit zu verfolgen. Dies gilt nicht nur für Kapitalgesellschaften.[204] Auch im Hinblick auf den rechtsfähigen Verein liegt der Eintragung ins Vereinsregister die bewusste Wahl einer besonderen Organisationsform zu Grunde, mit der erweiterte Rechte aber auch Pflichten verbunden sind. Eine Differenzierung zwischen Kapitalgesellschaften und sonstigen juristischen Personen wie einem Idealverein erscheint darüber hinaus auch nicht praktikabel. Der generelle Ausschluss privaten Handelns durch juristische Personen hat damit durchaus seine Berechtigung. Sie können daher auch nicht der Zwischenkategorie der Zivilperson unterfallen.

Damit bleibt lediglich die Ausnahme der rechtsfähigen Personengesellschaften aus § 13 BGB kritikwürdig.

b) Ausklammerung der Freien Berufe aus dem Kaufmannsbegriff

Trotz umfangreicher Reform des Handelsrechts[205] werden in der Literatur nach wie vor verschiedene Defizite des HGB ausgemacht, die einen weiteren Reform- und Modernisierungsbedarf begründen sollen.[206] Die wohl häufigste Kritik betrifft die Voraussetzung der Kaufmannseigenschaft als Anknüpfungspunkt für das Handelsrecht, die gleichzeitig im Hinblick auf den dieser Arbeit zu Grunde liegenden Schwerpunkt von besonderem Interesse ist. Nach der Handelsrechtsreform von 1998 ist in erster Linie noch die Ausnahme der Freien Berufe aus dem handelsrechtlichen Gewerbebegriff umstritten.[207] Besagte Gruppen sind damit noch immer dem Anwendungsbereich des HGB insgesamt entzogen.[208]

An dieser Stelle kann es allerdings nicht darum gehen, die Berechtigung der Ausnahme freiberuflicher Tätigkeiten für *alle* Bereiche des Handelsgesetzbuchs gesondert zu erörtern, auch wenn vieles dafür spricht, dass die Zielsetzungen des Handelsrechts und damit die meisten Vorschriften des

---

204 So aber Soergel/*Pfeiffer*, § 13 Rn. 34.

205 Gesetz zur Neuregelung des Kaufmanns- und Firmenrechts und zu Änderung anderer handels- und gesellschaftsrechtlicher Vorschriften vom 22.06.1998, BGBl I S. 1474.

206 Vgl. *Röhricht*/Graf von Westphalen, Einl. Rn. 25 ff.

207 *Siems* NJW 2003, 1296, 1297; *K. Schmidt* JZ 2003, 585, 589: „rational nicht mehr erklärbar".

208 MünchKommHGB/*Grunewald*, § 377 Rn. 9; MünchKommHGB-Ergb./*Schmidt*, § 1 Rn. 30; *K. Schmidt*, Handelsrecht, § 4 I. 3. b); *Röhricht*/Graf von Westphalen, Einl. Rn. 29; Heymann/*Emmerich*, § 1 Rn. 18; *Hensssler* ZHR 161 (1997), 13, 24 f; *Preis* ZHR 158 (1994), 567, 604 ff.; *Neuner* ZHR 157 (1993), 243, 263 f.

HGB in gleicher Weise auf den Verkehr zwischen Kaufleuten wie auf sonstige Unternehmer passen.[209] Vielmehr sollen im Folgenden zunächst grundlegende, von einzelnen Rechtsgebieten unabhängige Argumente für eine Gleichbehandlung der Freien Berufe mit Gewerbetreibenden dargestellt werden. Darauf aufbauend ist im Hinblick auf das Thema der vorliegenden Arbeit der Umstand zu bewerten, dass bestimmte handelsrechtliche Ausnahmen von zwingenden Schutzvorschriften bzw. Verschärfungen von Verhaltensanforderungen (namentlich die §§ 373 ff. HGB) nicht für die Angehörigen der Freien Berufe gelten.

Weit gehende Einigkeit besteht noch darüber, dass die Sonderbehandlung der Freien Berufe in erster Linie historisch bedingt ist.[210] Mittlerweile hat sich deren Berufsbild jedoch immer mehr dem der Gewerbetreibenden angenähert, so dass die Berechtigung einer derartigen Sonderbehandlung durchaus in Zweifel gezogen werden kann.[211] Dementsprechend hat auch der Gesetzgeber mittlerweile zumindest einige Bereiche anerkannt, in denen Selbstständige in Ausübung ihrer freiberuflichen Tätigkeit Gewerbetreibenden gleichzusetzen sind. So erfasst der Unternehmerbegriff des § 14 BGB wie gesehen die Freiberufler ebenso wie die Gewerbetreibenden. Ferner ist im Bereich der AGB-Kontrolle ein Wechsel erfolgt. § 310 Abs. 1 BGB schränkt die Inhaltskontrolle von AGB ein, die gegenüber einem Unternehmer verwendet werden. Im Rahmen der Vorgängerregelung des § 24 AGBG galt diese Beschränkung der Inhaltskontrolle anfänglich nur für die gegenüber einem Kaufmann verwendeten AGB.

Darüber hinaus wurde in Literatur und Rechtsprechung mit der Zeit noch in einem anderen Zusammenhang eine überwiegend historisch bedingte Sonderbehandlung der Freien Berufe aufgegeben. So wurde der Schutzbereich für das Recht am eingerichteten und ausgeübten Gewerbebetrieb ursprünglich unter Heranziehung des klassischen handelsrechtlichen Gewerbebegriffs bestimmt.[212] Folglich versagte die Rechtsprechung den Freien Berufen zunächst einen entsprechenden Schutz über § 823 Abs. 1 BGB. Inzwischen ist nahezu anerkannt, dass sich auch die Angehörigen der Freien Berufe auf das Recht am eingerichteten und ausgeübten Gewerbebe-

---

209 *Böhler*, Grundwertungen zur Mängelrüge, S. 84; *K. Schmidt*, Handelsrecht, § 3 I 1.

210 Siehe nur *K. Schmidt*, Handelsrecht, § 9 IV 2. a) cc); ders., JZ 2003, 585, 589; *Röhricht*/Graf von Westphalen, Einl. Rn. 38; Koller/*Roth*/Morck, § 1 Rn.. 13; *Canaris*, Handelsrecht, § 2 Rn. 9.

211 Heymann/*Emmerich*, § 1 Rn. 18.

212 RG 64, 155, 157; Staudinger/*Hager*, § 823 D 6.

trieb berufen können.[213] Andernfalls käme es zu erheblichen Wertungswidersprüchen.[214] Daran muss sich die Frage anschließen, ob sich besagte Wertungswidersprüche nicht auch mittelbar auf andere Bereiche übertragen lassen, aus denen die Freien Berufe nach wie vor und ebenfalls aus hauptsächlich historischen Gründen ausgenommen sind.

Gegen eine Einbeziehung der Freien Berufe in das HGB wurde eingewandt, dass dies der deutschen Rechtstradition widersprochen hätte.[215] Doch können bereits jetzt die meisten Freien Berufe als Formkaufleute den Weg ins HGB finden, sofern dem standesrechtliche Hemmnisse nicht entgegenstehen.[216] Es mag dann zwar eine Gesellschaft „vorgeschaltet" sein, das Ergebnis ist jedoch gleich: die Anwendbarkeit des HGB auf die freiberufliche Tätigkeit.

Schließlich ist nicht zu übersehen, dass sich eine Ausdehnung von Teilen des Handelsrechts auf nichtkaufmännische Unternehmer bereits unauffällig vollzieht. Für Handelsbräuche und Verkehrssitten wird angenommen, dass sie ihren Anwendungsbereich selbst bestimmen und damit auch für diejenigen Personen gelten, die wie Kaufleute am Geschäftsleben teilnehmen, ohne tatsächlich Kaufmannseigenschaft zu besitzen.[217] Eines der wichtigsten Beispiele sind wohl die Regeln über das Schweigen auf ein Bestätigungsschreiben, die über den kaufmännischen Verkehr hinaus auch dann Anwendung finden können, wenn nur die Vertragsparteien in kaufmännischer Weise am Geschäftsverkehr teilnehmen.[218]

Nicht unerwähnt bleiben soll aber, dass nach Ansicht des Gesetzgebers für eine Einbeziehung der Freien Berufe in den Anwendungsbereich des HGB jedenfalls nach In-Kraft-Treten des Partnerschaftsgesellschaftsgesetzes (PartGG) kein Bedarf mehr bestehe.[219]

---

213 Palandt/*Sprau*, § 823 Rn. 127; Jauernig/*Teichmann*, § 823 Rn. 97; Staudinger/*Hager*, § 823 D 6;

214 MünchKommBGB/*Wagner*, § 823 Rn. 183.

215 *Canaris*, Handelsrecht, § 2 Rn. 8.

216 Heymann/*Horn*, Einl. I Rn. 16, 18, der dies allerdings gerade als Argument *gegen* eine Einbeziehung der freien Berufe ins HGB anführt; *Knop*, Ein neues Recht des Wirtschaftsverkehrs, S. 133.

217 MünchKommHGB/*Schmidt*, § 1 Rn. 100 ff.; *Röhricht*/Graf von Westphalen, Einl. Rn. 38 mit entsprechenden Rechtsprechungsnachweisen.

218 Ensthaler/*Achilles*/*Schmidt*, GK-HGB § 346 Rn. 51; *Steinbeck*, Handelsrecht, § 29 Rn. 14.

219 BR-Drs. 340/97 S. 34; kritisch dazu *Röhricht*/Graf von Westphalen, Einl. Rn. 38.

Von Bedeutung sind in diesem Zusammenhang nicht zuletzt auch steuerpolitische Erwägungen. So hat der Deutsche Städte- und Gemeindebund (DStGB) vor einiger Zeit erneut die Diskussion darüber angeregt, ob zukünftig nicht auch die Freien Berufe Gewerbesteuer abführen sollten.[220] Zu dem gleichen Ergebnis kommt der aktuelle Vorschlag der Stiftung Marktwirtschaft, die Gewerbesteuer gänzlich durch eine Unternehmenssteuer zu ersetzen, der auch die Freiberufler unterliegen würden.[221] In Anbetracht der Vermutung, dass die drohende Gewerbesteuerpflicht bislang ein maßgeblicher Grund für die fortdauernde Ausklammerung der Freien Berufe aus dem Gewerbebegriff ist,[222] könnte mit dem Wegfall dieses Grundes möglicherweise der Widerstand gegen eine Einbeziehung der Freien Berufe nachlassen. Zwar wurde von einer Umsetzung der Vorschläge bisher abgesehen.[223] Es scheint aber aufgrund der zunehmend dramatischen Lage der öffentlichen Haushalte der Gemeinden, denen diese Steuerart zusteht, nur eine Frage der Zeit, bis derartige Ansätze, die ja zu einer deutlichen Erhöhung der Steuereinnahmen führen würden, erneut aufgegriffen werden.

In jüngerer Zeit hat sich *Knop* eingehend mit der Einbeziehung der Freien Berufe ins Handelsrecht beschäftigt.[224] Er stellt zunächst fest, dass hinsichtlich der materiellen Tatbestandsmerkmale keine relevanten Unterschiede zwischen Gewerbetreibenden und den Freien Berufen bestehen.[225] Die Ausgrenzung der Freien Berufe könne nur unter Rückgriff auf die allgemeinen Gründe für die Geltung des Sonderrechts wie dem Bedürfnis und der Zumutbarkeit spezieller Regelungen zu Sicherung des Wirtschaftsverkehrs erfolgen, da die in der Definition des Gewerbes enthaltene Abgrenzung kein Freier Beruf zu sein, keinen eigenen materiellen Gehalt besitze.[226] Mangels sonstiger relevanter Besonderheiten freiberuflicher Tätigkeiten bestehe auch für den Geschäftsverkehr vieler Freiberufler ein Bedürfnis nach handelsrechtlichem Sonderrecht, dessen Zielsetzungen auch nicht anderweitig gesichert sind.[227] Die Geltung des Handelsrechts sei den Freiberuflern auch zu-

220 „Die Welt" vom 01.08.2002.

221 „Die Welt" vom 21.07.2005.

222 So z.B. *K. Schmidt* JZ 2003, 585, 590.

223 Zumindest in Art. 2 des Gesetzes zur Änderung des Gewerbesteuergesetzes und anderer Gesetze vom 23.12.2003, BGBl I S. 2922.

224 *Knop*, Ein neues Recht des Wirtschaftsverkehrs, S. 121 ff.

225 *Knop*, a.a.O., S. 137; so auch Ebenroth/Boujong/Joost/*Kindler*, § 1 Rn. 37; Koller/*Roth*/Morck, § 1, Rn.. 13.

226 *Knop*, a.a.O., S. 137.

227 *Knop*, a.a.O., S. 151.

zumuten, da sie in einer mit den Gewerbetreibenden vergleichbaren Weise am Wirtschaftsverkehr teilnehmen.[228] Aus diesen Gründen fehle es insgesamt an einer Rechtfertigung für die Sonderbehandlung der Freien Berufe.[229]

Diese Einwände überzeugen durchweg. Rechtfertigung für eine Erweiterung der Privatautonomie sowie vor allem für die Statuierung besonderer Sorgfaltspflichten und Obliegenheiten im Rahmen des Handelsrechts ist, dass Kaufleute aufgrund ihrer Geschäftsgewandtheit nur eingeschränkt des Schutzes der Rechtsordnung bedürfen und dass der Handelsverkehr auf eine „Befreiung von formalen Fesseln und Einschränkungen" angewiesen ist.[230] Die freiberufliche Tätigkeit als persönliches Merkmal erlaubt jedoch nicht weniger einen Rückschluss auf eine vorhandene rechtsgeschäftliche Kompetenz als der Betrieb eines Handelsgewerbes und damit die Kaufmannseigenschaft. Häufig sind es gerade Vertreter der Freien Berufe wie Rechtsanwälte, Steuer-, Wirtschafts- oder Unternehmensberater, die ein hohes Maß an geschäftlicher Erfahrung besitzen.[231]

Im Gegensatz zu Verbrauchern kann von am geschäftlichen Rechtsverkehr teilnehmenden Personen regelmäßig ein höherer Kenntnisstand erwartet werden, seien sie nun Gewerbetreibende oder Freiberufler. Dementsprechend sind Unternehmer und damit auch Freiberufler und nicht nur Gewerbetreibende durch das Verbraucherrecht strengeren Regeln unterworfen, die vergleichbar gravierende Auswirkungen haben können, wie die Vorschriften über die Handelsgeschäfte. Insofern ist Verbraucherrecht zugleich bereits Handelsrecht, da es den Unternehmer aufgrund seiner im Vergleich zu seinem Kunden in seinem Tätigkeitsbereich größeren rechtsgeschäftlichen Erfahrung strengeren Privatrechtsnormen bezüglich seiner Geschäftstätigkeit unterwirft.[232] Umgekehrt genießen Unternehmer im Bereich der AGB-Kontrolle nur einen eingeschränkten Schutz, da nach § 310 Abs. 1 BGB für eine Einbeziehung nur § 305 Abs. 1 BGB zu beachten ist und eine Inhaltskontrolle lediglich gem. § 307 BGB stattfindet.

Somit kann abschließend festgestellt werden, dass es tatsächlich einen „schweren Wertungswiderspruch" darstellt, wenn bestimmte handelsrechtliche Ausnahmen von zwingenden Schutzvorschriften bzw. Verschärfungen

---

228 *Knop*, a.a.O., S. 159.

229 *Knop*, a.a.O., S. 165.

230 *Canaris*, Handelsrecht, § 1 Rn. 17

231 *Röhricht*/Graf von Westphalen, Einl. Rn. 29 und 38; *Preis* ZHR 158 (1994), 567, 604 ff.

232 *Preis* ZHR 158 (1994), 567, 590.

von Verhaltensanforderungen nur für Kaufleute und nicht auch für die Freien Berufe gelten.[233]

2. *Sonstige Unzulänglichkeiten und Zweifelsfragen*

a) Unübersichtlichkeit

Augenscheinlichste Konsequenz der heutigen Systematik im Kaufrecht ist eine nicht nur auf den ersten Blick unübersichtliche Vielzahl von Fallkonstellationen, die zur Anwendbarkeit jeweils unterschiedlicher Vorschriften führen.[234] Ergänzt um die auf die einzelnen Konstellationen anwendbaren Grundsätze der AGB-Kontrolle nach den §§ 305 ff. BGB ergibt sich ein noch komplexeres Bild. Deutliche Kritik in dieser Richtung wurde von *Honsell* geäußert. Der Gesetzgeber spiele weiterhin ein Spiel des Übereinandertürmens von Schutzvorschriften und errichte ein Labyrinth von Normen, in dem sich schließlich niemand mehr auskennt. Dies geschehe auf Kosten von Rechtsklarheit wie Rechtssicherheit.[235]

Die Unübersichtlichkeit beruht dabei u.a. auf den sich inhaltlich überschneidenden, subjektiven Anknüpfungspunkten. Hinzu kommt noch, dass sich die einzelnen kaufrechtlichen Vorschriften über mehrere Gesetzeskodifikationen verteilen.

b) Ungerechtfertigte Besserstellung der Kaufleute

Mit Ausnahme der §§ 377, 379 HGB setzten die §§ 373 ff. HGB lediglich die Kaufmannseigenschaft einer der am Kauf beteiligten Parteien voraus. Keine Bedenken bestehen, soweit die kaufmännische Partei dabei strengeren als den allgemeinen Regeln unterworfen wird. Allerdings kommen die Vorschriften über den einseitigen Handelskauf unabhängig davon zur Anwendung, ob die kaufmännische Partei Käufer oder Verkäufer ist, so dass sich die §§ 373 ff. HGB auch zu ihren Gunsten auswirken können. So kann z.B. der Kaufmann als Verkäufer die um eine Möglichkeit zur Hinterlegung und zum Selbsthilfeverkauf erweiterten Verkäuferrechte des § 373 HGB selbst dann geltend machen, wenn ihm als Käufer eine nichtkaufmännische Person gegenübersteht. Ist der Kaufmann hingegen Käufer, kann er im Fall der nicht fristgerechten Lieferung durch den nichtkaufmännischen Verkäu-

233 *Canaris*, Handelsrecht, § 1 Rn. 42.
234 S.o. § 1 VI.
235 *Honsell* JZ 2001, 278.

fer unter den erleichterten Voraussetzungen des § 376 Abs. 1 HGB vom Vertrag zurücktreten oder Schadensersatz statt der Leistung verlangen.

Für eine Besserstellung einer der Parteien ausschließlich aufgrund ihrer Kaufmannseigenschaft gegenüber einer sich in der gleichen Situation befindlichen, nichtkaufmännischen Person gibt es jedoch keine hinreichende Rechtfertigung. Auch Privatpersonen können vergleichbare Interessen haben.[236] Eine Bevorzugung kaufmännischer Interessen ist vielmehr nur im Rahmen beidseitiger Handelsgeschäfte angemessen. Kaufmännische Interessen einseitig berücksichtigendes Vertragsrecht lässt sich auch nicht in die bereits dargestellte Dreiteilung des Vertragsrechts in Verbraucher-, Unternehmer und Privatverträge einordnen. Zu erheblichen Wertungswidersprüchen kommt es, wenn die nichtkaufmännische Vertragspartei Verbraucher im Sinne des § 13 BGB ist.

c) Einseitiger Handelskauf als Verbrauchsgüterkauf

Kauft ein Verbraucher von einem Unternehmer eine bewegliche Sache, handelt es sich um einen Verbrauchsgüterkauf, § 474 BGB. Ist der Unternehmer jedoch auch Kaufmann und gehört der Kauf zum Betrieb seines Handelsgewerbes (§§ 343, 344 HGB), was der Regelfall ist, kommen die Vorschriften über den Handelskauf nach Maßgabe des § 345 HGB „für beide Teile gleichmäßig zur Anwendung“, soweit sich aus diesen nicht etwas anderes ergibt. Mit Ausnahme der §§ 377, 379 HGB sind die §§ 373 ff. HGB daher auch im Verhältnis zu einem Verbraucher anzuwenden. Ein und derselbe Kaufvertrag stellt damit zugleich einen Verbrauchsgüter- wie auch einen einseitigen Handelskauf dar.

In diesem Zusammenhang wurde die Auffassung vertreten, es sei auch durchaus sachgerecht, dem typischen Beschleunigungsinteresse von Kaufleuten auch im Verhältnis zu Nichtkaufleuten, insbesondere wenn diese unternehmerisch tätig sind, Rechnung zu tragen.[237] Das erscheint jedenfalls im Verhältnis zu einem Verbraucher im Hinblick auf einen immer stärker betonten Verbraucherschutz zunehmend zweifelhaft. Es ist vielmehr zu erwägen, ob nicht stattdessen aus der Sicht des Nichtkaufmanns eine einschränkende Auslegung des persönlichen Anwendungsbereichs der Vorschriften

---

236 MünchKommHGB/*Grunewald*, Vor § 373 Rn. 17 und §§ 373, 374 Rn. 3.

237 Staub/*Koller*, vor § 373 Rn. 1; einschränkend wird angemerkt, es sei nicht zu verkennen, dass der Handelskauf zwischen Kaufleuten größere eigenständige Bedeutung erlangen könne, wenn im Zuge der Rechtsfortbildung Konsumentenschutzgesichtspunkte stärker zum Tragen kommen.

über den einseitigen Handelskauf geboten ist, wonach diese zumindest einem Verbraucher gegenüber nicht zur Geltung gelangen.

Abgesehen von § 376 HGB, der meist dem Käufer zugute kommt, bewirken die Vorschriften über den einseitigen Handelskauf regelmäßig eine Verschärfung des Kaufrechts zulasten des Käufers.[238] Da der Verbraucher sehr viel häufiger auf der Käufer- als auf der Verkäuferseite stehen dürfte, wird er damit im Regelfall trotz Vorliegen eines Verbrauchsgüterkaufs durch die gleichzeitig anwendbaren §§ 373 ff. HGB schlechter gestellt. Insbesondere müsste er im Falle eines Annahmeverzuges eine auf § 373 Abs. 1 HGB gestützte Hinterlegung auf seine Kosten befürchten, was zu Recht als nicht vertretbar angesehen wird.[239]

Weder im BGB oder HGB noch in der Begründung des die Verbrauchsgüterkaufrichtlinie umsetzenden Schuldrechtsmodernisierungsgesetzes sind Hinweise darauf enthalten, dass die Vorschriften des einseitigen Handelskaufs gegenüber einem Verbraucher keine Anwendung finden sollen. Damit liegt zwar kein unmittelbarer Widerspruch zur Verbrauchsgüterkaufrichtlinie bzw. dem Verbrauchsgüterkauf des BGB vor, da dort keine, die in den §§ 373 ff. HGB enthaltenen Rechtsmaterien betreffenden Vorschriften existieren.[240]

Dennoch ergeben sich Bedenken. Die Anwendung der §§ 373 ff. HGB zu Lasten eines Verbrauchers steht zunächst im Widerspruch zu dem europarechtlichen Ziel, insgesamt ein hohes Verbraucherschutzniveau zu erreichen.[241] Der Verbraucher unterliegt aufgrund der Kaufmannseigenschaft seines Vertragspartners strengeren Regeln als wenn ihm ein anderer Verbraucher oder ein nichtkaufmännischer Unternehmer gegenübersteht. Damit wird ihm ein außerhalb seiner Sphäre liegender Umstand zum Nachteil, dessen er sich häufig gar nicht bewusst ist, wenn er ihn überhaupt erkennen kann.

---

238 MünchKommHGB/*Grunewald*, Vor § 373 Rn. 17.

239 *K. Schmidt*, Handelsrecht, § 29 II 2. b).

240 Nicht nachvollziehbar daher, wenn *K. Schmidt* BB 2005, 837, 841 den § 345 HGB deshalb als ungefährlichen Sonderling bezeichnet, weil zwingendes Verbraucherrecht allemal Vorrang hätte. Zumindest in Bezug auf die §§ 373 HGB existieren keine entsprechenden Verbraucherschutzvorschriften.

241 Vgl. (1) der Gründe der Verbrauchsgüterkaufrichtlinie, RL 1999/44/EG vom 25.05.1999, Abl. EG Nr. L 171 vom 07.07.1999, S. 12 ff.

Handelsrecht ist de lege lata das Sonderprivatrecht der Kaufleute,[242] jedenfalls aber geschäftlich agierender Personen. Handelsrecht ist nicht befasst mit dem Rechtssubjekt des Verbrauchers und sollte sich daher keinesfalls zu seinen Ungunsten auswirken, ihn aber auch nicht begünstigen. Es ist nicht Zweck des Handelsrechts, den Verbraucher als Nichtkaufmann bei Geschäften Kaufleuten zu privilegieren.[243] Die Bevorzugung der Verkäuferinteressen beim Handelskauf rechtfertigt sich aus heutiger Sicht nur bei Rechtsgeschäften, die auf beiden Seiten Unternehmensgeschäfte sind. Dagegen sind einseitige Handelsgeschäfte richtigerweise dem Konsumentenschutz zuzurechnen.[244] Der Verbrauchervertrag stellt nach Ansicht des Gesetzgebers sogar die typische Erscheinungsform des schuldrechtlichen Vertrages dar. Der Verbraucherschutz sei dabei ein schuldrechtsimmanenter, allgemeiner Schutzgedanke.[245] Gleichzeitig ist eine verschärfte Pflichtenstellung bzw. eine rechtliche Schlechterstellung nur geschäftlich agierenden Rechtssubjekten zuzumuten.[246]

Diesen Grundwertungen entsprechend verfährt das HGB bereits in § 414 Abs. 3 HGB. Dort wird die strenge Haftung des Absenders gegenüber dem Frachtführer nach den Abs. 1 und 2 wieder zurückgenommen, wenn der Absender ein Verbraucher ist. Hält man an der Einbeziehung einseitiger Handelsgeschäfte in das Handelsrecht fest, ist eine derartige Ausnahme des Verbrauchers für den Bereich des Handelskaufs zwingend erforderlich.

Auch ein Blick auf die historischen Motive sowie die neue Gesetzessystematik spricht gegen eine Anwendbarkeit der §§ 373 ff. HGB gegenüber einem Verbraucher. Mit Einführung der § 345 HGB vorausgegangenen Regelung im Rahmen des ADHGB von 1861 wurde u.a. bezweckt, das Fehlen einer einheitlichen Zivilrechtskodifikation in den deutschen Staaten durch Schaffung an sich zivilrechtlicher Vorschriften im Handelsgesetzbuch zu kompensieren. In das geltende Recht und hier vor allem in die durch die §§ 13, 14 BGB verkörperten Wertungen passt § 345 HGB dagegen nicht.[247]

---

242 MünchKommHGB/*Schmidt*, Vor § 1 Rn. 3; Ebenroth/Boujong/Joost/*Kindler*, Vor § 1 Rn. 35.

243 *Hoffmann* BB 2005, 2090, 2091.

244 *K. Schmidt*, Handelsrecht, § 29 I 2. b).

245 BT-Drs. 14/6040 S. 200.

246 *Knop*, Ein neues Recht des Wirtschaftsverkehrs, S. 169.

247 Schulte-Nölke/Schulze/*Schmidt*, Die Schuldrechtsreform vor dem Hintergrund des Gemeinschaftsrechts, S. 147; *K. Schmidt* BB 2005, 837, 841.

Auch die §§ 373 ff. HGB über den einseitigen Handelskauf stammen aus einer Zeit, in der es die Konstellation Verbraucher – Unternehmer als Vertragspartner der Sache nach zwar schon gab, der Verbraucher jedoch noch nicht als durch Sonderrecht schutzwürdig angesehen wurde.

Mittlerweile ist nicht nur der „allgemeine Kaufvertrag“ umfassend im BGB geregelt. Vielmehr sind besondere Regeln für einen Kaufvertrag zwischen einem Unternehmer als Verkäufer und einem Verbraucher als Käufer im Verbrauchsgüterkauf geschaffen worden. Diese sollen die vom allgemeinen Kaufvertragsrecht abweichenden Besonderheiten für das Verhältnis zwischen Unternehmer und Verbraucher vollständig und abschließend erfassen, ohne dass an anderer Stelle weitere, insbesondere die Rechte des Verbrauchers wieder beschränkende Vorschriften bestehen. Denkbar wäre eine Anwendung daher allenfalls, wenn der Verbraucher der Verkäufer ist, denn dabei handelt es sich nicht um einen Verbrauchsgüterkauf im Sinne der §§ 474 ff. BGB. Diese Fälle dürften jedoch eher selten sein.

Schließlich kann an dieser Stelle auch noch einmal auf die insgesamt zweifelhafte Rechtfertigung für eine Besserstellung der Kaufleute im Rahmen einseitiger Handelsgeschäfte verwiesen werden.[248]

Die Anwendbarkeit der §§ 373 HGB ff. auf einseitige Handelsgeschäfte bzw. auf Verträge mit Verbrauchern ist daher zu Recht als politisch verfehlt und als Wertungs- und Systembruch bezeichnet worden. Besagte Widersprüche seien jedoch de lege lata hinzunehmen, nur ausnahmsweise bestünde die Möglichkeit einer Korrektur über § 242 BGB. [249] Dazu müsste allerdings ein einheitlicher und präzise formulierter Bewertungsmaßstab festgelegt werden, um in jedem Einzelfall bewerten zu können, wann eine *unzumutbare* Schlechterstellung des Verbrauchers vorliegt bzw. wann dies noch nicht der Fall ist. Im Interesse der Rechtssicherheit ist es daher vorzugswürdig, den persönlichen Anwendungsbereich der §§ 373 ff. HGB im Wege einer teleologischen Reduktion generell dahingehend einzuschränken, als dass sie jedenfalls zum Nachteil einer Partei mit Verbrauchereigenschaft nicht anwendbar sind. Der Schutz des Verbrauchers geht insoweit den besonderen Interessen der Kaufleute vor.[250]

---

248 S.o. § 2 III. 2. b).

249 Baumbach/*Hopt*, Überbl v § 373 Rn. 8.

250 A.A. *Weyer* WM 2005, 490, 492; vgl. auch Staub/*Brüggemann*, Einl. Rn. 49 und Heymann/*Horn*, § 345 Rn. 3.

d) Beidseitiger Handelskauf als Verbrauchsgüterkauf

In Ausnahmefällen kann es sogar dazu kommen, dass ein beidseitiger Handelskauf zugleich auch als Verbrauchsgüterkauf anzusehen ist. Dies liegt an der unterschiedlichen Bewertung der gemischten Verwendungszwecke im Rahmen der Verbrauchereigenschaft nach § 13 BGB und der Zugehörigkeit zum Handelsgewerbe des Kaufmanns im Sinne von § 343 HGB.[251] Während Erstere anzunehmen ist, solange der Vertragszweck überwiegend im privaten Bereich liegt, ist die Zugehörigkeit zum Handelsgewerbe des Kaufmanns nicht mehr gegeben, wenn es sich um ein reines Privatgeschäft handelt.[252] Erwirbt ein Kaufmann einen Gegenstand von einem anderen Kaufmann zu überwiegend jedoch nicht ausschließlich privaten Zwecken, überschneiden sich beidseitiger Handelskauf und Verbrauchsgüterkauf. Folglich würde für den Käufer vor allem die Untersuchungs- und Rügeobliegenheit des § 377 HGB gelten. Eine Rügeobliegenheit des Verbrauchers wäre aber jedenfalls mit Art. 5 Abs. 2 der Verbrauchsgüterkaufrichtlinie unvereinbar, die den Mitgliedstaaten eine Beschränkung der Gewährleistungsfrist des Verbrauchers lediglich in der Form einer Anzeigeobliegenheit innerhalb von zwei Monaten nach Feststellung eines Mangels einräumt. Daher bedarf es in diesen Fällen nahezu zwingend der teleologischen Reduktion des persönlichen Anwendungsbereichs einer handelskaufrechtlichen Vorschrift, soweit eine der beteiligten Parteien (auch) Verbraucher ist.[253]

e) Unklares Leitbild für den Handelskauf

Dem grundsätzlich dispositiven Kaufrecht der §§ 433 ff. BGB kommt eine sog. Leitbildfunktion zu. Im Falle der Unwirksamkeit einer Klausel in AGB oder bei nicht auszuräumenden Unklarheiten über eine individualvertragliche Abrede wird eine daraus entstandene Vertragslücke durch Rückgriff auf dieses geschlossen. Darüber hinaus stellten die §§ 433 ff. BGB bislang den Maßstab für die Inhaltskontrolle von AGB im Hinblick auf eine unangemessene Benachteiligung im Sinne des § 9 AGBG a.F. dar.[254]

Die Verbrauchsgüterkaufrichtlinie ist in ihrem Regelungsbereich zwar begrenzt auf den Kauf von Verbrauchsgütern zwischen einem Verbraucher und einem Verkäufer, der nicht Verbraucher ist, was mit den Kompetenz-

---

251 Vgl. *Hoffmann* BB 2005, 2090 ff.
252 S.o. § 1 II 4. c) (2) und III 1. c).
253 *Hoffmann* BB 2005, 2090, 2093.
254 *Schubel* JZ 2001, 1113, 1114.

grundlagen zum EG-Privatrecht zu begründen ist.[255] Durch die Umsetzung eines Teils der Richtlinie im Bereich der allgemeinen kaufrechtlichen Vorschriften gelten die auf den Verbrauchsgüterkauf zugeschnittenen §§ 433 ff. BGB jedoch grundsätzlich auch für den Kauf zwischen Unternehmern bzw. Kaufleuten. Da der Handelskauf weit gehend auf dem allgemeinen Kaufrecht aufbaut, gelten die Änderungen im Bereich des normalen Kaufs sowie des allgemeinen Schuldrechts damit auch für den Handelskauf.[256] Dabei handelt es sich jedoch in erster Linie um Verbraucherrecht, welches überwiegend dem Käuferschutz dient, so dass es für die Vertragsverhältnisse zwischen Unternehmern nur eingeschränkt geeignet ist. Aus diesem Grunde wird künftig in noch stärkerem Maße versucht werden, durch die Verwendung von AGB die Rechtsverhältnisse im kaufmännischen Verkehr abweichend zu gestalten.[257]

Problematisch ist dabei, ob das seiner Zielsetzung nach fast ausschließlich dem Verbraucher- und damit dem Käuferschutz dienende kaufrechtliche Gesetzesmodell der §§ 433 ff. BGB auch weiterhin im Rahmen der Inhaltskontrolle von AGB gem. § 307 Abs. 2 Nr. 1 BGB den entscheidenden Maßstab dafür darstellt, ob eine Bestimmung in AGB mit wesentlichen Grundgedanken der gesetzlichen Regelung, von der abgewichen wird, unvereinbar (und damit unwirksam) ist. Die Rechtsprechung hat dabei bisher zwischen Regelungen unterschieden, bei denen der Gerechtigkeitsgehalt überwiegt und zwischen solchen, die der Zweckmäßigkeit dienen.[258] Da sich in den §§ 434 ff. BGB wie in fast allen gesetzlichen Bestimmungen aber zumindest auch Gerechtigkeitsaspekte finden lassen, müssten diese Vorschriften im Ergebnis auch auf den Handelsverkehr übertragen werden. Dabei würden jedoch die grundverschiedenen Ausgangspunkte und Zweckrichtungen von Verbraucherschutz- und Handelsrecht übergangen. So lässt sich originäres Verbraucherschutzrecht nicht ohne weiteres im kaufmännischen Bereich zur Geltung bringen. Die allgemein anerkannten Ziele des Handelsrechts wie z.B. eine zügige und schnelle Abwicklung von Geschäften lassen sich am ehesten erreichen, wenn den beteiligten Personen eine weitergehende Privatautonomie zugestanden wird.[259] Darüber hinaus ist zu

255 *Grundmann* AcP 202 (2002), 40, 58.

256 *K. Schmidt*, Handelsrecht, § 29 I 2. a); *Huber* ZHR 161 (1997), 160, 161; *Lorenz/Riehm*, Lehrbuch zum neuen Schuldrecht, Rn. 597.

257 Palandt/*Heinrichs*, Einf v § 433, Rn. 9; *Hassemer* ZGS 2003, 95, 98; *Westermann* JZ 2001, 530, 531.

258 Ständige Rechtsprechung, zuletzt BGH WM 2005, 1808; BGHZ 115, 38.

259 Vgl. *Hassemer* ZGS 2003, 95, 98 f.

beachten, dass die vom Gesetzgeber gewählte Vorgehensweise bei der Umsetzung der Verbrauchsgüterkaufrichtlinie in erster Linie dazu diente, eine Zersplitterung des Kaufrechts zu vermeiden und nicht auch den Handelskauf käuferfreundlich zu gestalten.[260]

Es wird deshalb im Einzelnen festzustellen sein, welche Bereiche des allgemeinen Kaufrechts künftig auch als Leitbild für den Handelskauf anzusehen sind, von denen dann auch in AGB nicht abgewichen werden darf.[261]

f) Verhältnis des Unternehmerrückgriffs gem. §§ 478 f. BGB zum Verbrauchsgüterkauf

Der in den §§ 478 f. BGB geregelte Regress des Unternehmers aufgrund der vom Verbraucher geltend gemachten Mangelhaftigkeit gegenüber dem Unternehmer, der ihm die Sache verkauft hat (Lieferant), betrifft unmittelbar lediglich ein Vertragsverhältnis zwischen Unternehmern. Hinterfragt werden kann daher, ob der sachliche Zusammenhang zum Verbrauchsgüterkauf eine hinreichende Rechtfertigung für den Standort der Vorschrift innerhalb des Untertitels über den Verbrauchsgüterkauf darstellt, oder ob nicht eine eigene, „Unternehmerkauf" überschriebene Vorschrift oder gar ein entsprechender Untertitel eine sachgerechtere systematische Ordnung des Kaufvertragsrechts darstellen würde. Der dem Regress zu Grunde liegende Kaufvertrag ist nun mal ein Kaufvertrag zwischen Unternehmern und kein Verbrauchsgüterkauf. Weitergehend wird in diesem Zusammenhang zuweilen das Erfordernis der Verbrauchereigenschaft des Letztabnehmers infrage gestellt.[262] So sei § 478 BGB Ausdruck einer „allgemeinen Regreßlogik", für deren Verwirklichung der tatsächliche Endverkauf an einen Verbraucher keine unverzichtbare Bedingung darstelle.[263]

Die Frage braucht an dieser Stelle im Hinblick auf den Schwerpunkt der vorliegenden Arbeit nicht entschieden zu werden. Alleine die Fragestellung soll als Beleg dafür dienen, dass das von den §§ 478 f. BGB unmittelbar erfasste Rechtsverhältnis nicht nur formal einen eigenständigen persönlichen

---

260 Staudinger/*Matusche-Beckmann*, Vorbem zu §§ 474 ff Rn. 18; *Hassemer* ZGS 2003, 95, 98 f.

261 *Hassemer* ZGS 2003, 95, 98; *Westermann* NJW 2002, 241, 242.

262 Bamberger/Roth/*Faust*, § 478 Rn. 5; *Tiedtke/Schmidt* ZIP 2005, 681, 686; *Jacobs* JZ 2004, 225 f.

263 Dauner-Lieb/Heidel/Lepa/Ring/*Büdenbender*, Das neue Schuldrecht, S. 259; AnwKomm BGB/*Büdenbender*, § 478 Rn. 49; *Westermann* NJW 2002, 241, 251 zieht eine Analogie zumindest in Betracht.

Anwendungsbereich hat, sondern auch auf gänzlich anderen Wertungen beruht und vom eigentlichen Verbrauchsgüterkauf unabhängige Rechtsfragen aufwirft. Dies spricht im Grunde für eine deutlichere Abgrenzung vom Verbrauchsgüterkauf, mag man die Vorschrift insgesamt auch „nur“ als ausschließliche Konsequenz eines verbesserten Verbraucherschutzes ansehen.[264]

IV. Ergebnis

Sinn und Zweck der Dreiteilung im Kaufrecht ist in erster Linie, den unterschiedlichen Erwartungen und Bedürfnissen der einzelnen Rechtssubjekte im Rahmen von Kaufverträgen gerecht zu werden. Die einzelnen Kaufarten wurden geschaffen, um gleichsam in den Fällen, in den sich die Vertragsparteien auf einem vergleichbaren Niveau gegenüberstehen, sowie in den Fällen, in denen die Vertragsfreiheit aufgrund von Niveauunterschieden gefährdet sein könnte, einen jeweils angemessenen Interessenausgleich zu erzielen. Während im rein geschäftlichen Verkehr generell eine Beschleunigung der Vertragsabwicklung, eine Erweiterung des Handlungsspielraums sowie ein gesteigerter Vertrauensschutz im Mittelpunkt stehen, geht es im Verbraucherrecht vor allem um den Schutz der strukturell unterlegenen Vertragspartei.

Die Konzeption des noch jungen Verbrauchsgüterkaufs mit dem dabei im Mittelpunkt stehenden Verbraucherbegriff ist weit gehend durch europäisches Recht vorgegeben. Die im Rahmen der Umsetzung ins nationale Recht ohne zwingenden Grund erfolgte Beschränkung des Verbraucherbegriffs auf die natürliche Person führt jedoch zu unsachgemäßen Ergebnissen.

Wesentlich älter und nicht durch supranationale Einflüsse geprägt sind dagegen die Vorschriften über den Handelskauf. Der hier als subjektiver Anknüpfungspunkt dienende Begriff des Kaufmanns umfasst nach wie vor nicht die Freien Berufe, was zumindest für den Bereich des Kaufrechts nicht gerechtfertigt ist. Äußerst fraglich ist darüber hinaus die einseitige Besserstellung der Kaufleute durch die einseitigen Handelsgeschäfte insgesamt. Handelt es sich in diesen Fällen zugleich noch um einen Verbrauchsgüterkauf, sind erhebliche Wertungswidersprüche das Ergebnis. Daher ist eine teleologische Reduktion der §§ 373 ff. HGB zu befürworten, nach der diese nicht zulasten eines Verbrauchers angewandt werden.

---

264 Dieser Ansatz wird im Rahmen der Begründung des vom Verfasser entwickelten Entwurfs aufgegriffen, § 8 V 2. c).

Für sich genommen umfassen die besonderen Kaufrechte jeweils nur wenige Vorschriften. In Anbetracht der unterschiedlichen Konstellationen entsteht insgesamt jedoch ein unübersichtliches und kompliziertes Gesamtbild. Insbesondere die Überschneidung von Kaufmanns- und Unternehmerbegriff trägt hierzu erheblich bei.

Nicht unproblematisch ist schließlich auch, dass mit der Umsetzung eines Teils der Verbrauchsgüterkaufrichtlinie außerhalb des eigentlichen Verbrauchsgüterkaufs im Rahmen der allgemeinen kaufrechtlichen Vorschriften originäres Verbraucherrecht mangels abweichender Vorschriften im Rahmen des Handelskaufs auch im Handelsverkehr den rechtlichen Rahmen bildet.

Sehr viel übersichtlicher wäre die Systematik der Kaufrechte, wenn es statt der sich ohnehin sehr ähnlichen Begriffe des Unternehmers und des Kaufmanns einen einheitlichen persönlichen Anknüpfungspunkt für alle geschäftlich agierenden Verkäufer gäbe. Zugleich ist eine Bevorzugung von deren Interessen ausschließlich im rein geschäftlichen Rechtsverkehr gerechtfertigt.

2. Teil: Der Handelskauf nach der Schuldrechtsreform

Im folgenden Teil der Arbeit wird die verbleibende Bedeutung und Rechtfertigung der einzelnen Vorschriften des Handelskaufs untersucht. Dies geschieht vor dem Hintergrund einer möglichen Überarbeitung der bisherigen Dreiteilung des Kaufrechts nach Art der Parteien in Verbrauchsgüterkauf, Handelskauf und normaler Kauf.

Zu diesem Zweck sind zunächst die einzelnen Auswirkungen der Schuldrechtsreform auf den Handelskauf zu betrachten. Der Grund für die mittelbaren Auswirkungen der Schuldrechtsreform auf die §§ 373 ff. HGB wurde bereits darin erkannt, dass der Handelskauf weit gehend auf den allgemeinen kaufrechtlichen Vorschriften aufbaut. Hierzu zählt etwa die Reichweite der Genehmigungsfunktion nach § 377 Abs. 2 HGB im Hinblick auf sog. Nebenpflichtverletzungen des Verkäufers, die nach neuem Recht möglicherweise anders zu erfassen sind.

Doch hat die Schuldrechtsreform auch unmittelbare Auswirkungen auf den eigentlichen Handelskauf der §§ 373 ff. HGB. So wurde z.B. § 378 HGB a.F. als Konsequenz aus dem neuen Sachmangelbegriff ersatzlos gestrichen. Unklar ist, ob die Rechtslage aus der Sicht des Handelskaufs dadurch im Ergebnis unverändert geblieben ist. Im Gegensatz dazu stellt sich die Frage, weshalb an den Stellen, an denen eine Änderung der §§ 373 HGB notwendig gewesen wäre, eine solche nicht erfolgt ist.[265] Gänzlich neue Probleme ergeben sich schließlich aus dem Verhältnis des Rückgriffs des Unternehmers gem. § 478 BGB zur Untersuchungs- und Rügeobliegenheit nach § 377 HGB.

Der Gesetzgeber selbst hat sich im Rahmen des Schuldrechtsmodernisierungsgesetzes außerhalb der Streichung des § 378 HGB a.F. nicht zu den Auswirkungen auf den Handelskauf geäußert.

265 Unverändert findet sich in § 376 Abs. HGB die Formulierung „Schadensersatz wegen Nichterfüllung“, dazu sogleich unter § 5 II. 2. b).

§ 3 Die Untersuchungs- und Rügeobliegenheit nach § 377 HGB

Kernstück bzw. bedeutendste Vorschrift des Handelskaufs ist unverändert die Untersuchungs- und Rügeobliegenheit gem. § 377 HGB.[266] Daher werden im Folgenden Problembereiche der Vorschrift, die im Zusammenhang mit der Schuldrechtsreform gesehen werden können sowie die verbleibende praktische Relevanz des § 377 HGB dargestellt.

I. Anwendungsbereich

1. Persönlicher Anwendungsbereich

Ausgehend vom Wortlaut des § 377 HGB in Verbindung mit den §§ 343, 345 HGB scheint der persönliche Anwendungsbereich der handelsrechtlichen Untersuchungs- und Rügeobliegenheit festzustehen: Es muss sich um einen Kauf zwischen Kaufleuten handeln, d.h. sowohl Käufer wie auch Verkäufer müssen die Kaufmannseigenschaft im Sinne der §§ 1 ff. HGB besitzen. Nur für den Käufer, nicht aber für den Verkäufer, reicht es aus, Scheinkaufmann zu sein, ohne tatsächlich ein Handelsgewerbe zu betreiben. Der den Rechtsverkehr über seine Kaufmannseigenschaft täuschende Verkäufer soll dafür nicht auch noch mit den für ihn günstigen Rechtsfolgen des § 377 HGB belohnt werden.[267]

Die Kritik am Kaufmannsbegriff als Anknüpfungspunkt für das Handelsrecht insgesamt wurde bereits dargestellt.[268] Sie setzt sich fort innerhalb der einzelnen im HGB enthaltenen Rechtsmaterien. Entsprechend gibt es auch in Bezug auf § 377 HGB Befürworter eines erweiterten persönlichen Anwendungsbereichs. So soll es ausreichen, wenn der Kauf auf beiden Seiten zu einem Unternehmen gehört.[269] Auch eine Untersuchungs- und Rügeobliegenheit für Kleingewerbetreibende analog § 377 HGB wurde nach der Handelsrechtsreform befürwortet.[270]

---

266 *Emmerich* JuS 1997, 98.

267 MünchKommHGB/*Grunewald*, § 377 Rn. 3; Ebenroth/Boujong/Joost/*Müller*, § 377 Rn. 14; vgl. oben § 1 III 1. b).

268 S.o. § 2 III 1. b).

269 *K. Schmidt*, Handelsrecht, § 29 III 2. b); vgl. dazu auch *Schäch*, Kaufmannsähnliche Personen, S. 316 ff m.w.N.

270 *Schmitt*, Die Rechtsstellung der Kleingewerbetreibenden, S. 298 ff.

Allerdings scheidet nach ganz überwiegender Ansicht eine analoge Anwendung von § 377 HGB auf andere als beidseitige Handelskäufe aus.[271] Zu Recht wird dabei vor allem darauf abgestellt, dass eine solche Analogie mit dem in dieser Hinsicht eindeutigen Gesetzeswortlaut der §§ 345, 377 HGB unvereinbar ist. Eine komplette Gruppe von Rechtssubjekten kann nicht im Wege einer Analogie dem Anwendungsbereich einer Vorschrift unterstellt werden, die nach eindeutiger Aussage des Gesetzes gerade nicht für diese Gruppe gelten soll. Nach *Kort* kommt eine Erstreckung von § 377 HGB auch deshalb nicht infrage, da bei einer Ausdehnung von solchen Verhaltenspflichten auf Nichtkaufleute, die erheblich von bürgerlich-rechtlichen Verhaltenspflichten abweichen, Rechtsunsicherheit drohe.[272] *Brüggemann* verweist schließlich noch auf rechtspolitische Bedenken, da durch eine analoge Anwendung von § 377 HGB ein Eingriff in Besitzstand dessen erfolge, der im berechtigten Vertrauen auf seine durch das allgemeine bürgerliche Recht eingeräumte Rechtsposition von einer sofortigen Untersuchung und Rüge abgesehen hat.[273]

Grundlage für eine analoge Anwendung von § 377 HGB auf Nichtkaufleute ist zumeist die sog. Unternehmensrechtstheorie, die noch gesondert zu betrachten sein wird.[274] Auf die ihr entgegenstehenden Einwände kann hier verwiesen werden, da sie weit gehend in die gleiche Richtung zielen. Die sachliche Berechtigung einer Erstreckung des persönlichen Anwendungsbereichs der Untersuchungs- und Rügeobliegenheit auf Nichtkaufleute de lege

---

271 MünchKommHGB/*Grunewald*, § 377 Rn. 8 f.; Röhricht/Graf von Westphalen/*Wagner*, § 377 Rn. 7; Ebenroth/Boujong/Joost/*Müller*, § 377 Rn. 14; Ensthaler/*Achilles*, GK-HGB §§ 377, 378 Rn. 2; Heymann/*Emmerich*, § 377 Rn. 8; Staub/*Brüggemann*, § 377 Rn. 21 ff.; Canaris, Handelsrecht, § 31 Rn. 29; *Steinbeck*, Handelsrecht, § 38 Rn. 3; Marburger JuS 1983, 1 f.; ebenso schon seit jeher die obergerichtliche Rechtsprechung, RGZ 104, 95 ff., die bislang unverändert fortgilt.

272 Ebenroth/Boujong/Joost/*Kort*, § 343 Rn. 20; in diese Richtung ebenfalls *Canaris*, Handelsrecht, § 31 Rn. 29; dem kann allerdings entgegengehalten werden, dass eine gewisse Rechtsunsicherheit ohnehin bereits besteht, da eine einer Rügeobliegenheit nahe kommende Verwirkung von Gewährleistungsrechten wegen ungebührlicher Verzögerung der Mangelanzeige bereits de lege lata nach den stark ausfüllungsbedürftigen Grundsätzen von Treu und Glauben (§ 242 BGB) in Betracht kommen kann, vgl. Ensthaler/*Achilles*, GK-HGB §§ 377, 378 Rn. 2; Staub/*Brüggemann*, § 377 Rn. 22; ähnlich auch *Neuner* ZHR 157 (1993), 279 f.

273 Staub/*Brüggemann*, § 377 Rn. 22; ähnlich auch *Neuner* ZHR 157 (1993), 279 f.

274 § 8 II.

ferenda sowie die dagegen geltend gemachte Kritik wird im Rahmen der Begründung des vom Verfasser dieser Arbeit entworfenen Lösungsvorschlages erörtert.[275] Sie sei daher an dieser Stelle noch dahingestellt.

2. Normzweck und Funktionsweise

Nach § 377 Abs. 1 HGB hat der Käufer, wenn der Kauf für beide Seiten ein Handelsgeschäft ist und soweit dies nach ordnungsmäßigem Geschäftsgange tunlich ist, die Ware unverzüglich nach der Ablieferung durch den Verkäufer zu untersuchen. Zeigt sich dabei ein Mangel, ist dieser dem Verkäufer unverzüglich anzuzeigen. Unterlässt der Käufer die Anzeige, gilt die Ware nach Abs. 2 als genehmigt, es sei denn, es handelt sich um einen Mangel, der bei der Untersuchung nicht erkennbar war. Nach Abs. 3 muss ein solcher Mangel unverzüglich nach seiner Entdeckung angezeigt werden, sonst ist die Ware auch in Bezug auf diesen Mangel als vertragsgemäß anzusehen. Eine Ausnahme gilt schließlich insoweit, als dass sich der einen Mangel arglistig verschweigende Verkäufer auf ein Rügeversäumnis nicht berufen kann, § 377 Abs. 5 HGB. Über den ersten Erfüllungsversuch hinaus gilt § 377 HGB auch für eine Nacherfüllung gem. §§ 439 Abs. 1 und 635 Abs. 1 BGB im Hinblick auf verbliebene oder neue Mängel.[276]

Die Untersuchungs- und Rügeobliegenheit nach § 377 HGB ist Ausprägung des allgemeinen handelsrechtlichen Ziels, Rechtsverhältnisse unter Kaufleuten zügig abzuwickeln.[277] Auf den Handelskauf bezogen sollen die Vertragsparteien umgehend Klarheit über die Sachbeschaffenheit der Lieferung erhalten,[278] mithin soll die schnelle Abwicklung des Kaufgeschäfts absoluten Vorrang haben.[279] Ferner soll der Verkäufer, dessen Schutz § 377 HGB dient, die Möglichkeit zur Schadensbegrenzung und zur Vorsorge für mögliche Schadensersatzansprüche erhalten.[280]

---

275 § 8 V. 1.

276 BGHZ 143, 307; *Thamm/Möffert* NJW 2004, 2710; *Jung*, Handelsrecht, § 37 Rn. 10.

277 Baumbach/*Hopt*, § 377 Rn. 1; *K. Schmidt*, Handelsrecht, § 29 III 1. c); *Böhler*, Grundwertungen zur Mängelrüge, S. 84.

278 MünchKommHGB/*Grunewald*, § 377 Rn. 3; Ensthaler/*Achilles*, GK-HGB §§ 377, 378 Rn. 1; *Oetker*, Handelsrecht, § 8 Rn. 27.

279 BGH NJW 2000, 1415; *Steinbeck*, Handelsrecht, § 29 Rn. 14.

280 BGHZ 101, 49, 53; *Jung*, Handelsrecht, § 37 Rn. 9; Wellenhofer-*Klein*, Zulieferverträge, S. 322.

Da eine unzureichende Beachtung der Untersuchungs- und Rügepflicht lediglich zu einem Rechtsverlust des Käufers führt, handelt es sich entgegen dem überwiegenden Sprachgebrauch nicht um eine Rechtspflicht, sondern um eine Obliegenheit.[281] Eine Rechtspflicht statt einer Obliegenheit wäre tatsächlich dann anzunehmen, wenn man es nunmehr als weiteren Zweck von § 377 HGB ansehen würde, den in einer Lieferkette folgenden Endverbraucher vor Schäden zu schützen, die sich aus der Mangelhaftigkeit der an ihn gelieferten Sache ergeben.[282] Nach diesem Ansatz gehöre zu den Pflichten des Verkäufers, alles zu tun, um den Kaufvertrag gegenüber dem Endverbraucher ordnungsgemäß zu erfüllen. Dazu gehöre auch die ordnungsgemäße Erfüllung der Anforderungen des § 377 HGB gegenüber seinem Lieferanten. Ist der Verkäufer diesen Anforderungen nicht nachgekommen, bestehe Anlass, aus diesem Grund eine Schadensersatzhaftung nach §§ 241 Abs. 2, 280 BGB gegenüber dem Endverbraucher anzunehmen.[283]

Dem kann jedoch nicht gefolgt werden, denn es handelt sich dabei um zwei voneinander unabhängige Schuldverhältnisse. Um die Beachtung einer Obliegenheit aus dem einen kraft Gesetzes als Voraussetzung für eine ordnungsgemäße Erfüllung des anderen ansehen zu können, bedürfte eines Anhaltspunktes im Gesetz selbst, der hier jedoch weder in § 241 Abs. 2 noch in den §§ 474 ff. BGB erkennbar ist. Vielmehr ist die Rechtsfolge einer unterlassenen Untersuchung im Rahmen eines beidseitigen Handelskaufs abschließend in § 377 Abs. 2 HGB geregelt: Verlust der Gewährleistungsrechte gegenüber dem Verkäufer.

Ferner besteht für diesen Ansatz auch kein Bedürfnis, denn schließlich hat der Endverbraucher schon unmittelbar wegen der Mangelhaftigkeit der ihm verkauften Sache einen umfassenden Schadensersatzanspruch. Ist dieser verjährt nach § 438 BGB, kommt ein Abstellen auf eine Nebenpflichtverletzung jedoch aus dem gleichen Gründen nicht in Betracht, aus denen auch eine Anfechtung wegen Sachmängeln ausgeschlossen ist. Nach der Rechtsprechung gilt es zu verhindern, dass trotz Ablauf der kaufrechtlichen Gewährleistungsfristen oder grob fahrlässiger Unkenntnis des Sachmangels eine Anfechtung wegen diesem erfolgt.[284] Ebenso muss dann aber auch der Weg versperrt bleiben, die eigentliche Verletzung einer Hauptleistungspflicht durch den Verkäufer (Sachmangelfreiheit), wegen der jedoch keine

281 Ebenroth/Boujong/Joost/*Müller*, § 377 Rn. 4.

282 So Henssler/*Graf von Westphalen*, Praxis der Schuldrechtsreform, § 434 Rn. 79 f.

283 Henssler/*Graf von Westphalen*, a.a.O.

284 BGHZ 34, 32, 33 f.

Rechte mehr geltend gemacht werden können, daraufhin in eine Nebenpflichtverletzung (Verletzung von § 377 HGB gegenüber seinem Lieferanten) einzukleiden und einen entsprechenden Schadensersatz zuzubilligen.

Erst die rechtzeitige Anzeige eines Sachmangels wahrt dem Käufer seine Rechte im Hinblick auf ebendiesen. Sie setzt keine tatsächlich erfolgte Untersuchung voraus.[285] Das Unterlassen einer Untersuchung birgt für den Käufer lediglich das Risiko, Gewährleistungsrechte wegen von ihm unentdeckter und daher auch nicht angezeigter, im Rahmen einer ordnungsgemäßen Untersuchung jedoch erkennbarer Mängel zu verlieren. Die Anforderungen an eine ordnungsgemäße Untersuchung sind in Rechtsprechung und Literatur umfassend konkretisiert worden.[286]

Ob es sich bei der Rechtsfolge von § 377 Abs. 2 und Abs. 3 HGB, nach der die Ware im Fall der unterlassenen Anzeige als genehmigt gilt, um eine Fiktion[287] oder eine unwiderlegliche Vermutung handelt, kann mangels praktischer Relevanz dahingestellt bleiben.[288] Statt auf die Genehmigung der Ware sollte jedoch auf die Heilung des nicht angezeigten Mangels abgestellt werden, denn nur die daraus resultierenden Rechte sind ausgeschlossen. Wurde dagegen ein anderer Mangel ordnungsgemäß gerügt, bleiben dem Verkäufer die daraus folgenden Rechte erhalten.[289]

3. Gleichstellung von Sach- und Rechtsmangel

Bislang unterfiel die Haftung für Rechtsmängel der Kaufsache nicht dem kaufrechtlichen Gewährleistungsrecht sondern der allgemeinen Nichterfüllungshaftung der §§ 320 ff. BGB a.F.[290] Dementsprechend erfasste der Mangel im Sinne von § 377 HGB auch nur den Sachmangel, Rechtsmängel waren nicht zu rügen. Durch das Schuldrechtsmodernisierungsgesetz wurden Sach- und Rechtsmangel im Hinblick auf die Rechtsfolgen gleichgestellt. Der Begriff des Mangels in § 437 BGB als Voraussetzung für die kaufrechtliche Gewährleistung erfasst sowohl den Sachmangel nach § 434 BGB wie auch den Rechtsmangel nach § 435 BGB.

---

285 MünchKommHGB/*Grunewald*, § 377 Rn. 27 & 58; Baumbach/*Hopt*, § 377 Rn. 20 f.

286 MünchKommHGB/*Grunewald*, § 377 Rn. 27 ff.

287 BGHZ 101, 337, 343; Staub/*Brüggemann*, § 377 Rn. 161.

288 So *K. Schmidt*, Handelsrecht, § 29 III 5. a).

289 Koller/*Roth*/Morck, § 377 Rn. 22; *K. Schmidt*, Handelsrecht, § 29 III 5. a).

290 Schimmel/Buhlmann/*Anders*, Frankfurter Handbuch zum neuen Schuldrecht, E. I. Rn. 52.

Soweit in § 377 HGB unverändert nur von einem „Mangel" die Rede ist, sind damit schon dem Wortlaut nach vom Begriff des Mangels als Oberbegriff sowohl der Sach- wie auch der Rechtsmangel als Unterbegriffe erfasst. Um den Mangelbegriff in § 377 HGB auch weiterhin auf den Sachmangel zu beschränken bedürfte es daher gewichtiger Argumente.

Die anders lautenden Vorstellungen des HGB-Gesetzgebers zu § 377 HGB von vor über 100 Jahren sind demgegenüber nachrangig.[291] Eine Berufung auf historische Gesetzesbegründungen nach einem derart langen Zeitraum verhindert eine Anpassung des Rechts an die stets dynamischen tatsächlichen und rechtlichen Rahmenbedingungen. Eine Herausnahme des Rechtsmangels ergibt sich auch nicht aus der Stellungnahme des Bundesrates.[292] An der entsprechenden Stelle werden ausschließlich Sachmängel in Form von Falsch- oder Zuviellieferung behandelt, die nunmehr von § 434 Abs. 3 BGB erfasst sein sollen. Rechtsmängel sind weder ausdrücklich erwähnt noch erkennbar Gegenstand der Ausführungen.

Eine teleologische Reduktion des Mangelbegriffs in § 377 HGB im Sinne einer Beschränkung auf Sachmängel vermag auch der Einwand fehlender Praktikabilität einer Untersuchungs- und Rügeobliegenheit für Rechtsmängel nicht zu rechtfertigen.[293] Diesem Umstand kann im Rahmen der Anforderungen an die Untersuchung (diese hat nur bzw. in einer Art und Weise zu erfolgen, „soweit dies nach ordnungsmäßigem Geschäftsgang tunlich ist") hinreichend Rechnung getragen werden, so dass ggf. von einem verdeckten Mangel auszugehen ist, wenn ein Rechtsmangel allein durch eine Untersuchung der Ware nicht feststellbar ist.

Gegen eine Einschränkung spricht schließlich auch die Systematik des Handelskaufs. Die §§ 373 ff. HGB enthalten Sondernormen, die vom bürgerlich-rechtlichen Kauf abweichen. Soweit jedoch keine verdrängenden Spezialvorschriften vorhanden sind, ergibt sich der kaufrechtliche Rahmen insgesamt ebenso wie die Reichweite einzelner Begriffe aus den §§ 433 ff. BGB. Da § 377 HGB keine abweichende Definition des dort verwendeten

---

291 Baumbach/*Hopt*, § 377 Rn. 12.

292 Schimmel/Buhlmann/*Achilles*, Frankfurter Handbuch zum neuen Schuldrecht, E. I. Rn. 197 mit Verweis auf BT-Drs. 14/6857.

293 So MünchKommHGB/*Grunewald*, § 377 Rn. 47; warum dennoch eine Pflicht zur Mitteilung eines ggf. festgestellten Rechtsmangels aufgrund vertraglicher Nebenpflichten bestehen soll, wirft die Frage auf, warum der Rechtsmangel grundsätzlich aus § 377 HGB ausgenommen werden soll, statt lediglich von einem verdeckten Mangel nach Abs. 2 auszugehen.

Mangelbegriffs enthält, ist auf den in § 437 BGB enthaltenen Mangelbegriff zurückzugreifen.[294]

Sach- und Rechtsmangel sind somit gleichermaßen zu rügen.[295]

4. Rechtsfolgen der unterlassenen Rüge bei Nebenpflichtverletzungen

Nach § 377 Abs. 2 HGB gilt die Ware im Falle einer unterlassenen Anzeige im Hinblick auf den nicht gerügten Mangel als genehmigt. Der Käufer verliert dadurch alle in § 437 BGB genannten Gewährleistungsrechte.[296] Dabei handelt es sich um den Nacherfüllungsanspruch gem. § 437 Nr. 1 i.V.m. § 439 BGB, die Ansprüche auf Schadensersatz, Schadensersatz statt der Leistung und Ersatz vergeblicher Aufwendungen gem. § 437 Nr. 3 i.V.m. §§ 440, 280, 281, 311a, 284 BGB sowie das Recht zum Rücktritt oder zur Minderung des Kaufpreises nach § 437 Nr. 2 i.V.m. §§ 440, 323, 326 Abs. 5, 441 BGB.

Ebenfalls ausgeschlossen sind die Rückgriffsansprüche nach § 478 BGB, da dessen Abs. 6 die uneingeschränkte Geltung des § 377 HGB im Rahmen der Lieferkette festlegt. Dagegen sind nach stetiger Rechtsprechung des BGH[297] und überwiegender Ansicht im Schrifttum[298] deliktische Ansprüche nicht von der Genehmigungsfunktion des § 377 Abs. 2 und 3 HGB erfasst.

Problematisch ist dagegen die Rechtsprechung zu der Frage, welche Rechtsfolgen eine unterlassene Rüge im Zusammenhang mit sog. Nebenpflichtverletzungen hat, die nunmehr einen Schadensersatzanspruch des Käufers gem. §§ 280 ff. BGB zur Folge haben und ihn darüber hinaus entsprechend der §§ 323 ff. BGB zum Rücktritt berechtigen.[299]

Für den Bereich des Kaufrechts ist eine leistungsbezogene Nebenpflicht eine Pflicht, die über die Hauptpflichten zur Lieferung einer mangelfreien Sache hinausgehend den wirtschaftlichen Erfolg der Transaktion sichert,

---

294 Ebenso *Hübner*, Handelsrecht, Rn. 595.

295 Baumbach/*Hopt*, § 377 Rn. 12; *Hübner*, Handelsrecht, Rn. 595; *Jung*, Handelsrecht, § 37 Rn. 8.; a.A. neben den bereits genannten noch *Oetker*, Handelsrecht, § 8 Rn. 33; *Brox*, Handelsrecht, Rn. 345.

296 Ebenroth/Boujong/Joost/*Müller*, Aktualisierungsband, § 377 Rn. 1; Koller/*Roth*/Morck, § 377 Rn.. 24; Baumbach/*Hopt*, § 377 Rn. 48; Müller ZIP 2002, 1178.

297 BGHZ 105, 346, 357; 101, 337, 343.

298 Röhricht/Graf von Westphalen/*Wagner*, § 377 Rn. 49; Staub/*Brüggemann*, § 377 Rn. 168; Schlegelberger/*Hefermehl*, § 377 Rn. 82; Baumbach/*Hopt*, § 377 Rn. 50.

299 *Haas*/Medicus/Rolland/Schäfer/Wendtland, Das neue Schuldrecht, 5. Kapitel, Rn. 57.

d.h. dem Leistungsinteresse des Käufers im weiteren Sinn dient. Gegenstand einer solchen Pflicht sind nur Aspekte, die in die Preisfindung eingeflossen sind und (auch) einem weit verstandenen Äquivalenzinteresse dienen.[300] In der Begründung zum Schuldrechtsmodernisierungsgesetz werden als bedeutendste kaufvertragliche Nebenpflichten u.a. die Pflicht zur Verpackung, Versendung oder Versicherung der Ware, die Pflicht zur Aufklärung, Beratung, Warnung und Bedienungsanleitung sowie Mitwirkungspflichten erwähnt.[301]

Derartige Pflichtverletzungen, die für sich genommen *nicht* auf die Beschaffenheit der Kaufsache bezogen sind und daher auch nichts mit einem Sachmangel zu tun haben, vermitteln Ansprüche aus § 280 BGB, unabhängig davon ob eine Rüge erfolgt ist oder nicht. [302] Dies ergibt sich insoweit eindeutig aus § 377 Abs. 1 HGB, der von einem „Mangel" spricht, den es anzuzeigen gilt. Vom Käufer kann schwerlich verlangt werden etwas zu rügen, was alleine durch die vom Gesetz erwähnte Untersuchung gar nicht festgestellt werden kann (z.B. Versicherung oder Aufklärung).

Ist die Ware dagegen mangelhaft, liegt die Vermutung nahe, dass eine pflichtwidrig unterlassene Anzeige des Mangels, unabhängig davon ob dem Verkäufer zusätzlich eine Nebenpflichtverletzung vorzuwerfen ist, zu einem Ausschluss der genannten Rechte führt. Soweit überzeugt zunächst auch die Rechtsprechung, wenn dementsprechend alle Gewährleistungsansprüche im weiteren Sinne ausgeschlossen sein sollen und damit auch solche, die sich aus der Verletzung von *mit dem Mangel zusammenhängenden Nebenpflichten* ergeben. Schwierigkeiten bereitet jedoch die von der Rechtsprechung vorgenommene Einschränkung der Rügeobliegenheit, wonach der Rechtsverlust diejenigen aus Nebenpflichtverletzungen resultierenden Ansprüche nicht erfassen soll, die *nicht unmittelbar mit dem Mangel* zusammenhängen.[303]

Nach einer Darstellung und Würdigung der wesentlichen Entscheidungen wird im Folgenden nach den Gründen für die Vorgehensweise der Rechtsprechung gesucht. Dabei besteht auch Anlass zu der Überlegung, ob die in diesem Zusammenhang bislang angenommenen Nebenpflichtverletzungen auch nach der Schuldrechtsreform weiterhin bloß als solche oder nunmehr nicht ohnehin wegen des neuen Fehlerbegriffs als Sachmängel anzusehen sind.

300 *Müller/Hempel* AcP 205 (2005), 246, 258.
301 BT-Drs. 14/6040, S. 203.
302 MünchKommHGB/*Grunewald*, § 377 Rn. 94.
303 BGHZ 66, 212; 107, 337; 132, 178.

a) Pflicht zur Verpackung der Ware – „Batteriefall"

Im sog. „Batteriefall" [304] waren gefüllte Batterien anstelle der bestellten ungefüllten Batterien geliefert worden. Der BGH ordnete die Lieferung daher als entweder fehlerhaft oder genehmigungsunfähiges Aliud nach § 378 Hs. 1 HGB a.F. ein. Beim Weitertransport kam es zu einem Brand, da die Batterien vom Verkäufer unzureichend verpackt worden waren. In dieser unzureichenden Verpackung war laut BGH zusätzlich die Verletzung einer Nebenpflicht zu sehen. Entsprechende Schadensersatzansprüche hielt der BGH allerdings nicht nach § 377 Abs. 2 und 3 HGB für ausgeschlossen, da der Schaden *in erster Linie* durch die mangelhafte Verpackung ausgelöst worden sei und nicht durch die Fehlerhaftigkeit bzw. Falschlieferung.

Grundsätzlich kann die Verpackung der Kaufsache unmittelbar einen Mangel darstellen, wenn diese Gegenstand einer Beschaffenheitsvereinbarung ist oder ihre Unzulänglichkeit eine Beeinträchtigung der Eignung der Kaufsache zur vertraglich vorausgesetzten oder gewöhnlichen Verwendung im Sinne von § 434 Abs. 1 S. 2 BGB zur Folge hat.[305] Ansonsten stellt die Pflicht zur Verpackung der Kaufsache für einen erforderlichen Transport eine Nebenpflicht des Verkäufers dar.[306] Folglich sind im Hinblick auf die Konsequenzen einer unterlassenen Rüge im Zusammenhang mit der Verpackung der Kaufsache ebenfalls besagte zwei Konstellationen zu unterscheiden.

Ist die Ware unversehrt angekommen, sind Rechte aufgrund einer Beanstandung der Verpackung wie gesehen nur denkbar, wenn die Verpackung Inhalt des Vertrages und damit Gegenstand einer Beschaffenheitsvereinbarung geworden ist. Dann liegt ein Sachmangel vor, der dem Verkäufer unverzüglich anzuzeigen ist, soweit er für den Käufer erkennbar ist. Ist die Art der Verpackung nicht verabredet worden, mag insoweit zwar tatsächlich noch eine originäre Nebenpflichtverletzung und kein Mangel vorliegen. Da jedoch überhaupt kein Schaden eingetreten ist, hat der Käufer auch keine Ansprüche, zu deren Erhaltung es einer Anzeige bedürfte.

Ist die Sache hingegen auf dem Transport aufgrund einer unzureichenden Verpackung so beschädigt worden, dass sie bei Ankunft mangelhaft im Sinne des § 434 Abs. 1 BGB ist, stehen dem Käufer Gewährleistungsrechte

---

304 BGHZ 66, 208 ff.

305 Henssler/*Graf von Westphalen*, Praxis der Schuldrechtsreform, § 434 Rn. 72 f.

306 Palandt/*Putzo*, § 433 Rn. 35; sie ist nach BGHZ 87, 91 so vorzunehmen, dass bei üblicher Behandlung Schäden an der Kaufsache vermieden werden.

zu.[307] Erkennbarkeit für den Käufer unterstellt, ist dieser Mangel zur Erhaltung der Gewährleistungsrechte nach § 377 Abs. 1 HGB unverzüglich anzuzeigen.

Umstritten ist lediglich der Fall der Beschädigung der Ware wegen einer ungeeigneten Verpackung nach Übergang der Gefahr gem. §§ 446, 447 BGB.[308] Es besteht jedoch kein Grund, diesen Fall im Ergebnis anders zu behandeln, als einen Schadenseintritt vor Gefahrübergang. Der Zeitpunkt des Schadenseintritts hängt häufig nur vom Zufall ab. Im Hinblick auf die Verpackung hat sich der Verkäufer bereits vor Gefahrübergang abschließend mit dem Zustand der Ware befasst. Warum sich eine dabei begangene Pflichtverletzung ohne weitere Einwirkung des Verkäufers alleine wegen des Zeitpunktes des Schadenseintritts im Verhältnis zum Gefahrübergang von einer Haupt- zu einer Nebenpflichtverletzung wandeln soll, leuchtet nicht ein. Selbst nach der Auffassung, die hier die Verletzung einer leistungsbezogenen Nebenpflicht annimmt, soll im Rahmen des Schadensersatzanspruchs § 280 Abs. 1 BGB für die Verjährung § 438 BGB analog angewandt werden. Dies verdeutlicht die Nähe der verletzten Pflicht zur kaufvertraglichen Hauptleistungspflicht.

Führt eine ungenügende Verpackung der Ware zu einem Schaden, liegt somit jedenfalls nach der Schuldrechtsreform stets ein Sachmangel und damit die Verletzung der Hauptleistungspflicht vor. Bereits diese Erkenntnis stünde einer entsprechenden Argumentation de lege lata entgegen.

Die erste von zwei Besonderheiten bestand im vorliegenden BGH-Fall darin, dass der entstandene Schaden nicht alleine durch eine unzureichende Verpackung verursacht worden war, sondern zwei Ursachen hatte. Zum einen beruhte er auf dem eigentlichen Sachmangel (vertragswidriger Ladezustand der Batterien) und zum anderen auf der auf diesem Mangel folgenden Nebenpflichtverletzung (dem tatsächlichen Ladezustand unangemessene Verpackung).

Den Grund der Schadensersatzhaftung nun in erster Linie in der unzureichenden Verpackung als Nebenpflichtverletzung zu sehen, überzeugt jedoch nicht. Die eigentliche Schlechtleistung (Ladezustand) ist für den Schaden mindestens ebenso kausal wie die unzureichende Verpackung. Vielmehr hätte die Verpackung ohne den eigentlichen Mangel gar keine Nebenpflichtverletzung dargestellt, da die Verpackung als solche ja in Ordnung war. War die Verpackung aber für die geschuldete Ware ordnungsgemäß, so

---

307 Henssler/*Graf von Westphalen*, Praxis der Schuldrechtsreform, § 434 Rn. 73; *Müller* ZIP 2002, 1178, 1184.

308 Vgl. *Müller/Hempel* AcP 205 (2005), 246, 269.

wird im Schrifttum einleuchtend angemerkt, macht der Käufer mit seinem Begehren im Grunde doch wieder geltend, die Ware selbst sei nicht ordnungsgemäß gewesen.[309] Damit besteht nicht nur eine Relevanz des durch die Nichtrüge geheilten Mangels[310], die eigentliche Schlechtleistung ist damit sogar die Hauptursache für den Schaden.

Auch der Sinn und Zweck von § 377 HGB spricht dagegen, bei einem (auch) auf einer unzureichenden Verpackung basierenden Schaden trotz unterlassener Anzeige entsprechende Ersatzansprüche zuzugestehen. Ein Hauptanliegen der Untersuchungs- und Rügeobliegenheit ist es gerade, den Käufer zu einer Begutachtung der Ware anzuhalten, um infolge der Anzeige von dabei zu Tage tretenden Mängeln (z.B. potenziellen Gefahrenquellen) wiederum dem Verkäufer die Möglichkeit zur Schadensabwehr zu geben. Wäre wie hier der Mangel als eine der Schadensursachen bei einer Untersuchung erkennbar gewesen, ist es mit dem Sinn und Zweck von § 377 HGB nicht vereinbar eine Nebenpflichtverletzung zu konstruieren, um entsprechende Ersatzansprüche aufrecht erhalten zu können.

Insgesamt ist damit die abstrakte Einordnung der Pflicht zur Verpackung der Kaufsache als Haupt- oder Nebenleistungspflicht im Zusammenhang mit § 377 HGB ohne Belang.[311] Rechte des Käufers hinsichtlich der Art und Weise der Verpackung sind ohnehin nur gegeben, wenn sich diese selbst als Sachmangel darstellt oder zu einem solchen führt. Dieser Mangel ist, soweit erkennbar, nach § 377 Abs. 1 HGB unverzüglich zu rügen. Einen eigenständigen Haftungsgrund kann die Verletzung einer Nebenleistungspflicht in Form einer unzureichenden Verpackung dagegen nicht darstellen.

b) Pflicht zur Anzeige von Produktionsänderungen I – „Schuhlederfall“

Eine ähnliche Kombination aus Nebenpflichtverletzung und Sachmangel lag dem sog. „Schuhlederfall“ [312] zu Grunde. Dort war das gelieferte Leder infolge einer Beschaffenheitsänderung in Form einer geänderten Zurichtung unstreitig mangelhaft. Eine konkrete Beschaffenheit war dagegen nicht vereinbart worden. Trotz unterlassener Rüge wurden Schadensersatzansprüche zugebilligt.

---

309 MünchKommHGB/*Grunewald*, § 377 Rn. 95.

310 Anders *K. Schmidt*, § 29 III 5. b) nach dessen Worten es gerade an der „Relevanz des durch die Nichtrüge geheilten Mangels fehlt“.

311 I.E. ebenso *Müller* ZIP 2002, 1178, 1184.

312 BGHZ 132, 175 ff.

Der BGH nahm auch hier neben der eigentlichen Schlechtleistung eine weitere (Neben-) Pflichtverletzung des Verkäufers an. So treffe den Verkäufer eine Pflicht, auf eine Änderung von Beschaffenheitsmerkmalen der gelieferten Ware hinzuweisen. Begründet wurde dies mit einem schützenswerten Vertrauen des Käufers am Fortbestehen der von ihm gewünschten Beschaffenheit der Ware, welche im Hinblick auf die beabsichtigte Verwendung zur Bestellung führte.[313]

Läge eine vergleichbare Konstellation erneut zur Entscheidung vor, müsste in Fortsetzung der bisherigen Rechtsprechung davon ausgegangen werden, dass neben den Gewährleistungsrechten wegen des Sachmangels gem. § 434 Abs. 1 BGB noch Rechte aus einer Nebenpflichtverletzung wegen der nicht mitgeteilten Beschaffenheitsänderung anerkannt würden, die wiederum nicht von einer ordnungsgemäßen Rüge nach § 377 HGB abhängig wären.

Dem reformierten Gewährleistungsrecht ist hingegen eine andere Wertung zu entnehmen. Aus der Verwendung des Tatbestandsmerkmals der Beschaffenheit in § 434 Abs. 1 S. 1 BGB als Voraussetzung für die Gewährleistungsrechte wird deutlich, wann der Käufer in seinem Vertrauen auf das Vorhandensein (ebenso wie das Fortbestehen!) einer bestimmten Beschaffenheit schützenswert ist, nämlich dann, wenn eine Beschaffenheit *vereinbart* ist. Dieser Wertung widerspräche es, wenn trotz fehlender Vereinbarung von einem schützenswerten Vertrauen des Käufers in die von ihm gewünschte Beschaffenheit als Grundlage für eine entsprechende Nebenpflicht der Verkäufers ausgegangen würde. Gerade von einem Kaufmann bzw. Unternehmer kann erwartet werden, dass er eine bestimmte Beschaffenheit vertraglich vereinbart, wenn diese für ihn von besonderer Bedeutung ist. Daran kann auch eine seit Jahren andauernde Geschäftsbeziehung nichts ändern.

Beschaffenheitsänderungen oder das Unterlassen eines entsprechenden Hinweises auf solche können damit zukünftig einen Sachmangel im Sinne des § 434 Abs. 1 S. 1 BGB begründen, nicht aber eine Nebenpflichtverletzung. Entsprechende Gewährleistungsrechte sind damit ebenfalls von einer ordnungsgemäßen Erfüllung der Untersuchungs- und Rügeobliegenheit des § 377 HGB abhängig.

Im Hinblick auf den ebenfalls vorhandenen Mangel kann auf Ausführungen unter b) in diesem Abschnitt verwiesen werden: Liegt ein Sachmangel vor, besteht eine uneingeschränkte Rügeobliegenheit unabhängig von ei-

313 BGHZ 132, 178.

ner gleichzeitig vorliegenden Nebenpflichtverletzung. Ansonsten würden der Sinn und Zweck von § 377 HGB untergraben.

c) Pflicht zur Anzeige von Produktionsänderungen II – „Wellpappenfall"

Umgekehrt lagen die Dinge im „Wellpappenfall" [314], dem eine stillschweigende Abweichung von der vereinbarten Beschaffenheit der bestellten Wellpappe zu Grunde lag. Ein Sachmangel nach § 459 BGB a.F. konnte dagegen nicht angenommen werden, da eine Minderung der Tauglichkeit zu dem gewöhnlichen oder nach dem Vertrage vorausgesetzten Zweck nicht zu beweisen war. Grundlage für die vom BGH angenommene Schadensersatzhaftung war erneut die im Rahmen einer ständigen Geschäftsbeziehung bestehende Nebenpflicht zur Offenbarung der Produktionsänderung. Da die fraglichen Beschaffenheitsmerkmale jedoch vertraglich vereinbart waren, stellt eine Abweichung von diesen nach § 434 Abs. 1 S. 1 BGB jetzt ausdrücklich einen Sachmangel dar, ohne dass es dann noch auf eine Tauglichkeit bzw. Eignung der Kaufsache ankäme.[315] Allerdings sind die Gewährleistungsrechte aufgrund der Änderung einer vertraglich vereinbarten Beschaffenheit infolge eines Rügeversäumnisses zwingend ausgeschlossen, wenn diese für den Käufer erkennbar war.

Selbst wenn die stillschweigende Abweichung von der vereinbarten Beschaffenheit weiterhin als Verletzung einer leistungsbezogenen Nebenpflicht anzusehen wäre, müsste diese dem Verkäufer angezeigt werden. Einmal mehr gebietet dies der Sinn und Zweck von § 377 HGB, nämlich dem Verkäufer durch die Obliegenheit des Käufers zur Anzeige jeglicher erkennbarer Abweichungen der Ware vom vereinbarten Zustand eine Möglichkeit zur Abwendung erheblicher Schäden zu geben.[316]

---

314 BGHZ 107, 331 ff.

315 So auch *Haas*/Medicus/Rolland/Schäfer/Wendtland, Das neue Schuldrecht, 5. Kapitel, Rn. 57 der hier jetzt ebenfalls die Annahme eines Sachmangels für nahe liegend hält.

316 In diesem Sinne auch MünchKommHGB/*Grunewald*, § 377 Rn. 94, die die Ansprüche infolge eines unterlassenen Hinweises auf eine geänderte Zusammensetzung der Kaufsache wegen des unmittelbaren Zusammenhangs mit der Beschaffenheit der Kaufsache von einer ordnungsgemäßen Rüge abhängig macht, selbst wenn diese keinen Fehler beinhaltet.

d) Pflicht zur zutreffenden Angabe des Gewichts der Kaufsache

Schließlich hat der BGH entschieden, dass Schadensersatzansprüche des Käufers wegen einer Verletzung der vom Verkäufer vertraglich übernommenen Nebenpflicht, das Gewicht der Kaufsache zutreffend anzugeben, nicht davon abhängig sind, dass der Käufer ein von dieser Angabe abweichendes tatsächliches Gewicht der Lieferung unverzüglich rügt.[317] In diesem Fall war das tatsächliche Gewicht der Ware für sich genommen nicht ausschlaggebend. Vor dem Hintergrund der Zollpflichtigkeit der Lieferung ins Ausland waren lediglich die genauen Gewichtsdaten verbindlich mitzuteilen. Aus diesem Grund wichen die gelieferten Waren auch nicht von der vertraglich geschuldeten Beschaffenheit ab, so dass tatsächlich kein Sachmangel vorlag. Die dem Käufer aufgrund des Übergewichts entstandenen Mehrkosten konnte dieser daher als durch die Nebenpflichtverletzung verursachten Schaden geltend machen, ohne die Gewichtsdifferenz entsprechend gerügt zu haben.

An dieser rechtlichen Würdigung hat sich durch die Schuldrechtsreform nichts geändert. Es handelt sich nach wie vor um eine originäre Nebenpflichtverletzung. Da kein Sachmangel vorliegt, ist diesbezüglich auch keine Rüge erforderlich.[318]

e) Weitergehende Würdigung der dargestellten BGH-Rechtsprechung

Die Bedeutung von Nebenpflichtverletzungen im Zusammenhang mit § 377 HGB überzeugt in dem bisher vom BGH angenommenen Ausmaß auch aus systematischen Gründen nicht. Dies gilt insbesondere für die Argumentation, es mache für die Untersuchungsobliegenheit keinen Unterschied, dass sich die Nebenpflichtverletzung als Sachmangel darstellt, jedenfalls erscheine es aufgrund des Inhalts der Nebenpflicht nicht geboten, den Käufer mit einer Untersuchungsobliegenheit zu belasten. Die Rügeobliegenheit entfalle zwar nicht, so der BGH, entstehe jedoch erst, sobald der Käufer die Beschaffenheitsänderung erkennt oder erkennen kann, was der Fall sei, wenn deren Auswirkungen deutlich werden. Der Verkäufer befinde sich in

317 BGH MDR 1992, 656.

318 Etwas anderes würde jedoch gelten, wenn die Gewichtsangabe beispielsweise auf der Kaufsache angebracht werden sollte. Dann läge wohl wieder eine Beschaffenheitsvereinbarung und somit eine mit der unter b) bzw. c) dargestellten vergleichbare Konstellation vor.

derselben Lage wie derjenige, der eines bis dahin versteckten Mangels gewärtig wird.[319]

Problematisch ist dabei im Grunde schon die Aufteilung von § 377 HGB in eine jeweils selbstständige Untersuchungsobliegenheit und Rügeobliegenheit. Eine eigenständige Obliegenheit zur Untersuchung der Kaufsache ist dem Gesetz nicht zu entnehmen, da auch eine ohne vorherige Untersuchung, jedoch im Übrigen ordnungsgemäße Anzeige eines (z.B. offensichtlichen oder durch Dritte festgestellten) Mangels den Anforderungen des § 377 Abs. 1 HGB genügt.[320] Die Anforderungen an die Untersuchung dienen der Feststellung, bezüglich welcher Mängel eine Anzeige erwartet wird, d.h. welche Mängel als erkennbar einzustufen sind.

Weiterhin ist in § 377 HGB von „einem Mangel" die Rede, der, sofern erkennbar, anzuzeigen ist. Unterbleibt die Anzeige, gilt die Ware im Hinblick auf den nicht angezeigten Mangel als genehmigt. Nach dem Sinn und Zweck der Rügeobliegenheit soll damit der nicht gerügte Mangel keine rechtlichen Konsequenzen mehr haben, wenn der Käufer die Möglichkeit hatte, diesen zu erkennen, ihn aber nicht anzeigt. Die Ursache für den Mangel ist dabei unerheblich. Außer für arglistig verschwiegene Mängel (Abs. 5) existiert auch keine Ausnahme für bestimmte Mängel.

Führt eine Nebenpflichtverletzung vor Gefahrübergang zu einem Schaden an der Ware, liegt ein Sachmangel vor. Dem Umstand, dass dieser Mangel auf einer Nebenpflichtverletzung beruht, kann daher hinsichtlich des Erfordernisses einer unverzüglichen Rüge bzw. der Reichweite der Genehmigungsfunktion keine eigenständige Bedeutung zukommen.[321] Lediglich wenn die Nebenpflichtverletzung (soweit es sich tatsächlich noch um eine solche handelt!) in keinerlei Zusammenhang mit einem Mangel steht, sie also beispielsweise erst nach Gefahrübergang zu einem Schaden an der Kaufsache oder anderen Sachen des Käufers führt, werden daraus resultierende Ansprüche auch künftig nicht von der Genehmigungsfiktion des § 377 Abs. 2 HGB erfasst.[322] Selbst wenn kein Sachmangel im eigentlichen Sinn vorliegt, der anzuzeigen wäre, kommt ein Verlust entsprechender Ansprüche infolge einer unterlassenen Anzeige dann in Betracht, wenn die Neben-

---

319 BGHZ 132, 175, 178 f.

320 *Jung*, Handelsrecht, § 37 Rn. 8; *Brox*, Handelsrecht, Rn. 354.

321 Ähnlich *Hübner*, Handelsrecht, Rn. 634 ff.

322 MünchKommHGB/*Grunewald*, § 377 Rn. 95; *Hübner*, Handelsrecht, Rn. 634 ff.; in diese Richtung auch OLG Naumburg, JZ 2001, 550, wonach „§ 377 HGB dann nicht eingreift, wenn der Verkäufer eine *nicht* mit einem Sachmangel (...) zusammenhängende Nebenpflicht verletzt."

pflichtverletzung in unmittelbarem Zusammenhang mit der Beschaffenheit der Kaufsache steht.[323]

Schließlich ist auch die vom BGH vorgenommene analoge Anwendung von § 377 Abs. 3 HGB wegen der bewussten Änderung von Beschaffenheitsmerkmalen und gleichwohl unterlassenem Hinweis einigen Bedenken ausgesetzt. Die Verletzung dieser im Rahmen von andauernden Geschäftsbeziehungen vermeintlich bestehenden Hinweispflicht soll, soweit man sie überhaupt anerkennt, den Käufer unabhängig von eventuellen Sachmängeln vor Schäden bewahren, so dass es an einer vergleichbaren Sachlage als Voraussetzung einer Analogie fehlt.[324]

f) Bedeutung von Nebenpflichtverletzungen nach der Schuldrechtsreform

Die meisten der vom BGH in diesem Zusammenhang bislang festgestellten Nebenpflichtverletzungen, die rügeunabhängige Ersatzansprüche des Käufers zur Folge hatten, stellen sich mittlerweile als Sachmängel dar. Damit ist der Spielraum für die Annahme von Nebenpflichtverletzungen deutlich eingeengt worden.

Darüber hinaus ist auch das Bedürfnis nach einer entsprechenden Vorgehensweise in zweierlei Hinsicht zurückgegangen. Zum einen ging es dem BGH vermutlich auch darum, mithilfe der besagten Nebenpflichtverletzungen überhaupt einen Haftungsgrund für den begehrten Schadensersatz auszumachen. Bislang konnte der Käufer wegen einer mangelhaften Kaufsache Schadensersatz nur verlangen, wenn dieser eine zugesicherte Eigenschaft fehlte oder der Verkäufer den Mangel arglistig verschwiegen hatte, §§ 463, 480 Abs. 2 BGB a.F. Zwar hatte die Rechtsprechung diese Anspruchsgrundlagen nicht als abschließende Sonderregelungen verstanden. Darüber hinausgehende, auf einem Verschulden des Verkäufers beruhende Schadensersatzansprüche nach den Grundsätzen der positiven Vertragsverletzung billigte sie dem Käufer im Übrigen lediglich in Bezug auf sog. Mangelfolgeschäden zu,[325] die jedoch einer ordnungsgemäßen Rüge bedurften. Durch das Schuldrechtsmodernisierungsgesetz soll der Käufer im Fall der Lieferung einer mangelhaften Sache grundsätzlich sowohl einen Anspruch auf Ersatz des Schadens, der in dem Mangel der Sache selbst liegt sowie der Schäden, die durch die Mangelhaftigkeit der Kaufsache an anderen Rechts-

323 MünchKommHGB/*Grunewald*, § 377 Rn. 94.
324 *Hübner*, Handelsrecht, Rn. 636 ff.; Baumbach/*Hopt*, § 377 Rn. 49.
325 BGHZ 101, 337, 339; 77, 215, 217.

gütern als der Kaufsache selbst entstanden sind, erhalten.[326] Daher verweist das kaufvertragliche Gewährleistungsrecht in § 437 Nr. 3 BGB nunmehr auf den allgemeinen Schadensersatzanspruch des § 280 BGB. Die Annahme einer Nebenpflichtverletzung als Grundlage für einen Schadensersatzanspruch ist dementsprechend nicht mehr zwingend notwendig.[327] Allerdings schließt eine unterlassene bzw. nicht den Anforderungen des § 377 HGB entsprechende Rüge sowohl Ansprüche wegen eines Mangel- wie auch eines Mangelfolgeschadens aus.[328]

Zum anderen ist die bislang große Bedeutung der kaufvertraglichen Nebenpflichten in der Rechtsprechung darauf zurückzuführen, dass die nahezu einhellig als zu kurz angesehene Verjährungsfrist des § 477 BGB a.F. auch auf den verschuldensabhängigen Anspruch des Verkäufers aus positiver Vertragsverletzung anwendbar war.[329] Das Bedürfnis für derartige „Ersatzstrategien“[330] hat mit der grundsätzlich auf zwei Jahre verlängerten kaufrechtlichen Verjährung des § 438 Abs. 1 Nr. 3 BGB und der nunmehr dreijährigen Regelverjährung in § 195 BGB weiter abgenommen.[331]

Insgesamt besteht somit kein Anlass mehr, im Fall einer mangelhaften Lieferung auf Nebenpflichtverletzungen auszuweichen.[332] Nichtsdestotrotz sind natürlich auch weiterhin zahlreiche kaufvertragliche Nebenpflichten denkbar, wie z.B. die Pflicht zur Herausgabe von Urkunden oder zur Beratung.[333] Nach *Müller/Hempel* [334] lassen sich dabei folgende Fallgruppen unterscheiden: Mitwirkungspflichten, informationsbezogene Nebenpflichten, übergabebezogene Nebenpflichten, Dauerpflichten sowie reine Schutzpflichten. Wegen der verbleibenden Unterschiede in den Rechtsfolgen sind

---

326 BT-Drs. 14/6040, S. 225.

327 *Müller/Hempel* AcP 205 (2005), 246, 262.

328 Staudinger/*Matusche-Beckmann*, § 478 Rn. 146; *Hübner*, Handelsrecht, Rn. 632.

329 BGHZ 107, 249, 252; Soergel/*Huber*, vor § 459 Rn 67 ff; *Müller* ZIP 1997, 661, 667 m.w.N.

330 Vgl. *Emmerich*, Festschrift Jahr, S. 271.

331 Baumbach/*Hopt*, § 377 Rn. 1 bezogen auf Nebenpflichtverletzungen im Zusammenhang mit § 377 HGB; zu Nebenpflichten des Verkäufers generell *Müller/Hempel* AcP 205 (2005), 246, 262.

332 *Haas*/Medicus/Rolland/Schäfer/Wendtland, Das neue Schuldrecht, 5. Kapitel, Rn. 56.

333 Palandt/*Putzo*, § 433 Rn. 22 ff. mit weiteren Beispielen.

334 *Müller/Hempel* AcP 205 (2005), 246, 262 ff.

diese auch künftig vom Begriff des Sachmangels abzugrenzen, sofern ein Bezug zu den Eigenschaften der Kaufsache dazu Anlass gibt.[335]

Sämtliche Gewährleistungsrechte sind, einen beidseitigen Handelskauf natürlich stets vorausgesetzt, von einer ordnungsgemäßen Rüge nach § 377 HGB abhängig. Nach hier vertretener Auffassung ist die unterbliebene Anzeige einer Nebenpflichtverletzung nur dann unschädlich, wenn es sich um eine reine Nebenpflichtverletzung handelt, die in keinem Zusammenhang mit Beschaffenheit der Ware steht.

II. Umgehungsversuche

Eine Gesamtschau der Entscheidungen zu § 377 HGB zeigt, dass der BGH in der Vergangenheit mehrfach nach Wegen gesucht hat, um dem Verkäufer im Falle einer schuldhaften Schlechtleistung eine Berufung auf die Genehmigungsfunktion zu verwehren.[336] Ein weiterer Grund für die eben dargestellte große Bedeutung der Nebenpflichtverletzungen ist somit das Bestreben der Rechtsprechung, den Anwendungsbereich bzw. die drastischen Rechtsfolgen der Untersuchungs- und Rügeobliegenheit insgesamt einzuschränken.

Auch das Regel-Ausnahme-Verhältnis in § 378 Hs. 2 HGB a.F., wonach das genehmigungsfähige Aliud die Regel und das genehmigungsunfähige die Ausnahme ist, wurde zuweilen nahezu umgekehrt.[337] Mit der Schuldrechtsreform wurde § 378 HGB allerdings ersatzlos gestrichen und die Rügeobliegenheit auf das bisher genehmigungsunfähige Aliud erstreckt. Eine Ausnahme von der Rügeobliegenheit kann daher grundsätzlich nicht mehr mit der Genehmigungsunfähigkeit der Kaufsache begründet werden. Da § 377 HGB aber nach wie vor unverändert geblieben ist, liegt die Vermutung nicht fern, dass künftig nach anderen Wegen gesucht wird, um den Käufer vor einer uneingeschränkten Anwendung der Vorschrift zu bewahren.[338] Stattdessen sollte lieber gleich über eine „Entschärfung“ der Vorschrift selbst de lege ferenda nachgedacht werden. Darauf wird im 3. Teil dieser Arbeit eingegangen werden.

---

335 *Haas*/Medicus/Rolland/Schäfer/Wendtland, Das neue Schuldrecht, 5. Kapitel, Rn. 57.

336 *Müller* ZIP 2002, 1178, 1178.

337 BT Drs. 14/6040 S. 216; *Emmerich* JuS 1997, 98, 102.

338 *Müller* ZIP 2002, 1178, 1186; ders. ZIP 1997, 661, 670.

III. Der Unternehmerrückgriff nach § 478 BGB im Verhältnis zu § 377 HGB

Häufig hat derjenige Unternehmer, der eine neu hergestellte Sache an einen Verbraucher verkauft, die Sache ebenfalls von einem anderen Unternehmer (Lieferant) erworben und nicht etwa selbst hergestellt. Musste dieser letzte Unternehmer in einer Lieferkette (sog. Letztverkäufer) die Sache infolge ihrer Mangelhaftigkeit zurücknehmen oder hat der Verbraucher den Kaufpreis gemindert, erleichtert ihm § 478 BGB den Rückgriff innerhalb der Lieferkette. Abs. 1 befreit ihn dabei von dem Erfordernis einer Fristsetzung. Das hat zur Folge, dass sein Anspruch nicht durch eine Ersatzlieferung abgewehrt werden kann.[339] Daneben hat der Letztverkäufer noch einen selbstständigen Aufwendungsersatzanspruch nach Abs. 2. Entsprechendes gilt nach Abs. 5 für die Ansprüche des Lieferanten und der übrigen Käufer in der Lieferkette gegen die jeweiligen Verkäufer.[340]

Der jeweilige Lieferant ist damit im Falle der Mangelhaftigkeit der Ware bei Gefahrübergang grundsätzlich einer nach § 478 BGB erweiterten bzw. verschärften Haftung ausgesetzt.

1. Grundsätzlich doch unveränderte Rügeobliegenheit – § 378 HGB-E

§ 378 HGB-E sah in diesem Zusammenhang zunächst eine Regelung vor, wonach eine Rügeobliegenheit gem. § 377 HGB dann nicht vorliegen sollte, wenn der Käufer die Ware vor Entdeckung oder Erkennbarkeit des Mangels ganz oder teilweise im normalen Geschäftsverkehr verkauft oder der normalen Verwendung entsprechend verbraucht oder verändert hat.[341] Damit wäre die Erfüllung der Rügeobliegenheit keine Voraussetzung für den (erleichterten) Rückgriff bzw. den Aufwendungsersatzanspruch des Letztverkäufers gewesen und die im Folgenden noch zu behandelnde Frage der Vereinbarkeit mit der Verbrauchsgüterkaufrichtlinie hätte sich erst gar nicht gestellt. Der Entwurf sah sich jedoch einiger Kritik ausgesetzt.[342] Insbesondere hätte eine entsprechende Einschränkung der Untersuchungs- und Rügeobliegenheit geradezu einen Anreiz dargestellt, die mangelhafte Ware bei

339 Palandt/*Putzo*, § 478 Rn. 10.

340 Zu den allgemeinen Grundsätzen der Rügelast des Zwischenhändlers *K. Schmidt*, Handelsrecht, § 29 III 4.

341 BT-Drs. 14/6040 S. 44; dazu Staudinger/*Matusche-Beckmann*, § 478 Rn. 154 f.

342 Vgl. Schimmel/Buhlmann/*Achilles*, Frankfurter Handbuch zum neuen Schuldrecht, E. I. Rn. 185; *Schubel* JZ 2001, 1113, 1119 mit weiteren Nachweisen.

verspäteter Rüge noch weiterzuverkaufen.[343] Dem Vorschlag des Bundesrates, § 378 HGB-E nicht umzusetzen und § 378 HGB a.F. damit ersatzlos zu streichen,[344] stimmte der Bundestag dann zu.[345]

Nunmehr ist in § 478 Abs. 6 HGB klar gestellt, dass die Untersuchungs- und Rügeobliegenheit grundsätzlich auch bei einem Weiterverkauf an einen Verbraucher bestehen bleibt.

2. *Vereinbarkeit von § 478 Abs. 6 BGB i.V.m. § 377 HGB mit der Verbrauchsgüterkaufrichtlinie*

Im Zuge der Schuldrechtsreform wurde die Frage aufgeworfen, ob § 377 HGB mit Europarecht unvereinbar und damit unanwendbar ist, soweit er den durch die Verbrauchsgüterkaufrichtlinie geforderten und in § 478 BGB umgesetzten Rückgriff im Rahmen des Verbrauchsgüterkaufs unterbindet.[346]

Ausweislich Art. 4 RL 1999/44/EG (Verbrauchsgüterkaufrichtlinie) bleibt es jedoch dem innerstaatlichen Recht überlassen, die Modalitäten der Rückgriffsrechte zu bestimmen. Um beispielsweise den Besonderheiten des Handelsverkehrs Rechnung zu tragen, kann der Gesetzgeber nach Ansicht des Bundesrates daher zusätzliche Voraussetzungen für die Haftung festlegen, zumal die Richtlinie in erster Linie dem Verbraucherschutz diene und nicht den Interessen des Letztverkäufers.[347] Der aus der französischen Fassung der Richtlinie übernommene Begriff „modalité" bedeutet übersetzt auch „Bedingung".[348] Bei dem Erfordernis einer Mangelrüge handelt es sich um nichts anderes als um eine Bedingung des Rückgriffsanspruchs nach § 478 BGB.[349] Doch selbst wenn man die tatbestandlichen Voraussetzungen nicht zu den Modalitäten zählt, bliebe den Mitgliedstaaten ein hinreichender Spielraum bei der Ausgestaltung eines solchen Anspruchs.[350]

---

343 *Knütel* NJW 2001, 2519, 2521; Baumbach/*Hopt*, § 377 Rn. 48.

344 BR-Drs. 338/01 S. 85 f. mit weiteren Argumenten.

345 BT-Drs. 14/6857 S. 40 f., 72.

346 *Brüggemeier* WM 2002, 1376, 1386.

347 BR-Drs. 338/01 S. 86.

348 Wörterbuch der Rechts- und Wirtschaftssprache, Teil I Französisch-Deutsch, S. 390.

349 Ebenso Schimmel/Buhlmann/*Achilles*, Frankfurter Handbuch zum neuen Schuldrecht, E. I. Rn. 196.

350 Ernst/Zimmermann/*Roth*, S. 252 f. mit Hinweis auf den sog. „effet utile".

Darüber hinaus erscheint es unwahrscheinlich, dass der Richtliniengesetzgeber einer Regelung im Recht der Mitgliedstaaten Schranken setzen wollte, wie sie mit Art. 39 Abs. I CISG auch im UN-Kaufrecht existiert, dem häufig Vorbildfunktion zukommt.[351]

Im Ergebnis wird § 377 HGB daher zu Recht überwiegend als richtlinienkonform angesehen.[352]

3. Tatsächliche Bedeutung von § 377 HGB im Rahmen des § 478 BGB

Der Zwischenhändler ist damit zwar grundsätzlich zu einer eigenen Untersuchung und ggf. Rüge verpflichtet, will er einen Verlust seiner Rechte gegenüber dem Lieferanten/Hersteller vermeiden[353] und § 377 HGB kann demnach durchaus auch zu einem Verlust der Gewährleistungs- bzw. Rückgriffsrechte innerhalb der Lieferkette führen. Von *Haas* wurde jedoch zutreffend darauf hingewiesen, dass dies nur den kleineren Teil der Fälle betrifft, da eine Untersuchung ohnehin nur dann geschuldet ist, „soweit dies nach ordnungsmäßigem Geschäftsgange tunlich ist" und auch nicht jede hinreichende Untersuchung tatsächlich zur Entdeckung eines Mangels führt. So müsse beispielsweise bei der Lieferung einer größeren Zahl von Stücken nicht jedes einzelne untersucht werden. Auch könnten viele Herstellungsmängel nur durch einen nach § 377 HGB regelmäßig nicht geschuldeten Probebetrieb und nicht alleine durch eine Untersuchung festgestellt werden. Bei originalverpackten technischen Geräten sei häufig nicht mehr als eine Sichtkontrolle auf äußere Beschädigungen möglich.[354] Auch bei besonders wertvollen Artikeln sei dem Zwischenhändler eine Ingebrauchnahme nicht zuzumuten, wenn die Ware dadurch unverkäuflich würde. Was allgemein noch als tunlich anzusehen ist, sei eine Frage der „Abwägung der gegenseitigen Interessen nach objektiven Gesichtspunkten wie etwa Kosten, Zeitaufwand oder Erfordernis technischer Kenntnisse".[355] Nach der Rechtsprechung ist die Untersuchung auf solche Mängel auszu-

---

351 Ernst/Zimmermann/*Roth*, S. 252 f.

352 Ernst/Zimmermann/*Roth*, S. 252 f.; *Ernst/Gsell* ZIP 2001, 1389, 1401; *von Sachsen Gessaphe* RIW 2001, 721, 732 f.; Baumbach/*Hopt*, § 377 Rn. 48; so auch die Ansicht von Bundestag und Bundesrat, BT-Drs. 14/6857 S. 40 f., 72.

353 *Jung*, Handelsrecht, § 37 Rn. 13.

354 *Haas*/Medicus/Rolland/Schäfer/Wendtland, Das neue Schuldrecht, 5. Kapitel, Rn. 487.

355 Staudinger/*Matusche-Beckmann*, § 478 Rn. 149.

richten, die bei einer mit verkehrs-üblicher Sorgfalt durchgeführten Prüfung der Ware sichtbar werden.[356]

Auch wenn § 478 Abs. 6 BGB i.V.m. § 377 HGB als richtlinienkonform angesehen wird, so kann schließlich das Gebot einer effektiven Umsetzung der Rechtlinienvorgabe ggf. eine Einschränkung der Anforderungen an eine nach ordnungsmäßigem Geschäftsgang tunliche Untersuchung gebieten.[357]

Nur wenn eine Untersuchung tatsächlich nach ordnungsmäßigem Geschäftsgange tunlich gewesen wäre, führt ein nicht ordnungsgemäß angezeigter Mangel zu einem Verlust jeglicher, nicht nur der verschärften bzw. erweiterten Rückgriffsrechte.

a) Hinausgeschobene Untersuchungsobliegenheit

Wie erwähnt ist eine Inbetriebnahme zwecks Untersuchung in der Regel nicht geschuldet. Insbesondere bei teuren Kaufgegenständen wie z.B. neuen Kraftfahrzeugen ist daher eine auch nur teilweise Ingebrauchnahme nicht zumutbar und damit untunlich, sofern die Ware dadurch unverkäuflich würde. Allerdings wurde in diesem Fall bisher lediglich angenommen, dass die Untersuchungsobliegenheit von den Parteien durch stillschweigende Vereinbarung bis zur Ingebrauchnahme beim Endabnehmer hinausgeschoben wurde .[358]

Um der Rügeobliegenheit gegenüber seinem Lieferanten zu diesem Zeitpunkt aber nachkommen zu können, müsste der Letztverkäufer den Endabnehmer ebenfalls zu einer unverzüglichen Untersuchung verpflichten. Ist der Endabnehmer jedoch ein Verbraucher, wie von § 478 BGB ja gerade vorausgesetzt, ist dies nicht nur nach nationalem Recht äußerst problematisch. Nicht zuletzt stünde dem auch Art. 5 Abs. 2 der Verbrauchsgüterkaufrichtlinie entgegen.

Es überzeugt daher, hier nicht nur von einem Hinausschieben sondern von einem Entfallen der Untersuchungsobliegenheit auszugehen, da eine solche dann nicht „nach ordnungsmäßigem Geschäftsgange tunlich" ist.[359]

---

356 BGHReport 2003, 285.

357 *Jung*, Handelsrecht, § 37 Rn. 14.

358 Staub/*Brüggemann*, § 377 Rn. 91; vgl. *Steck* NJW 2002, 3201, 3203.

359 Staudinger/*Matusche-Beckmann*, § 478 Rn. 150; *Steck* NJW 2002, 3201, 3203.

b) Untunliche Untersuchung – verdeckte Mängel

Hat der Letztverkäufer seinem Lieferanten nicht unverzüglich nach Ablieferung der Ware einen bereits vorhandenen Mangel angezeigt, sind zwei Gründe denkbar, warum er seine Rückgriffsansprüche gegenüber dem Lieferanten trotz § 377 HGB weiterhin geltend machen könnte, falls der Endabnehmer ihn mit entsprechenden Gewährleistungsrechten konfrontiert. Entweder war der Mangel im Rahmen einer ordnungsgemäßen Untersuchung nicht erkennbar oder eine solche war überhaupt nicht erforderlich, weil untunlich.

Nichtsdestotrotz hat der Lieferant aber auch in diesen Fällen ein durchaus berechtigtes Interesse daran, so bald wie möglich über den Mangel informiert zu werden. Die ihm dadurch entstehenden Kosten lassen sich regelmäßig umso geringer halten, je eher er von dem Mangelbegehren des Verbrauchers gegenüber dem Letztverkäufer erfährt. So kann er möglicherweise weitergehende Schäden verhindern oder zusätzliche Kosten für Reparatur, Ersatzteile usw. vermeiden. Zu diesem Zweck ist die Festsetzung einer Pflicht zur Anzeige des Mangels durch den Käufer, der die Sache von dem Lieferanten erworben und weiterverkauft hat, in AGB in Betracht zu ziehen.[360] Doch kann bereits de lege lata aufgrund von § 377 HGB von einer entsprechenden Obliegenheit des Letztverkäufers ausgegangen werden. Denn durch das Gewährleistungsbegehren des Verbrauchers „zeigt sich" ein bis dahin verdeckter Mangel der Kaufsache im Sinne von § 377 Abs. 3 HGB, den der Käufer nach ebendieser Vorschrift unverzüglich nach Entdeckung, hier also der Mitteilung des Verbrauchers, seinem Verkäufer anzuzeigen hat. Unterlässt der Händler dies, verliert er aufgrund der Genehmigungsfunktion seine Gewährleistungsrechte ebenso wie den Aufwendungsersatzanspruch nach § 478 Abs. 2 BGB.[361]

Hat der Letztverkäufer die Ware zwar ordnungsgemäß untersucht, einen verdeckten Mangel aber nicht feststellen können oder war eine Untersuchung entbehrlich, besteht für ihn aufgrund von § 377 HGB somit dennoch eine Obliegenheit zur unverzüglichen Anzeige eines beim Verbraucher aufgetretenen und von diesem mitgeteilten Mangel.[362]

---

360 Vgl. das Beispiel bei *Matthes* NJW 2002, 2505, 2508.

361 *Matthes* NJW 2002, 2505, 2508; *Schubel* ZIP 2002, 2061, 2070 f.

362 *Steck* NJW 2002, 3201, 3203; *Oetker*, Handelsrecht, § 8 Rn. 67; *Jung*, Handelsrecht, § 37 Rn. 13.

c) Durchlieferung

Schließlich stellt sich die Frage, wie es sich mit der Rügeobliegenheit des Letztverkäufers verhält, wenn sein Lieferant die Ware aufgrund einer vertraglichen Vereinbarung direkt an den Verbraucher ausgeliefert hat. Nach der bislang zur sog. Durchlieferung ergangenen Rechtsprechung kann der rügepflichtige Käufer zwar grundsätzlich den Befund seines Abnehmers abwarten. Es könne dem Verkäufer aber nicht zugemutet werden, länger über die Entschließung seines Vertragsgegners im Ungewissen zu bleiben, als es die Verständigung zwischen dem Käufer und dem Dritten erfordert. Daher sei es Sache des Käufers, sich den alsbaldigen Bescheid seines Abkäufers zu sichern.[363]

Dies ist vertretbar, solange es sich bei dem Abkäufer auch um einen Kaufmann handelt, weil dieser dann ebenfalls einer (ggf. durch AGB modifizierten) Untersuchungs- und Rügeobliegenheit unterworfen ist. Denn nur in diesen Fällen kommt tatsächlich eine Obliegenheitsverletzung des Abkäufers in der Form einer unterlassenen Rüge in Betracht, die dem Letztverkäufer gem. § 278 BGB als eigene zugerechnet werden könnte.[364] Was allerdings geschehen soll, wenn der Abkäufer kein Kaufmann ist, bleibt unklar. Insbesondere einen Verbraucher kann der Letztverkäufer wie gesehen nicht zu einer unverzüglichen Untersuchung verpflichten. Ob von einem gegenüber seinem Lieferanten rügepflichtigen Letztverkäufer dann erwartet werden kann, auf gut Glück mehrmals bei seinem nicht rügepflichtigen Abkäufer nachzufragen, ob die Ware schon einer Überprüfung unterzogen bzw. in Gebrauch genommen wurde, scheint zweifelhaft. Angemessen und ausreichend ist vielmehr auch hier, von einer Anzeigeobliegenheit des Letztverkäufers gegenüber seinem Lieferanten auszugehen, sobald er von einem Sachmangel erfährt. Darauf wird sich der Lieferant zumeist auch einstellen können, da er im Rahmen seiner Lieferung regelmäßig wird erkennen können, ob er an einen anderen Kaufmann liefert oder an einen Verbraucher, von dem keine unverzügliche Untersuchung erwartet werden kann.

d) Fazit

Im Zusammenhang mit § 478 BGB besteht somit eine erweiterte Rügeobliegenheit nach § 377 HGB im Verhältnis der Glieder einer Lieferkette zu-

363 RG 102, 91 f.; BGHZ 110, 130, 138 f.; *K. Schmidt*, Handelsrecht, § 29 III. 4) b); Staub/*Brüggemann*, § 377 Rn. 111.

364 Ohne diese Unterscheidung *Jung*, Handelsrecht, § 37 Rn. 13.

einander. Neben den Mängeln, die bei einer eigenen Untersuchung entdeckt werden und anzuzeigen sind, trifft einen Unternehmer nunmehr auch eine Obliegenheit, seinen Lieferanten unverzüglich über die Entdeckung eines Mangels bzw. Geltendmachung von Gewährleistungsrechten durch seinen Abkäufer ihm gegenüber zu informieren. Damit verschiebt sich der Normzweck der Untersuchungs- und Rügeobliegenheit innerhalb der Lieferkette von der Beschleunigungsfunktion zur Schadensabwehr- und Schadensminderungsfunktion.[365] Doch auch diese ist ein originäres Anliegen von § 377 HGB. In der Praxis scheint allerdings aufgrund der damit verbundenen erheblichen Risiken bis auf weiteres eine klar stellende AGB-Klausel empfehlenswert.[366]

IV. Bedeutungsverlust von § 377 HGB

Es fragt sich, ob § 377 HGB mittlerweile überflüssig bzw. mehr hinderlich als hilfreich geworden ist, wie es vereinzelte kritische Stimmen behaupten.

1. Veränderte Rahmenbedingungen von § 377 HGB

Mehrfach wiedergegeben wird in der Literatur die „durch viele Diskussionen gewonnene" Erkenntnis von *D.Schmidt*, nach der unter Kaufleuten und dabei vor allem von Mitarbeitern von Produktionsbetrieben die Regelung des § 377 HGB als technisch überholt und antiquiert abgetan wird.[367] Ferner würde die Rügefrist lediglich den besonderen Bedürfnissen des Großhandels in Rohstoffen und Landesprodukten entsprechen. Für den Industriekauf fehle ihr hingegen die Berechtigung, weshalb sie in der Industrie auf Unverständnis stoße.[368] Dies liege auch daran, dass das Problem der Beweissicherung zurücktrete, wenn es sich statt um äußere Beschädigungen um Produktfehler handelt. Weiterhin hätten die Fragen der Minderung und

365 *Schubel* ZIP 2002, 2061, 2071.

366 *Matthes* NJW 2002, 2505, 2508; z.B. : „Der Käufer verpflichtet sich, ihm nach einem Weiterverkauf der Ware bekanntgewordene Sachmängel dem Verkäufer innerhalb von drei Tagen mitzuteilen. Unterläßt er dies, verliert er jegliche Rückgriffs- und Gewährleistungsrechte."

367 *D. Schmidt* NJW 1991, 144, 148 f; wiedergegeben von *Huber* ZHR 161 (1997), 160, 185; Müller ZIP 2002, 1178, 1185.

368 *Huber* ZHR 161 (1997), 160, 184 f.; ähnlich Ernst/Gsell ZIP 2000, 1410, 1426.

des Notverkaufs nicht das gleiche Gewicht, wie in den Fällen des Handels mit Rohstoffen und Landesprodukten.[369]

Immer komplexer und technisch anspruchsvoller werdende Handelsgüter stellten den Käufer zudem vor völlig neue Probleme. Art und Umfang einer hinreichenden Untersuchung solcher Waren hätten sich entscheidend verändert. Zwar hätten sich die technischen Möglichkeiten des Untersuchungspflichtigen ebenfalls verbessert, doch stünden nicht jedem Erwerber entsprechend moderne Prüfungsmethoden zur Verfügung. Ein unverhältnismäßig hoher finanzieller und organisatorischer Aufwand könne die Ausübung des Berufs soweit erschweren, dass sie letztlich unmöglich werde. Da bei In-Kraft-Treten des Handelsgesetzbuchs derart komplexe Untersuchungen nicht vorstellbar gewesen seien, müsse an der Einschlägigkeit des § 377 HGB gezweifelt werden. [370]

Schließlich sei § 377 HGB grundsätzlich nicht mehr zeitgemäß, da eine Warenkontrolle beim Käufer im Hinblick auf Just-in-time-Verträge und elektronische Lagerverwaltung den Handelsusancen immer weniger entspreche.[371] Doppelte Aufwendungen für Untersuchungen und Kontrollen sowohl beim Verkäufer wie auch beim Käufer seien nicht nur unwirtschaftlich sondern insgesamt überflüssig.[372]

2. *Stellungnahme*

a) *Warenhandel im Wandel: Von verderblichen Landesprodukten zu Just-in-time-Verträgen*

Was zunächst die vermeintlich ablehnende Haltung in der Industrie betrifft, wird nicht dargelegt, von welcher Art von „Produktionsbetrieben“ diese Auffassung vertreten wurde. Die Vielfalt der Produkte im Bereich des Warenhandels scheint zu groß, um eine derart pauschale Aussage über die „Wertschätzung“ von § 377 HGB treffen zu können. Darüber hinaus ist diese Erfahrung in den 12 Jahren bis zum heutigen Datum im rechtswissenschaftlichen Schrifttum, soweit ersichtlich, nicht bestätigt worden. Es überrascht auch nicht, dass eine Norm von denjenigen, denen sie einen nicht unerheblichen Aufwand abverlangt (vorliegend den genannten Produktionsbetrieben, die nicht in der Lage sein sollen, die Anforderungen an die

---

369 Huber ZHR 161 (1997), 160, 185; *Müller* ZIP 2002, 1178, 1185.
370 *Westphal*, Der Ausschluß der §§ 377, 378 HGB durch AGB, S. 98 f.
371 *K. Schmidt*, Handelsrecht § 29 I 2. b).
372 *Westphal*, Der Ausschluß der §§ 377, 378 HGB durch AGB, S. 98 f.

Untersuchung und Rüge erfüllen zu können[373]), infrage gestellt wird. Der Nutznießer, d.h. in diesem Fall derjenige, der verspätet geltend gemachte Gewährleistungsrechte infolge des Rügeversäumnisses zurückweisen kann, wird dies vermutlich anders beurteilen.

Nicht zu bestreiten ist eine Verschiebung des Schwerpunktes bei den Handelswaren von den Rohstoffen hin zu Industrieprodukten. Eine entsprechende Gewichtsverlagerung ergibt sich daher auch im Hinblick auf den Sinn und Zweck der Rügeobliegenheit. So geht es mittlerweile tatsächlich weniger bzw. seltener darum, dem Verkäufer die Möglichkeit zur Beweissicherung oder zur Einleitung von Verwertungsmaßnahmen zu eröffnen.

Gerade die immer komplexeren und technisch anspruchsvolleren Produkte werden zugleich auch immer kostspieliger. Hier besteht zunehmend die Gefahr, dass vorhandene Mängel sich noch erheblich ausweiten und zu weitaus größeren Schäden führen als wenn sie bei einer unverzüglichen Untersuchung entdeckt und umgehend beseitigt worden wären.[374] Ganz besonders gilt dies im Bereich der weiterverarbeitenden Industrie im Verhältnis von Zulieferer und Hersteller. Die Kosten einer Rückrufaktion beispielsweise, die einem Automobilhersteller wegen eines mangelhaften Zulieferteils entstehen, liegen schnell im zweistelligen Millionenbereich, selbst wenn es sich um ein vergleichsweise unkompliziertes Teil handelt. Weitere erhebliche Summen stehen im Raum, wenn geschädigte Endabnehmer Schadensersatzprozesse anstrengen. Sollen diese Kosten auf den Zulieferer abgewälzt werden, wirkt das häufig existenzbedrohend. Damit gewinnt die Schadensabwendungs- und Schadensminderungsfunktion des § 377 HGB aufgrund der angesprochenen Veränderungen ganz wesentlich an Bedeutung.

Ein weiteres elementares Ziel der Untersuchungs- und Rügeobliegenheit ist unverändert die schnelle Abwicklung der Kaufgeschäfte.[375] Weshalb von diesem Ziel im Rahmen von Industriekäufen abgewichen werden sollte, ist nicht ersichtlich. Dass die Rügeobliegenheit selbst wegen der technisch immer anspruchsvolleren Industrieprodukte dieses Ziel gefährden könnte, wird der Reichweite eines wichtigen Tatbestandsmerkmals von § 377 Abs. 1 HGB nicht gerecht. Das gilt auch für die Vermutung, dass durch sie die Ausübung eines Berufes unmöglich werden könnte. In derartigen Fällen dürfte gar keine Untersuchungs- und Rügeobliegenheit bestehen, da sie nicht nach ordnungsmäßigem Geschäftsgang tunlich wäre. Tunlich ist näm-

---

373 *D. Schmidt* NJW 1991, 144, 148.

374 Vgl. das Beispiel bei *Matthes* NJW 2002, 2505, 2508.

375 BGH NJW 2000, 1415.

lich immer nur, was dem Käufer nach objektiv zu beurteilenden Umständen des Einzelfalls zumutbar ist. Zwar entbinden schwer zu entdeckende Mängel noch nicht generell von der Rügeobliegenheit. Im Rahmen der Interessenabwägung zwischen Verkäufer und Käufer dürfen aber auch keine überzogenen Anforderungen an die Untersuchung gestellt werden.[376] Welcher Prüfungsaufwand noch zumutbar gewesen wäre, wird im Einzelfall stets durch die Gerichte zu klären sein. Eine die Möglichkeiten des Käufers übersteigende, gar die Berufsausübung insgesamt gefährdende Untersuchung wird aber wohl kaum als nach ordnungsmäßigem Geschäftsgang tunlich angesehen werden können.

Hält man im Übrigen § 377 HGB im Hinblick auf Just-in-time-Verträge für nicht mehr zeitgemäß, vernachlässigt dies m.E. die große Bandbreite der handelsrechtlichen Beziehungen. Mag diese Form der Zulieferbeziehung auch stetig an Bedeutung gewinnen, so ist sie bislang doch nur bei größeren Betrieben wie z.B. Automobilherstellern anzutreffen. Weit verbreitet sein dürften nach wie vor die mittelständischen Unternehmen mit einer „klassischen" Produktion und Anlieferung. Darüber hinaus besteht für die Abnehmer von Just-in-time-Lieferungen durchaus die Möglichkeit, mittels AGB ihre Verpflichtung zur Wareneingangskontrolle gem. § 377 HGB einzuschränken, wenn der Zulieferer zur Unterhaltung eines Qualitätskontrollsystems vertraglich verpflichtet ist.[377] Möglicherweise gestattet das Erfordernis einer nach ordnungsmäßigem Geschäftsgang tunlichen Untersuchung sogar eine hinreichend flexible und vertragspezifische Auslegung, als dass unter Berücksichtigung der im Bereich von Just-in-time-Lieferungen bestehenden Usancen eine nachgeschaltete Prüfung im herkömmlichen Sinne als unnötig und damit bereits als untunlich angesehen werden kann.[378] Entscheidend ist, dass die Untersuchungs- und Rügeobliegenheit in § 377 HGB der Entwicklung dieser und ggf. anderer neuartiger Warenhandelsbeziehungen nicht im Wege steht. Durch die beiden aufgezeigten Ansätze besteht ein ausreichender Spielraum, diesen Veränderungen gerecht zu werden.

b) Recht im Wandel: Bedeutungswandel durch die Schuldrechtsreform

Durch die Schuldrechtsreform hat die Untersuchungs- und Rügeobliegenheit noch zusätzlich an praktischer Bedeutung gewonnen. Dabei geht es hier

---

376 Baumbach/*Hopt*, § 377 Rn. 25 ff.
377 *Wellenhofer-Klein*, Zulieferverträge, S. 349.
378 *Wellenhofer-Klein*, Zulieferverträge, S. 347 ff.

zunächst um die im Vergleich zu früher erheblich verlängerte Verjährungsfrist der kaufrechtlichen Gewährleistungsansprüche.[379] Enthielt § 477 BGB a.F. mit sechs Monaten noch eine nahezu einhellig als zu kurz empfundene Verjährungsfrist, wurde diese mit Einführung der Zweijahresfrist des § 438 Abs. 1 Nr. 3 BGB stark ausgedehnt.[380] Wenn aber schon zu Zeiten der kurzen sechsmonatigen Verjährungsfrist ein darüber hinaus gesteigertes Bedürfnis des Handelsverkehrs nach einer noch zügigeren Abwicklung anerkannt wurde, dann ist dieses Bedürfnis mit einer längeren Frist keinesfalls entfallen, sondern eher noch gewachsen und § 377 HGB als Korrektiv umso wichtiger. Mit zunehmender Dauer der Verjährungsfristen steigt auch das Bedürfnis nach einer Möglichkeit, diese zu beschränken.[381]

Dies gilt umso mehr, solange nicht abschließend geklärt ist, inwieweit im kaufmännischen Verkehr die gesetzlichen Verjährungsfristen vertraglich verkürzt werden können. Individualvertraglich sind dem alleine durch § 202 Abs. 1 BGB Grenzen gesetzt, wonach die Verjährung für Haftung wegen Vorsatzes nicht durch Rechtsgeschäft erleichtert werden kann. Von sehr viel größerer Bedeutung ist jedoch die Möglichkeit einer Verjährungsverkürzung durch die Verwendung von entsprechenden AGB.

AGB müssen zunächst gem. §§ 305 ff. BGB einbezogen werden, um Bestandteil des Kaufvertrages zu werden. Kommt es auf eine Klausel im Einzellfall an, ist sie zur Feststellung ihrer Wirksamkeit einer Inhaltskontrolle gem. §§ 307 ff. BGB zu unterziehen. Für AGB, die gegenüber einem Unternehmer verwendet werden, schränkt § 310 Abs. 1 S. 1 BGB die Anforderungen an die Einbeziehung sowie den Umfang der Inhaltskontrolle ein. Da aber jeder Kaufmann gleichzeitig Unternehmer ist, wird in der Vorschrift auch der Umfang der Kontrolle von AGB, die gegenüber einem Kaufmann verwandt werden, abschließend festgelegt. Der die Verjährungserleichterung in AGB unmittelbar betreffende § 309 Nr. 8 b) ff) BGB ist somit gem. § 310 Abs. 1 S. 1 BGB gegenüber Kaufleuten nicht anwendbar, so dass sich die Inhaltskontrolle ausschließlich nach § 307 BGB richtet. Unwirksam ist gem. dessen Abs. 1 S. 1 eine Klausel, die den Vertragspartner entgegen den Geboten von Treu und Glauben unangemessen benachteiligt, was nach Abs. 2 Nr. 1 im Zweifel anzunehmen ist, wenn eine Bestimmung mit we-

---

379 Zu der Erstreckung der Rügeobliegenheit auf die nichtgenehmigungsfähige Aliud- und Minderlieferung durch den Wegfall von § 378 HGB sogleich.

380 Die Fristen für die Geltendmachung der kaufrechtlichen Gewährleistungsansprüche gelten über §§ 438 Abs. 4 und 5, 218 BGB auch für das in § 437 Nr. 2 enthaltene Rücktritts- und Minderungsrecht.

381 *Honsell* JZ 2001, 18, 21.

sentlichen Grundgedanken der gesetzlichen Regelung, von der abgewichen wird, nicht zu vereinbaren ist. Allerdings war nach der Rechtsprechung von einer Indizfunktion des in bislang in § 11 AGBG a.F. und jetzt in § 309 BGB enthaltenen Klauselkataloges auszugehen, weshalb dieser mittelbar auch gegenüber Kaufleuten zur Anwendung komme.[382] Insbesondere war der BGH der Auffassung, dass das Verbot der Verkürzung gesetzlicher Gewährleistungsfristen in § 11 Abs. 10 f) AGBG a.F. grundsätzlich auch bei der Verwendung von AGB gegenüber Kaufleuten gelte. Auf sie treffe der in der gesetzlichen Regelung zum Ausdruck kommende Gerechtigkeitsgedanke gleichermaßen zu. Der kaufmännische Verkehr biete insofern keine Besonderheiten.[383]

Damit wird zu klären sein, ob durch § 309 Nr. 8 b) ff) BGB als Nachfolgeregelung von § 11 Abs. 10 f) AGBG a.F. mittelbar eine Verjährungsverkürzung durch AGB auf weniger als ein Jahr auch im unternehmerischen Verkehr unzulässig ist, wie teilweise vertreten wird.[384] Dabei ist zunächst von dem grundsätzlichen Zweck einer derartigen gesetzlichen Regelung auszugehen. Dieser ist nach Ansicht des BGH darin zu sehen, „einen hinreichenden Zeitraum für die Geltendmachung zunächst verborgener Mängel offen zu halten, in dem diese Mängel erfahrungsgemäß zu Tage treten und erkannt werden können.“ [385] Eine Verlängerung dieser (Minimal-) Frist von bislang sechs auf zwölf Monate rückt es jedoch immer mehr in den Bereich des Zufalls, ob ein ursprünglich verborgener Mangel noch „rechtzeitig“ in Erscheinung tritt. Eine Abwägung dieses Umstandes mit dem bereits genannten Bedürfnis des unternehmerischen Verkehrs nach zügiger Geschäftsabwicklung fällt dann deutlich zu Gunsten des Letzteren aus. In der Regel dürften sich bei sämtlichen in Betracht kommenden Verwendungsmöglichkeiten der Kaufsache Mängel zumindest dann schon nach relativ kurzer Zeit feststellen lassen, wenn relativ kurze Zeit nunmehr einen Zeitraum zwischen sechs und zwölf Monaten meint.

Eine Verkürzung der Verjährungsfristen ist der Rechtsprechung zufolge darüber hinaus unwirksam, wenn sie die Durchsetzung von Ersatzansprüchen ausschließt, den Anspruchsberechtigten bei der Prüfung der Sach- oder Rechtslage behindert oder dieser sich zu einem voreiligen Prozessbe-

---

382 BGHZ 122, 241, 245; 90, 273, 278 zu § 11 AGBG a.F.; *D. Schmidt* NJW 1991, 144, 147; gegen eine Indizwirkung der §§ 308, 309 BGB AnwKomm-BGB/*Kollmann*, § 310 Rn. 8.

383 BGHZ 90, 273, 279.

384 Palandt/*Heinrichs*, § 309 Rn. 77.

385 BGHZ 122, 241, 245.

ginn genötigt sieht.[386] Dass dies bei einer Verkürzung der Verjährung auf eine Frist von sechs bis zwölf Monaten zu befürchten ist, scheint unwahrscheinlich oder doch zumindest nur ebenso wahrscheinlich, wie bei einer zwischen ein und zwei Jahren liegenden Frist. Schließlich verbessern sich die (technischen) Möglichkeiten zur Warenprüfung ebenso kontinuierlich, wie sich die Abwicklung von Geschäften beschleunigt. Beides dürfte im geschäftlichen Bereich die tatsächliche praktische Bedeutung einer mindestens einjährigen kaufrechtlichen Gewährleistungsfrist weiter schmälern.

Somit spricht einiges gegen eine Übertragung der in § 309 Nr. 8 b) ff) BGB enthaltenen Wertung auf den unternehmerischen Verkehr und damit für die Zulässigkeit der Verjährungsverkürzung auf weniger als ein Jahr in gegenüber Unternehmern verwendeten AGB.[387] Eine Untergrenze wird dabei durch die Rechtsprechung festzulegen sein. Insgesamt lässt die derzeit unklare Rechtslage § 377 HGB damit als umso wichtigeres Institut des Handelsverkehrs erscheinen.

c) Schlussfolgerungen

Nachhaltige Veränderungen im modernen Warenhandel sind nicht von der Hand zu weisen. Entgegen vereinzelten Aussagen ist § 377 HGB damit jedoch keinesfalls überflüssig oder hinderlich geworden. Seine ursprünglichen Ziele gelten, wenn auch mit leicht veränderten Schwerpunkten, unverändert fort.

Auch der Gesetzgeber ist sich dabei durchaus bewusst, dass die Rügeobliegenheit eine erhebliche Belastung für den Käufer darstellt.[388] Dennoch hat er von einer Entschärfung oder gar Abschaffung des § 377 HGB bislang abgesehen. Dies mag vor allem daran liegen, dass die Rügeobliegenheit des § 377 HGB entgegen der eingangs dargestellten Kritik einen unverändert hohen Gerechtigkeitsgehalt aufweist.[389] Soweit sich die mit der Untersuchungs- und Rügeobliegenheit bezweckte Interessenlage nicht ausnahmsweise effektiver im Wege von Qualitätssicherungsvereinbarungen erreichen lässt,[390] bleibt § 377 HGB der einzige Weg zum angestrebten Zweck der

386 BGHZ 122, 241, 245; OLG Frankfurt a.M. NJW-RR 1994, 530, 531.
387 AnwKomm-BGB/*Kollmann*, § 309 Rn. 173 ff.; Erman/*Roloff*, § 309 Rn. 123; Ernst/Zimmermann/*Pfeiffer*, S. 519.
388 BT Drs. 14/6040 S. 216.
389 *Schubel* JZ 2001, 1113, 1119.
390 Vgl. *Wellenhofer-Klein*, Zulieferverträge, S. 343; *Westphal*, Der Ausschluß der §§ 377, 378 HGB durch AGB, S. 76 ff.

Vorschrift. Um den Interessen spezieller Industriezweige gerecht zu werden, ist es vorzugswürdig, über eine den wirtschaftlichen Entwicklungen entsprechende, veränderte Auslegung oder die Zulässigkeit einer Abbedingung der Untersuchungs- und Rügeobliegenheit in AGB nachzudenken, als § 377 HGB per se für nicht mehr zeitgemäß zu erklären. Der Wortlaut der Norm scheint dafür durchaus flexibel genug.[391]

Die durch die Schuldrechtsreform verlängerten Verjährungsfristen im Kaufrecht sind weiterhin ein gewichtiges Argument, an § 377 BGB festzuhalten, insbesondere bis feststeht, inwieweit verjährungsverkürzende Klauseln in AGB gegenüber einem Unternehmer Bestand haben.

Schließlich hat die Untersuchungs- und Rügeobliegenheit in der (BGH-) Rechtsprechung zwar seit jeher eine eher untergeordnete Rolle gespielt. Nichtsdestotrotz sind auch in jüngerer Zeit vereinzelte Entscheidungen ergangen, in denen § 377 HGB von wesentlicher Bedeutung ist.[392] Dies lässt den Schluss zu, dass der Vorschrift durchaus auch noch eine nicht unerhebliche praktische Bedeutung zukommt.

V. Ergebnis

Die handelsrechtliche Untersuchungs- und Rügeobliegenheit gem. § 377 HGB setzt einen beidseitigen Handelskauf voraus. Eine Analogie hinsichtlich des persönlichen Anwendungsbereichs kommt aufgrund des eindeutigen Wortlauts der entsprechenden Vorschriften sowie des unmissverständlichen Willens des Gesetzgebers unabhängig von ihrer sachlichen Berechtigung nicht in Betracht. Infolge der neuen kaufrechtlichen Gewährleistungssystematik sind Sach- und Rechtsmangel gleichermaßen nach § 377 HGB anzuzeigen.

Durch eine insgesamt fragwürdige Rechtsprechung zur Bedeutung von Nebenpflichtverletzungen im Zusammenhang mit § 377 HGB wird die Absicht deutlich, den sachlichen Anwendungsbereich der Vorschrift einzugrenzen und den Käufer somit vor den drastischen Folgen einer unterlassenen Mangelanzeige zu bewahren. Da dies schon bisher nicht zu überzeugen vermochte, zugleich aber auch noch der Spielraum für derartige Vorgehensweisen durch die Schuldrechtsreform deutlich eingeengt wurde, ist statt

---

391 *Wellenhofer-Klein*, Zulieferverträge, S. 348.

392 BGHReport 2003, 285; OLG Naumburg, NJ 2001, 550; LG Hamburg NJW 2001, 1486 f.

solchen Umgehungsversuchen eine grundsätzliche Überarbeitung der Untersuchungs- und Rügeobliegenheit angezeigt.

Im Rahmen von Lieferketten im Sinne von § 478 BGB erweitert § 377 HGB die Anforderungen an Unternehmer um die Obliegenheit, ihm von seinem Abkäufer mitgeteilte Mängel unverzüglich seinem Lieferanten anzuzeigen.

Veränderungen der Rahmenbedingungen von § 377 HGB im Laufe seiner mehr als 100-jährigen Geschichte sind unverkennbar. Die Einwände, denen zufolge die Untersuchungs- und Rügeobliegenheit daher mittlerweile überflüssig oder gar störend geworden sein soll, überzeugen jedoch nicht. Vielmehr kommt § 377 HGB infolge weiterer Veränderungen der Rechtslage eine noch gesteigerte Bedeutung zu, weshalb die Vorschrift beibehalten werden sollte.

§ 4 Wegfall des § 378 HGB a.F.

§ 378 HGB a.F. verwies für den Handelskauf im Falle der Lieferung einer anderen als der bedungenen Ware oder einer anderen als der bedungenen Menge von Waren auf die Vorschriften des § 377 HGB, sofern die gelieferte Ware nicht offensichtlich von der Bestellung so erheblich abwich, dass der Verkäufer die Genehmigung des Käufers als ausgeschlossen betrachten musste. Ausdrücklich wurde damit lediglich die Untersuchungs- und Rügeobliegenheit für Sachmängel auf die genehmigungsfähige Art- und Mengenabweichung ausgedehnt.

Im Zuge der Schuldrechtsreform wurde mit § 434 Abs. 3 BGB eine Art- und Mengenabweichungen betreffende Regelung geschaffen, die nicht auf den Handelskauf beschränkt ist, sondern auch für den normalen Kauf und den Verbrauchsgüterkauf gilt. Gleichzeitig wurde § 378 HGB a.F. ersatzlos[393] gestrichen. Auf die sich daraus ergebenden Veränderungen der Rechtslage soll im Weiteren eingegangen werden.

I. Gleichstellung von Artabweichung und Sachmangel

Der Anlass für die Gleichstellung der genehmigungsfähigen Falschlieferung mit einem Sachmangel im Rahmen der handelsrechtlichen Rügeobliegenheit waren die erheblichen Schwierigkeiten vor allem beim Gattungskauf, die

393 Zu § 378 HGB-E s.o. § 3 III. 1.

beiden Leistungsstörungsarten voneinander abzugrenzen.[394] Eine Abgrenzung wäre damit jedoch wegen der unterschiedlichen Rechtsfolgen von Falschlieferung und Sachmangel noch nicht entbehrlich gewesen. So fanden auf die Aliudlieferung grundsätzlich die allgemeinen Regeln des Leistungsstörungsrechts (§§ 320 ff. BGB a.F.) Anwendung, nach denen der Käufer insbesondere innerhalb der ehemals bis zu 30-jährigen Verjährungsfristen (§§ 196 Abs. 1 Nr. 1, 201 BGB a.F.) Erfüllung verlangen bzw. entsprechend § 326 BGB a.F. nach Fristsetzung mit Ablehnungsandrohung vom Vertrag zurücktreten oder Schadensersatz wegen Nichterfüllung verlangen konnte, wenn der Verkäufer das Leistungshindernis zu vertreten hatte. Lag hingegen ein Sachmangel vor, waren die §§ 459 ff. BGB a.F. einschlägig. Das hatte zwar den Vorteil, dass der Käufer verschuldens- und fristsetzungsunabhängig Rückgängigmachung des Kaufs (Wandelung) oder Herabsetzung des Kaufpreises (Minderung) verlangen konnte, § 462 BGB a.F. Entscheidend war dabei jedoch die kurze Verjährungsfrist des § 477 BGB a.F. von sechs Monaten.

Daher unterstellten die Rechtsprechung[395] und das ihr in dieser Frage überwiegend folgende Schrifttum[396] beim Gattungskauf die Falschlieferung dem Gewährleistungsrecht. Die Begrenzung auf den Handelskauf ist dabei mitunter auf Ablehnung gestoßen, denn die Gleichstellung von Aliud und Peius habe keine Eigentümlichkeit des Handelskaufs dargestellt und hätte deshalb auch für einen Kauf, der kein Handelskauf ist, gelten müssen.[397] Allerdings war auch damit das Problem nur auf die Unterscheidung zwischen genehmigungsfähig und nicht genehmigungsfähig verlagert worden.

Bei einer Stückschuld war das sog. Qualifikations-Aliud (die gekaufte Sache gehört einer anderen Gattung an als vertraglich vereinbart) als Sachmangel zu begreifen,[398] die Lieferung einer anderen als der gekauften Sache (sog. Identitäts-Aliud) dagegen als Nichterfüllung.[399] Letzteres galt trotz der durch § 378 HGB a.F. erweiterten Rügeobliegenheit auch für den Handels-

394 *Canaris*, Handelsrecht, § 29 VIII; Denkschrift zum HGB-Entwurf, S. 226.

395 BGHZ 115, 286, 294 ff.; RGZ 86, 90 ff.

396 Röhricht/Graf von Westphalen/*Wagner*, § 377 Rn. 25; Soergel/*Huber*, vor § 459 Rn. 117 mit ausführlicher Darstellung des Meinungsstandes.

397 Soergel/*Huber*, vor § 459 Rn. 124; *Canaris*, Handelsrecht, § 29 VIII 3. b); *K. Schmidt*, Handelsrecht, § 29 III 6. b) bb).

398 Henssler/*Graf von Westphalen*, Praxis der Schuldrechtsreform, § 434 Rn. 62.

399 *Ehmann/Sutschet*, Modernisiertes Schuldrecht, S. 221.

kauf.[400] Gem. § 434 Abs. 3 BGB steht es jetzt ausdrücklich einem Sachmangel gleich, wenn eine andere Sache geliefert wird. Die Anwendbarkeit der besonderen Verjährung des § 438 BGB ist die bedeutendste Konsequenz, da diese nicht nur in der Länge sondern auch hinsichtlich der Bestimmung des Fristbeginns von der Regelverjährung des § 195 BGB abweicht.[401]

Angesichts der auf den ersten Blick eindeutigen Formulierung in § 434 Abs. 3 BGB ist es nahe liegend, nunmehr alle Formen der Falschlieferung nach Sachmängelrecht zu behandeln,[402] was einerseits eine einheitliche Rügeobliegenheit nach § 377 HGB für alle Formen der Falschlieferung zur Folge hätte und wodurch andererseits die Abgrenzung zwischen Falschlieferung und Sachmangel endgültig der Vergangenheit angehören könnte. Die entsprechenden Erwägungen des Gesetzgebers scheinen dies zunächst zu bestätigen: So seien die sich durch die Gleichstellung von Falschlieferung und Sachmangel ergebenden Rechtsfolgen sachgerecht. Im Falle der Falschlieferung würde der Anspruch auf Nacherfüllung (§ 439 RE) in der Regel nur in der Form der Lieferung einer mangelfreien anderen Sache in Betracht kommen. Beim Gattungskauf unterscheide sich dieser Anspruch – mit Ausnahme der Unverhältnismäßigkeitsklausel des § 439 Abs. 3 RE – nicht wesentlich von dem primären Erfüllungsanspruch, der ohne die Einbeziehung in das Sachmängelrecht in Betracht käme. Werde beim Stückkauf ein Identitäts-Aliud geliefert, so komme neben dem Erfüllungsanspruch auf Lieferung der gekauften Sache ein davon verschiedener Nachlieferungsanspruch nicht in Betracht. Beim Qualifikations-Aliud sei die Nacherfüllung durch Lieferung einer anderen Sache, die die vereinbarte Qualifikation hat, durchaus denkbar und sinnvoll. Zwar scheide der Nachbesserungsanspruch beim Aliud in der Regel aus, er sei aber nicht gänzlich undenkbar. Auch im Hinblick auf die, wegen der Anwendung des Sachmängelrechts statt des allgemeinen Leistungsstörungsrechts, erheblich veränderte Verjährung erscheine die Gleichstellung sachgerecht. Die Interessenlagen von Käufer und Verkäufer seien bei Falsch- und Zuweniglieferung nämlich nicht grundsätzlich anders als beim Sachmangel im engeren Sinne.[403]

Dennoch gibt es Stimmen, die das Identitäts-Aliud beim Stückkauf nicht § 434 Abs. 3 BGB und damit dem Gewährleistungsrecht unterstellen wol-

---

400 BGH NJW 1979, 811; ausführlich dazu insgesamt Soergel/*Huber*, vor § 459 Rn. 106 ff.

401 Vgl. *Lorenz* JuS 2003, 36, 37.

402 So z.B. *Huber*/Faust, Schuldrechtsmodernisierung, Rn. 12/59.

403 BT-Drs. 14/4060, S. 216.

len, sondern als Nichterfüllung des kaufvertraglichen Primäranspruchs dem allgemeinen Leistungsstörungsrecht.[404] Liefere der Verkäufer einer vertraglich individualisierten Sache gerade diese nicht, dann verstoße er nicht gegen seine Pflicht zur mangelfreien Lieferung aus § 433 Abs. 1 S. 2 BGB, sondern gegen den Inhalt seiner davon tatbestandlich unabhängigen Verpflichtung aus § 433 Abs. 1 S. 1 BGB zur Lieferung der vertraglich festgelegten Sache. § 434 BGB werde deshalb von vornherein nicht berührt.[405] Ferner sei es nicht ohne weiteres einzusehen, warum sich der Verkäufer durch die Lieferung einer völlig anderen Sache als der geschuldeten den für ihn ungünstigeren allgemeinen Regeln entziehen könne, um stattdessen in den Genuss der kürzeren Verjährung des § 438 BGB zu kommen.[406]

Ob diesem theoretisch denkbaren Motiv des Verkäufers, in den Genuss der kürzeren kaufrechtlichen Verjährung zu kommen, eine praktische Bedeutung zukommt, kann bezweifelt werden. Es dürfte eher die Ausnahme darstellen, dass der Käufer erst nach Ablauf der nunmehr grundsätzlich zweijährigen kaufrechtlichen, jedoch vor Ablauf der jetzt grundsätzlich dreijährigen allgemeinen Verjährungsfrist einen Sachmangel feststellt und entsprechende Rechte geltend macht.[407]

Weiterhin erscheint das Abstellen auf eine in § 433 Abs. 1 S. 1 BGB enthaltene Pflicht zur Lieferung der vertraglich festgelegten Sache etwas konstruiert. Gegenstand von S. 1 sind in erster Linie die kaufvertraglichen Hauptpflichten zur Übergabe und zur Eigentumsverschaffung, die selbstständig neben dem Erfordernis der Mängelfreiheit nach S. 2 stehen. Selbst wenn man bereits aus S. 1 die Verpflichtung zur Lieferung der vertraglich festgelegten Sache entnimmt, ließe sich im Hinblick auf § 434 Abs. 3 BGB argumentieren, dass die Verletzung ebendieser Pflicht der Verletzung der

---

404 *Canaris*, Schuldrechtsmodernisierung 2002, S. XXIII; *Schulze* NJW 2003, 1022 f.; *Thier* AcP 203 (2003), 399, 403 ff. m.w.N.; ein wenig widersprüchlich mutet es an, wenn beide Ansichten als Begründung jeweils auf dieselben Aussagen des Gesetzgebers in der Begründung zum Schuldrechtsmodernisierungsgesetz verweisen, vgl. *Musielak* NJW 2003, 89, 90; *Dauner Lieb/Arnold* JuS 2002, 1175 f. sowie Schimmel/Buhlmann/*Anders*, Frankfurter Handbuch zum neuen Schuldrecht, E. I. Rn. 49; *Thier* AcP 203 (2003), 399, 404; *Schulze* NJW 2003, 1023 f.

405 *Thier* AcP 203 (2003), 399, 404.

406 *Huber*/Faust, Schuldrechtsmodernisierung, Rn. 12/63 mit dem Beispiel eines Sacks Kohle als fehlerhaftem Picasso.

407 Bezogen auf das Beispiel in der vorstehenden Fußnote ist es unwahrscheinlich, dass der statt des geschuldeten Picasso gelieferte Sack Kohle erst nach sechs Monaten reklamiert wird.

Pflicht zur Lieferung einer sachmangelfreien Sache im Hinblick auf die Rechtsfolgen ja gerade gleichstehen soll.

Daher sollte vor allem aus Gründen der Rechtsklarheit am Wortlaut von § 434 Abs. 3 BGB festgehalten werden. Somit ist auch die Falschlieferung beim Stückkauf grundsätzlich einem Sachmangel gleichgestellt[408] und es besteht folglich eine einheitliche Obliegenheit zur Rüge nach § 377 HGB.

Allerdings bestehen die vermeintlich beseitigten Abgrenzungsschwierigkeiten beim Gattungskauf nunmehr vermutlich an anderer Stelle fort. Nach § 241a BGB können alle Ansprüche eines Unternehmers gegen einen Verbraucher aufgrund einer Lieferung unbestellter Sachen ausgeschlossen sein. Die Vorschrift kann auch zur Anwendung kommen, wenn der Verbraucher bei dem Unternehmer tatsächlich Waren bestellt hat, dieser jedoch eine Falschlieferung erbringt. Der Verbraucher ist dann insbesondere nicht zur Rückgewähr der erlangten Falschlieferung verpflichtet. Die Lieferung minderwertiger Waren ist dagegen ausschließlich dem Gewährleistungsrecht zu unterstellen, so dass eine Abgrenzung jetzt hier vorzunehmen ist.[409]

II. Keine Unterscheidung mehr hinsichtlich Genehmigungsfähigkeit

Bewusst nicht in das BGB übernommen wurde die in § 378 Hs. 2 HGB a.F. enthaltene Unterscheidung zwischen genehmigungsfähiger und nicht genehmigungsfähiger Falschlieferung,[410] obwohl ursprünglich durch § 434 Abs. 3 DiskE die offensichtlich als Erfüllung nicht in Betracht kommenden Sachen noch aus dem Sachmangelbegriff ausgeklammert werden sollte.[411] In der Gesetzesbegründung wird dazu zwar festgestellt, dass der Zweck der bisherigen Ausgrenzung der nicht genehmigungsfähigen Abweichung durch § 378 Hs. 2 HGB a.F. in der den Käufer stark belastenden Untersuchungs- und Rügeobliegenheit zu sehen gewesen sei.[412] Da diese Unterscheidung

---

408 *Steinbeck*, Handelsrecht, Rn. 11 f.; ebenfalls für einen unterschiedslose Anwendung von § 434 Abs. 3 1. Alt BGB auf Stück- und Gattungskäufe Staudinger/*Matusche-Beckmann*, § 434 Rn. 115; Bamberger/Roth/*Faust*, § 434 Rn. 107 f.; AnwKomm-BGB/*Büdenbender*, § 434 Rn. 69; Erman/*Grunewald*, § 434 Rn. 61.

409 *Wrase/Müller-Helle* NJW 2002, 2537, 2538.

410 BT-Drs. 14/4060, S. 216.

411 Diskussionsentwurf eines Schuldrechtsmodernisierungsgesetztes des BMJ, S. 47, abgedruckt in: *Canaris*, Schuldrechtsmodernisierung 2002, S. 3 ff.; vgl. dazu auch Schimmel/Buhlmann/*Achilles*, Frankfurter Handbuch zum neuen Schuldrecht, E. I. Rn. 185.

412 BT-Drs. 14/6040, S. 216.

aber nicht nur nicht übernommen, sondern ersatzlos gestrichen worden ist, wurde der Anwendungsbereich dieser, den Käufer ohnehin schon stark belastenden Vorschrift, sogar noch weiter ausgedehnt, was in der Gesetzesbegründung bemerkenswerter Weise keine Erwähnung gefunden hat. Die bislang nicht genehmigungsfähige Falsch- oder Zuweniglieferung nach § 378 2. Hs HGB a.F. ist somit nach der Erweiterung des Sachmangelbegriffs in § 434 Abs. 3 BGB nunmehr auch festzustellen und anzuzeigen.[413]

Ausschlaggebend für den Wegfall der vom Gesetzgeber restriktiv gemeinten Ausnahmeregelung war die Ausdehnung durch die Rechtsprechung in einer Weise, durch die die Entscheidungsergebnisse kaum noch vorhersehbar waren.[414] Das eigentliche Regel-Ausnahme-Verhältnis in § 378 Hs. 2 HGB a.F. ist dabei nahezu umgekehrt worden.[415] Die Rechtsprechung unterlag nicht selten der Versuchung, mithilfe des Ausnahmetatbestandes des § 378 Hs. 2 HGB a.F. ein Korrektiv gegen die Versäumung der Rüge in den Fällen zu schaffen, wo dies aus Gründen einer Art gesetzlicher Billigkeit nahe liegend erschien.[416] Nach Ansicht des Reformgesetzgebers war der Grund dafür wiederum regelmäßig, die kurze Verjährung nach § 477 BGB a.F. zu umgehen. Nach deren Wegfall bestehe nunmehr jedoch kein Anlass mehr dafür, deutlichere Abweichungen anders zu behandeln als Sachmängel im engeren Sinne, die ja auch erheblich von der Sollbeschaffenheit abweichen könnten.[417]

Eine Streichung des Ausnahmetatbestandes ist bereits diskutiert und teilweise auch befürwortet worden. So wurde argumentiert, dass die Streichung der dem Käufer günstigen Ausnahmevorschrift diesem auch zugute komme, da sich die klare Rechtslage auch für ihn positiv auswirke.[418] Bis dato existierte nur eine uneinheitliche Rechtsprechung darüber, wann eine mangelhafte Ware noch als genehmigungsfähig anzusehen ist und wann nicht mehr. Wollte der Käufer das Risiko einer eigenständigen Entscheidung darüber nicht tragen, hatte er auch bisher schon durchweg von einer Untersuchungs- und Rügeobliegenheit auszugehen.[419] Gesteigerte Rechtssi-

413 Staudinger/*Matusche-Beckmann*, § 478 Rn. 157; *Brüggemeier* WM 2002, 1376, 1386.
414 BT-Drs. 14/6040, S. 216.
415 *Emmerich* JuS 1997, 98, 102.
416 Staub/*Brüggemann*, § 378 Rn. 79.
417 BT-Drs. 14/6040, S. 216.
418 *Menhofer*, Probleme bei der Rügelast nach §§ 377, 378 HGB, S. 182; *Marburger* JuS 1983, 1, 5.
419 So auch MünchKommBGB/*Westermann*, § 459 Rn. 24.

cherheit im Interesse des Käufers kann daher nur eingeschränkt geltend gemacht werden.

Andererseits wurde die Vermutung geäußert, dass bei Streichung des Ausnahmetatbestandes die Rechtsprechung mithilfe des § 242 BGB ein neues Ventil schaffen würde, um dem rügesäumigen Käufer zu helfen, welches eines Tages jenen Umfang erreichen werde, den § 378 HGB a.F. bislang hatte.[420] Dies kann mittlerweile insofern bezweifelt werden, als mit der kurzen kaufrechtlichen Verjährung des § 477 BGB a.F. einer der wesentlichen Gründe für die extensive Anwendung der Ausnahmeregel entfallen ist. Es ist darüber hinaus auch gar kein Einwand erkennbar, der grundsätzlich gegen eine Anwendung von § 242 BGB im Interesse des an sich rügepflichtigen Käufers in besonders krassen Fällen oder gar missbräuchlichen Absichten des Verkäufers spricht. So ist es m.E. überzeugender, dem Käufer künftig unter Rückgriff auf § 242 BGB zu helfen, der ja gerade auf die schutzwürdigen Interessen der Vertragsparteien abstellt,[421] als mit der vermeintlich objektiven Abgrenzung zwischen noch genehmigungsfähigem und nicht mehr genehmigungsfähigem Aliud.[422] Auch ist ein Ausufern dieser Praxis bei zutreffendem Gesetzesverständnis nicht zu befürchten, da nach dem erkennbaren Willen des Gesetzgebers bei Falsch- oder Schlechtlieferungen oder Mengenabweichungen ganz überwiegend eine Rügeobliegenheit bestehen soll. Nur bei hinreichend begründeten Ausnahmen im Einzelfall wird man dem Verkäufer künftig die Berufung auf eine pflichtwidrig unterlassene Rüge unter Berufung auf § 242 BGB abschneiden können.[423] Insofern hat die Abschaffung des Ausnahmetatbestandes neben einer Vereinfachung der Rechtslage insbesondere im Bereich des Handelskaufs tatsächlich auch eine Steigerung der Rechtssicherheit zur Folge.

Allerdings wird § 242 BGB neben dem Fall der absolut genehmigungsunfähigen Falschlieferung gleichermaßen auch auf die Rügeobliegenheit bei Schwerstmängeln anzuwenden sein. Andernfalls würde ein bereits unter § 378 Hs. 2 HGB a.F. bemängelter Widerspruch fortbestehen, wonach der Käufer trotz vergleichbarer Belastung im Fall einer offensichtlichen Aliud-Lieferung rügen muss, bei Lieferung einer mit schwersten Mängeln behafteten Sache hingegen nicht.[424]

---

420 *Laupichler*, Die Aliud-Lieferung beim Kauf, S. 207 f.

421 Palandt/*Heinrichs*, § 242 Rn. 5; MünchKommBGB/*Roth*, § 242 Rn 31.

422 Ähnlich *Menhofer*, Probleme bei der Rügelast nach §§ 377, 378 HGB, S. 184.

423 I.E. ebenso *Oetker*, Handelsrecht, § 8 Rn. 36; *Jung*, § 37 Rn. 3.

424 *K. Schmidt*, Handelsrecht, § 29 III 2. f).

Zu erörtern ist weiterhin der Einwand, dass es der Verkäufer durch die Lieferung einer Totalabweichung jetzt in der Hand habe, die kurze kaufrechtliche Verjährung in Gang zu setzen. Aus diesem Grund sei § 378 HGB a.F. insoweit in § 434 Abs. 3 BGB hineinzulesen.[425] Dies widerspricht zunächst der eindeutigen Absicht des Gesetzgebers, diese Unterscheidung nicht zu übernehmen. Im Übrigen besteht dafür auch keine zwingende Notwendigkeit. So ist die als Voraussetzung für die Gleichstellung von Aliud und Sachmangel erforderliche Widmung des Aliuds zur Erfüllung des Kaufvertrages gemäß den analog anwendbaren Regeln über Willenserklärungen auszumachen. Folglich kommt es, wenn diese sog. Tilgungsbestimmung nicht ausdrücklich erfolgt ist, in entsprechender Anwendung der §§ 133, 157 BGB nicht allein auf den inneren Willen des Leistenden an, sondern auf die Erkennbarkeit im Empfängerhorizont des Leistungsempfängers. Verschafft der Verkäufer ein „Total-Aliud", stellt sich dies für den Käufer gerade nicht als Leistung auf die kaufvertragliche Verpflichtung dar. Daneben steht dem Käufer auch ein Recht zur Zurückweisung des Aliuds als nicht geschuldet zu.[426]

Eine Unterscheidung zwischen genehmigungsfähiger und genehmigungsunfähiger Schlechtleistung ist schließlich auch dem UN-Kaufrecht, dem häufig eine Vorbildfunktion zukommt, fremd.

Insgesamt ist der Fortfall der Unterscheidung damit zu begrüßen.

III. Mengenabweichungen

Neben der Lieferung einer anderen als der bedungenen Ware wurde die Rügeobliegenheit durch § 378 HGB a.F. auch auf die Lieferung einer anderen als der bedungenen Menge von Waren erstreckt. Formen der Mengen- bzw. Quantitätsabweichung sind die Zuweniglieferung (auch als Manko- oder Minderlieferung bezeichnet) sowie die Zuviel- bzw. Mehrlieferung. Dabei handelt es sich entweder um eine sog. offene Mengenabweichung, wenn diese aus einem Lieferschein, einer Rechnung oder einer anderen Mitteilung ersichtlich ist, oder um eine verdeckte Mengenabweichung, wenn dort die vertraglich vereinbarte, aber tatsächlich unzutreffende Menge angegeben ist.[427]

---

425 *Ehmann/Sutschet*, Modernisiertes Schuldrecht, S. 221.

426 *Lorenz* JuS 2003, 36, 37 f.

427 Vgl. Ebenroth/Boujong/Joost/*Müller*, § 378 Rn. 20 ff.

Statt der Gleichstellung von Mengenabweichung und Mangel für die Untersuchungs- und Rügeobliegenheit im Handelskauf durch § 378 HGB a.F. findet sich nunmehr in § 434 Abs. 3 BGB eine Gleichstellung der Minderlieferung mit einem Sachmangel.

1. Minderlieferung

Sowohl für die offene wie auch die verdeckte Minderlieferung steht dem Käufer zunächst ein Zurückweisungsrecht nach § 266 BGB zu.[428] Von § 434 Abs. 3 BGB werden allerdings nur die Fälle der verdeckten Zuweniglieferung erfasst. Nach der Gesetzesbegründung muss nämlich der Verkäufer die Leistung als vollständige Erfüllung seiner Pflicht erbringen und für den Käufer muss erkennbar der Zusammenhang zwischen Leistung und Verpflichtung bestehen. Es dürfe sich nicht um eine Teilleistung oder eine Leistung aufgrund einer anderen Verbindlichkeit handeln.[429] Dementsprechend setzt auch zukünftig nur die verdeckte Minderlieferung eine ordnungsgemäße Rüge nach § 377 HGB voraus, um nicht die daraus resultierenden Rechte zu verlieren. Die offene Minderlieferung braucht dagegen nicht gerügt zu werden, da diese auch jetzt keinen Sachmangel darstellt.[430]

Im Falle einer solchen verdeckten Zuweniglieferung kann der Käufer wählen zwischen dem primären Erfüllungsanspruch hinsichtlich der fehlenden Menge und den Gewährleistungsrechten. Begründet wird die Gleichstellung von Zuweniglieferung und Sachmangel damit, dass unter Umständen nur die Nacherfüllung gem. §§ 437 Nr. 1, 439 BGB durch völlige Neulieferung in der nunmehr richtigen Menge die angemessene Rechtsfolge sei.[431] Alternativ ist es dem Käufer auch möglich, nach den §§ 437 Nr. 2, 441 BGB, die bereits erhaltene Teilleistung zu behalten und unter Verzicht auf den Rest den Kaufpreis zu mindern, gem. §§ 437 Nr. 2, 440, 323, 326 Abs. 5 BGB vom Vertrag zurückzutreten oder entsprechend §§ 437 Nr. 3, 440, 280, 281, 311a, 284 BGB Schadensersatz bzw. Ersatz vergeblicher Aufwendungen zu verlangen. Für einen Rücktritt vom ganzen Vertrag bzw. für einen Schadensersatzanspruch statt der gesamten Leistung ist von dem

---

428 MünchKommBGB/*Keller*, § 266 Rn. 3; Palandt/*Heinrichs*, § 266 Rn. 2.

429 BT-Drs. 14/6040, S. 216; *Lorenz/Riehm*, Lehrbuch zum neuen Schuldrecht, Rn. 496; *Ehmann/Sutschet*, Modernisiertes Schuldrecht, S. 219.

430 Schimmel/Buhlmann/*Achilles*, Frankfurter Handbuch zum neuen Schuldrecht, E. I. Rn. 194.

431 BT-Drs. 14/6040, S. 216; Schimmel/Buhlmann/*Achilles*, Frankfurter Handbuch zum neuen Schuldrecht, E. I. Rn. 51.

Erfordernis des Interessenfortfalls nach §§ 323 Abs. 5 S. 1, 281 Abs. 1 S. 2 BGB abzusehen. Andernfalls würde entgegen § 266 BGB doch ein generelles Recht des Schuldners zu Teilleistungen begründet. Hat der Käufer die Minderlieferung allerdings nicht den Anforderungen von § 377 HGB entsprechend gerügt, kann er keinerlei Rechte geltend machen und bleibt gleichzeitig zur Zahlung des vollen Kaufpreises verpflichtet.

Hat der Verkäufer dagegen lediglich eine Teilleistung erbracht, ergeben sich die Rechtsbehelfe des Käufers ausschließlich aus den Vorschriften des allgemeinen Leistungsstörungsrechts: Rücktritt gem. §§ 323 ff. BGB, Anspruch auf Ersatz des Verzugsschadens gem. §§ 280 Abs. 1 und Abs. 2, 286 BGB oder auf Schadensersatz statt der ganzen Leistung gem. §§ 280 Abs. 1 und Abs. 3, 281 BGB. Darüber hinaus besteht kein Grund, den bezüglich des noch ausstehenden Teils weiterhin bestehenden Erfüllungsanspruch als Nachlieferungsanspruch zu modifizieren und den besonderen Regeln des Kaufrechts zu unterstellen.[432] Hat der Käufer die Teilleistung nach § 266 BGB zurückgewiesen, führt dies zu einer vollständigen Nichtleistung des Verkäufers, so dass es für einen Rücktritt vom ganzen Vertrag bzw. für einen Schadensersatzanspruch statt der gesamten Leistung keines Interessenfortfalls nach §§ 323 Abs. 5 S. 1, 281 Abs. 1 S. 2 BGB bedarf.[433]

2. *Mehrlieferung*

Im Gegensatz zur Minderlieferung hat die bislang ebenfalls in § 378 Hs. 2 HGB a.F. erwähnte Mehrlieferung keinen Eingang in § 434 Abs. 3 BGB gefunden. Nach Ansicht des Gesetzgebers ist eine Sonderregelung für den Handelskauf aufgrund der Gepflogenheiten des Handelsverkehrs auch nicht erforderlich.[434] Eine Zuviellieferung begründet somit lediglich dann einen Sachmangel nach § 434 Abs. 1 BGB, wenn die Kaufsache größer als vereinbart oder unteilbar ist bzw. wenn für den Käufer nur eine beschränkte Gebrauchsmöglichkeit besteht oder die Zuviellieferung für ihn sonst nachteilig ist.[435] Entsprechend besteht auch nur noch in diesen Fällen eine Rügeobliegenheit nach § 377 Abs. 1 HGB.

---

432 MünchKommBGB/*Westermann*, § 434 Rn. 42; *Lorenz/Riehm*, Lehrbuch zum neuen Schuldrecht, Rn. 496.

433 Palandt/*Heinrichs*, § 281 Rn. 36 bzw. § 323 Rn. 24; mit einer anderen Begründung ebenso *Lorenz/Riehm*, Lehrbuch zum neuen Schuldrecht, Rn. 496

434 BR-Drs. 338/01, Anhang B, S. 86; übernommen in BT-Drs. 14/7052, S. 211.

435 MünchKommHGB/*Grunewald*, § 377 Rn. 51; Schimmel/Buhlmann/*Achilles*, Frankfurter Handbuch zum neuen Schuldrecht, E. I. Rn. 195.

Die entscheidende Frage ist, welche Rechte ein Verkäufer künftig gegenüber dem Käufer hinsichtlich der Mehrmenge hat. Bislang wurde mit unterschiedlichen Begründungen ein Kaufpreisanspruch auch in Bezug auf die zu viel gelieferte Ware angenommen. § 241a BGB, eingeführt durch das Fernabsatzgesetz[436], stellt zwar nunmehr ausdrücklich fest, dass die Lieferung unbestellter Sachen durch einen Unternehmer einen (Kaufpreis-) Anspruch nicht begründet. Die Vorschrift ist jedoch auf die Lieferung an einen Verbraucher beschränkt und somit nicht auf den beidseitigen Handelskauf anwendbar.

Zur Begründung eines entsprechenden Anspruchs wurde zum Teil auf § 378 HGB a.F. abgestellt, der bewirke, dass der Käufer die Mehrlieferung behalten und bezahlen müsse.[437] Dem wurde berechtigterweise entgegengehalten, dass besagte Vorschrift ihrer Funktion nach lediglich bestehende Ansprüche erhalte, nicht aber eine Vertragserweiterung begründen könne.[438] Ebenso wenig kann § 377 HGB eine anspruchsbegründende Funktion zugeschrieben werden.[439] Somit kann als Rechtfertigung eines solchen Anspruchs lediglich noch der Ansatz in Betracht gezogen werden, wonach die Lieferung ein konkludentes Angebot auf Vertragsschluss bezüglich der Mehrmenge mit gleichzeitigem Verzicht auf den Zugang der Annahmeerklärung enthält.[440] Doch dies überzeugt ebenfalls nicht. Auch im Fall einer Annahme in der Form einer nichtempfangsbedürftigen Willensäußerung nach § 151 S. 1 BGB ist eine eindeutige, nach außen zu Tage tretende Betätigung des Annahmewillens erforderlich.[441] In Betracht kommt hier eine Verarbeitung, Ingebrauchnahme oder sonstige Verwendung der Ware. Sind derartige Anhaltspunkte nicht gegeben, kann auch kein entsprechender Annahmewille unterstellt werden.

Zwar kann ein Schweigen schließlich im Einzelfall auch nach den Grundsätzen von Treu und Glauben im Sinne des § 242 BGB als Annahme zu verstehen sein, wenn aus diesen eine Verpflichtung des Antragsempfängers resultiert, einen abweichenden Willen kundzutun. Voraussetzung dafür

---

436 S.o. Fn. 7.

437 Baumbach/*Hopt*, § 378 Rn. 9 (30. Auflage); Schlegelberger/*Hefermehl*, § 378 Rn. 22.

438 *K. Schmidt*, Handelsrecht, § 29 III 5. e).

439 *Hübner*, Handelsrecht, Rn. 604 ff.

440 *Steck* NJW 2002, 3201, 3202; *K. Schmidt*, Handelsrecht, § 29 III 5. e) für offen deklarierte Mehrlieferungen.

441 MünchKommBGB/*Kramer*, § 151Rn. 50; Palandt/*Heinrichs*, § 151 Rn. 1.

ist jedoch nicht nur das Hinzutreten besonderer Umstände.[442] Auch im kaufmännischen Geschäftsverkehr kommt Schweigen oder Untätigbleiben in aller Regel keine Zustimmungswirkung zu. Nur in „eng begrenzten Ausnahmefällen unter besonders strengen Voraussetzungen“ kann etwas anderes anzunehmen sein.[443]

Treten daher zu einer unterlassenen Ablehnung oder Zurücksendung zu viel gelieferter Waren keine weiteren Umstände hinzu, steht dem Verkäufer somit grundsätzlich[444] kein Anspruch auf eine Gegenleistung für die Mehrlieferung zu. Die Mehrmenge ist vielmehr nach den §§ 812 ff. BGB zurückzufordern.[445]

IV. Ergebnis

Die bislang in § 378 HGB a.F. enthaltene Gleichstellung der genehmigungsfähigen Falschlieferung mit einem Sachmangel im Rahmen der handelsrechtlichen Rügeobliegenheit konnte wegen der durch § 434 Abs. 3 BGB bewirkten Gleichstellung von Sachmangel und Lieferung einer anderen Sache gestrichen werden. Besagte Gleichstellung gilt sowohl für den Gattungs- wie auch den Stückkauf, so dass nunmehr eine einheitliche Rügeobliegenheit für alle Formen der Falschlieferung gilt.

Nicht übernommen wurde die Unterscheidung zwischen genehmigungsfähiger und nicht genehmigungsfähiger Falschlieferung. Der Ansicht, dass § 378 HGB a.F. insoweit in § 434 BGB hineinzulesen sei, kann nicht gefolgt werden. Lediglich in besonders krassen Fällen der Falschlieferung kommt ein Rückgriff auf § 242 BGB in Betracht, um dem Verkäufer die Berufung auf eine unterlassene Rüge zu versagen. Dies sollte jedoch gleichermaßen für Schwerstmängel gelten.

Hinsichtlich der jetzt ebenfalls in § 434 Abs. 3 BGB erfassten Minderlieferung ist bei der Frage nach der Rügeobliegenheit nach wie vor zu unterscheiden: Nur die verdeckte Minderlieferung ist rügepflichtig. Die offene Minderlieferung stellt keinen Sachmangel dar und braucht dementsprechend

---

442 Baumbach/*Hopt*, § 346 Rn. 36; Palandt/*Heinrichs*, § 148 Rn. 3.

443 BGHZ 101, 357, 364 f.

444 Etwas anderes mag im Rahmen andauernder Geschäftsbeziehungen oder einer vorangegangenen Vereinbarung gelten.

445 *Oetker*, Handelsrecht, § 8 Rn. 37; *Jung*, § 37 Rn. 16; *Canaris*, Handelsrecht, § 31 Rn. 44; Schimmel/Buhlmann/*Achilles*, Frankfurter Handbuch zum neuen Schuldrecht, E. I. Rn. 195.

auch nicht gerügt zu werden. Dies entspricht der Rechtslage nach § 378 HGB a.F.

Abweichend davon ist die Zuviellieferung gesetzlich nicht mehr erfasst. Nur unter bestimmten Voraussetzungen stellt sie künftig einen Sachmangel dar. Ein Anspruch auf eine Gegenleistung für die Zuviellieferung steht dem Verkäufer nur bei Hinzutreten besonderer Umstände zu, eine unterlassene Ablehnung oder Rücksendung alleine reicht dafür nicht aus.

Insgesamt ist mit dem Wegfall von § 378 HGB a.F. sowie dem neu gefassten § 434 Abs. 3 BGB eine der maßgeblichsten Besonderheiten des Handelskaufs entfallen bzw. auf alle Kauftypen erstreckt worden: die Anwendung des Gewährleistungsrechts auf die Falschlieferung.

§ 5 Der Fixhandelskauf nach § 376 HGB

Wird ein Handelskauf als relatives Fixgeschäft abgeschlossen, ist die Vorschrift des § 376 HGB zu berücksichtigen. Danach kann der Gläubiger der Leistung vom Vertrag zurücktreten oder, falls der Schuldner im Verzug ist, anstelle der Erfüllung Schadensersatz wegen Nichterfüllung verlangen, wenn vereinbart wurde, dass die Leistung zu einem bestimmten Zeitpunkt oder einer bestimmten Frist erfolgen sollte, dies aber nicht geschehen ist. Begehrt der Gläubiger weiterhin die Leistung, hat er dies entsprechend Abs. 1 S. 1 sofort nach Fristablauf anzuzeigen. Andernfalls geht sein Erfüllungsanspruch unter. Weiterhin enthalten die Abs. 2-4 des § 376 HGB einige Besonderheiten zur Schadensberechnung sowie für die Durchführung einer öffentlichen Versteigerung.

I. Persönlicher Anwendungsbereich

Voraussetzung im Hinblick auf den persönlichen Anwendungsbereich der Vorschrift ist die Kaufmannseigenschaft lediglich einer der beteiligten Parteien (einseitiger Handelskauf). Nach § 376 HGB i.V.m. §§ 343, 345 HGB ist es dabei unerheblich, ob die nicht kaufmännische Partei auf Käufer- oder Verkäuferseite steht.

In aller Regel führt die Anwendung von § 376 zu einer Begünstigung des Käufers und damit zu einer Schlechterstellung des Verkäufers. Zwar dürfte der Verkauf von einer Privatperson an einen Kaufmann eher die Ausnahme sein im Vergleich zur umgekehrten Konstellation. Dennoch ist es unangemessen, die Partei, die nicht Kaufmann ist, im Vergleich zu den allgemeinen

Vorschriften des BGB schlechter zu stellen.[446] Dies gilt umso mehr, wenn es sich dabei um einen Verbraucher handelt. Jedenfalls in dieser Variante ist der persönliche Anwendungsbereich des § 376 HGB im Wege einer teleologischen Reduktion dahingehend einzuschränken, dass die Vorschrift nicht zu Ungunsten eines Verbrauchers anwendbar ist.[447] Soweit ersichtlich, scheint eine Berufung auf den Fixhandelskauf gegenüber einem Verbraucher in der Rechtsprechung bislang allerdings noch keine Rolle gespielt zu haben.

II. Vergleich mit dem Fixgeschäft des BGB

1. Vergleich der Tatbestände

Bislang entsprach die tatbestandliche Definition des bürgerlich-rechtlichen Fixgeschäfts in § 361 BGB a.F. derjenigen des handelskaufrechtlichen Fixgeschäfts in § 376 Abs. 1 S. 1 HGB. Im Rahmen der Schuldrechtsreform wurde das bürgerlich-rechtliche Fixgeschäft in § 323 Abs. 2 Nr. 2 BGB neu gefasst, § 376 HGB dagegen blieb unverändert.

Die §§ 323 ff. BGB regeln das Rücktrittsrecht des Gläubigers infolge einer Nicht- oder Schlechtleistung. Bleibt die Leistung einer Partei aus, ist im Falle eines relativen Fixgeschäfts eine sonst grundsätzlich erforderliche Fristsetzung entbehrlich. Die Annahme eines bürgerlich-rechtlichen Fixgeschäfts setzt nach § 323 Abs. 2 Nr. 2 BGB zunächst voraus, dass der Schuldner die Leistung zu einem im Vertrag bestimmten Termin oder innerhalb einer bestimmten Frist nicht bewirkt hat. Schon vor dieser Neuregelung bestand Einigkeit darüber, dass die Annahme eines relativen Fixgeschäfts mehr erfordert, als dass für die Leistung eine Zeit nach dem Kalender bestimmt ist.[448] Vielmehr müssen sich die Parteien darüber einig sein, dass der ganze Vertrag mit Fristeinhaltung stehen oder fallen soll.[449] Nach dem Vorbild dieser ständigen Rechtsprechung ist in § 323 Abs. 2 Nr. 2 BGB nunmehr festgelegt, dass „der Gläubiger im Vertrag den Fortbestand seines Leistungsinteresses an die Rechtzeitigkeit der Leistung gebunden hat". Da diese von der Rechtsprechung entwickelte Formulierung zur Bewertung einer Terminangabe als fix auch im Rahmen des Fixhandelskaufs

---

446 MünchKommHGB/*Grunewald*, § 376 Rn. 4.

447 Vgl. oben § 2 III. 2. c).

448 MünchKommBGB/*Janßen*, § 361 Rn. 1; *Canaris*, Handelsrecht, § 29 IV.

449 Std. Rspr. seit RGZ 51, 347, 348.

angewandt wird,[450] hätte konsequenter Weise auch der Tatbestand des § 376 Abs. 1 BGB entsprechend geändert werden müssen.

Bislang konnte sich eine derartige Bindung des Erfüllungsinteresses an die Einhaltung eines bestimmten Termins zum einen aus dem Vertrag sowie zum anderen aus den objektiven Umständen ergeben.[451] Nachdem in § 323 Abs. 2 Nr. 2 BGB jedoch eine Regelung „im Vertrag" vorausgesetzt wird, ist die Berücksichtigung objektiver Umstände (z.B. der Kauf von Saisonartikeln oder der Umstand, dass es sich um Spekulations-, Börsen- oder Finanztermingeschäfte handelt) wohl nur noch im Bereich des Fixhandelskaufs möglich. Da aber dort wiederum bereits jeder nicht ausräumbare Zweifel zulasten desjenigen geht, der sich auf den Fixcharakter des Vertrages beruft,[452] scheint eine ausdrückliche Erwähnung im Vertrag ohnehin unerlässlich. Insoweit ergibt sich daher kein gravierender Unterschied zwischen den unterschiedlichen Tatbeständen des bürgerlich-rechtlichen Fixgeschäfts und des Fixhandelskaufs. Dennoch wäre im Interesse einer einheitlichen Rechtsordnung die Wiederherstellung des bisherigen Gleichlaufs der Tatbestände sinnvoll.

2. Vergleich der Rechtsfolgen

Der nach wie vor unveränderte Wortlaut von § 376 HGB entspricht nach der Schuldrechtsreform nicht mehr der Systematik des BGB. So hat sich im allgemeinen Schuldrecht das Verhältnis von Rücktritt und Schadensersatz geändert. Die durch § 325 BGB bewirkte Aufhebung der strikten Alternativität von Schadensersatz und Rücktritt stellt ein erklärtes Ziel des Gesetzgebers dar.[453] Die Rechtsfolge des § 376 Abs. 1 S. 1 HGB, wonach der Schuldner *entweder* vom Vertrag zurücktreten *oder* Schadensersatz verlangen kann, ist damit nicht vereinbar. „Entweder ... oder" ist daher durch „und" zu ersetzen, § 325 BGB geht als lex posterior vor.[454]

---

450 Ebenroth/Boujong/Joost/*Müller*, § 376 Rn. 2.
451 *Canaris*, Schuldrechtsmodernisierung 2002, S. 763.
452 BGH NJW 1990, 2065, 2067; Ebenroth/Boujong/Joost/*Müller*, § 376 Rn. 5.
453 BT-Drs. 14/6040, S. 85, 93, 187 f.
454 Baumbach/*Hopt*, § 376 Rn. 11; Koller/*Roth*/Morck, § 376 Rn. 8; *Oetker*, Handelsrecht, § 8 Rn. 20; *Jung*, Handelsrecht, § 37 Rn. 7.

a) Rücktritt

Entsprechend § 376 Abs. 1 S. 1 HGB berechtigt nun auch das neue bürgerlich-rechtliche Fixgeschäft den Gläubiger schlechthin zum Rücktritt und nicht mehr nur „im Zweifel", wie noch bei § 361 BGB a.F.

Der Fixhandelskauf ermöglicht dem Käufer den Rücktritt, ohne eine Nachfrist gesetzt zu haben. Nach § 323 Abs. 1 BGB ist die Festsetzung einer Nachfrist zwar grundsätzlich erforderlich. Sie ist aber auch nach den allgemeinen Regeln des BGB entbehrlich, wenn der Schuldner die Leistung zu einem im Vertrag bestimmten Termin oder innerhalb einer bestimmten Frist nicht bewirkt und der Gläubiger im Vertrag den Fortbestand seines Leistungsinteresses an die Rechtzeitigkeit der Leistung gebunden hat, § 323 Abs. 2 Nr. 2 BGB. Dabei ist auf die gleichen Kriterien wie im Rahmen des Fixhandelskaufs abzustellen,[455] so dass der Rücktritt nach § 323 Abs. 2 Nr. 2 BGB ebenso wie der Rücktritt im Rahmen des Fixhandelskaufs nicht von einer Nachfrist oder einer sonstigen Voraussetzung abhängig ist. § 376 Abs. 1 HGB stellt somit auch in dieser Hinsicht keine Besonderheit mehr dar.[456]

Da der Fixhandelskauf als lex specialis nur § 323 Abs. 2 Nr. 2 BGB verdrängt, bleiben die Rücktrittsmodalitäten der Abs. 3 – 6 unberührt. Bei Geringfügigkeit kann daher ggf. nur § 323 Abs. 5 S. 2 BGB entgegenstehen und nicht mehr § 242 BGB.[457] Ist die fristgerecht zu erbringende Leistung von einer Vorleistung des Gläubigers abhängig, welche dieser schuldhaft nicht erbringt,[458] ist der Rücktritt nach § 323 Abs. 6 Hs. 1 BGB ausgeschlossen.

b) Schadensersatz wegen Nichterfüllung

Weiterhin räumt § 376 Abs. 1 HGB dem Käufer bei Vorliegen der entsprechenden Voraussetzungen unverändert einen Anspruch auf „Schadensersatz wegen Nichterfüllung" ein. Im Zuge der Schuldrechtsreform wurde diese Terminologie jedoch durch „Schadensersatz statt der Leistung" ersetzt.[459]

---

455 MünchKommHGB/*Grunewald*, § 376 Rn. 5.

456 Baumbach/*Hopt*, § 376 Rn. 10; Koller/*Roth*/Morck, § 376 Rn. 9.

457 So aber Koller/*Roth*/Morck, § 376 Rn. 8.

458 Vgl. BGH DB 1965, 138.

459 Der Reformgesetzgeber hielt die bisherige Terminologie für unzutreffend, denn der Schadensersatzanspruch trete nicht an die Stelle der Erfüllung, sondern an die Stelle der primär geschuldeten Leistung, die nicht mehr verlangt werden könne. Auch die Leistung von Schadensersatz bedeute Erfüllung (nämlich der

Gegen eine bloße Nachlässigkeit des Gesetzgebers ließe sich anführen, dass der Fixhandelskauf durchaus Gegenstand der Überlegungen zur Neuregelung des normalen Fixgeschäfts im Rahmen der Schuldrechtsreform gewesen ist. So findet sich in der Begründung zu § 323 Abs. 2 Nr. 2 BGB die Aussage, dass dort nunmehr abweichend von § 361 BGB a.F., aber „entsprechend § 376 HGB" nicht nur eine Auslegungsregel, sondern ein gesetzliches Rücktrittsrecht wegen Pflichtverletzung durch Terminüberschreitung formuliert ist.[460] Daraus lässt sich jedoch nicht schließen, dass eine Änderung von § 376 HGB bewusst unterlassen wurde. Vielmehr deuten die Erläuterungen zu § 281 Abs. 1 S. 1 BGB darauf hin, dass es schlicht übersehen wurde, § 376 HGB zu ändern. Dort wird der Zweck der Norm dahingehend beschrieben, dass sie ihrer Funktion nach die bisherigen Regelungen über den Schadensersatzanspruch wegen Nichterfüllung bei Verzug ersetze, insbesondere also den § 326 BGB a.F.[461] Mit den „bisherigen Regelungen" sind neben § 326 BGB a.F. wohl in erster Linie die weiteren Regeln im BGB gemeint, wie z.B. §§ 536a Abs. 1, 635 BGB a.F. Aber auch § 376 HGB stellt eine solche „Regelung über den Schadensersatzanspruch wegen Nichterfüllung bei Verzug" dar, so dass nach dem Willen des Gesetzgebers auch diese Vorschrift durch § 281 Abs. 1 S. 1 BGB ersetzt werden bzw. auf diese verwiesen werden soll.

Der „Schadensersatz wegen Nichterfüllung" in § 376 Abs. 1 HGB ist daher ohne sachlichen Unterschied als „Schadensersatz statt der Leistung" nach § 281 BGB zu verstehen.[462] Dementsprechend ist auch das Verzugserfordernis in § 376 Abs. 1 HGB überflüssig, da die entsprechenden Voraussetzungen auch für einen Schadensersatzanspruch nach den allgemeinen Regeln vorliegen müssen, §§ 280 Abs. 2, 286 BGB. Weitere Voraussetzungen ergeben sich allerdings regelmäßig ohnehin nicht, da eine Mahnung des

---

auf Schadensersatz gerichteten Verbindlichkeit), so BT-Drs. 14/6040, S. 137. Allerdings stellt auch die Erfüllung durch die Leistung von Schadensersatz eine Leistung dar, genauer eine Sekundärleistung. Insoweit ist auch der Begriff „Schadensersatz statt der Leistung" zweifelhaft. Entstehungsgrund des in Rede stehenden Schadensersatzanspruchs ist die Nichterfüllung bzw. pflichtwidrige Erfüllung der Primärleistungspflicht. Nimmt man es genau mit der Terminologie, müsste es wohl „Schadensersatz statt der Primärleistung" oder „Schadensersatz wegen Nichterfüllung der Primärleistungspflicht" heißen.

460 BT-Drs. 14/6040, S. 185.

461 BT-Drs. 14/6040, S. 138.

462 MünchKommHGB/*Grunewald*, § 376 Rn. 19; Baumbach/*Hopt*, § 376 Rn. 11; Koller/*Roth*/Morck, § 376 Rn. 9; *Oetker*, Handelsrecht, § 8 Rn. 20; *Jung*, Handelsrecht, § 37 Rn. 7.

Gläubigers meist nach § 286 Abs. 2 BGB entbehrlich sein wird und das Verschulden nach Abs. 4 zu vermuten ist.

Darüber hinaus liegt ein vermeintlicher Unterschied des Fixhandelskaufs zu den allgemeinen Regeln darin, dass gem. § 281 Abs. 1 BGB eine Fristsetzung erforderlich ist, bevor Schadensersatz statt der Leistung geltend gemacht werden kann, während diese im Rahmen von § 376 HGB nicht notwendig ist.[463] Nach § 281 Abs. 2 BGB ist eine Fristsetzung jedoch auch dann entbehrlich, wenn besondere Umstände vorliegen, die unter Abwägung der beiderseitigen Interessen die sofortige Geltendmachung rechtfertigen. In der Begründung zu § 281 Abs. 2 BGB heißt es dazu, dass sog. „Just-in-time-Verträge" einen solchen Fall darstellen.[464] Allerdings stellen derartige Verträge regelmäßig auch Fix*handels*käufe im Sinne des § 376 HGB dar.[465] Da eine Fristsetzung als Voraussetzung für einen Schadensersatzanspruch zumindest für diese Art des Fixhandelskaufs somit bereits nach den allgemeinen Regeln entbehrlich sein soll, stellt sich die Frage, welchen eigenständigen Anwendungsbereich § 376 HGB daneben noch hat. Eine nahe liegende Schlussfolgerung ist jedenfalls, dass auch für den Schadensersatzanspruch beim normalen Fixgeschäft eine Fristsetzung grundsätzlich nicht mehr erforderlich ist.[466]

Damit ergeben sich auch im Hinblick auf den Schadensersatz keine Unterschiede mehr zwischen bürgerlich-rechtlichem Fixgeschäft und Fixhandelskauf.

c) Untergang des Erfüllungsanspruchs nach Terminüberschreitung

Der Erfüllungsanspruch bleibt beim normalen Fixgeschäft nach Fristablauf auch künftig ohne weiteres bestehen, bis der Gläubiger tatsächlich den Rücktritt erklärt oder Schadensersatz statt der Leistung geltend macht. Liegt dagegen ein Fixhandelskauf vor, ist nach § 376 Abs. 1 S. 2 HGB sofort nach

463 MünchKommHGB/*Grunewald*, § 376 Rn. 19.

464 BT-Drs. 14/6040, S. 140.

465 *K. Schmidt*, Handelsrecht, § 29 II 4. c); *Emmerich* JuS 1997, 98, 100; auf Just-in-time-Verträge als Werklieferungsverträge (*Wellenhofer-Klein*, Zulieferverträge, S. 329) zwischen Kaufleuten ist § 376 HGB über § 381 Abs. 2 HGB bzw. § 651 S. 2 HGB anwendbar.

466 Staudinger/*Otto*, § 281 Rn. B 117, wonach beim relativen Fixgeschäft in der Regel eine Fristsetzung nach § 281 Abs. 2 BGB entbehrlich ist; *Lorenz/Riehm*, Lehrbuch zum neuen Schuldrecht, Rn. 496; *Jung*, Handelsrecht, § 37 Rn. 7; A.A. wohl AnwKomm-BGB/*Dauner-Lieb*, § 281 Rn. 43 mit dem Hinweis, daß eine § 323 Abs. 2 Nr. 2 BGB entsprechende Regelung in § 281 BGB fehlt.

Ablauf der Zeit oder der Frist eine Anzeige des Gläubigers, dass er auf Erfüllung besteht, erforderlich, um den Erfüllungsanspruch zu erhalten. Einzig der Untergang des Erfüllungsanspruchs bei nicht sofortiger Anzeige des fortbestehenden Erfüllungsinteresses unterscheidet den Fixhandelskauf damit noch vom normalen Fixgeschäft des BGB.[467]

Gerade in diesem Punkt kommen jedoch Zweifel auf, ob dies praxisgerecht ist.[468] Bei Produkten, die nach speziellen Bedürfnissen des Käufers hergestellt werden, ist fraglich, ob mit jeder Terminüberschreitung regelmäßig auch dessen Interesse an der Leistung insgesamt wegfällt. Erhält beispielsweise der Hersteller die von ihm benötigten Teile nicht rechtzeitig von seinem Zulieferer, bleibt er auf diese unverändert angewiesen. Sich einen neuen Lieferanten zu suchen, soweit überhaupt noch ein anderer Anbieter am Markt tätig ist, und mit diesem alle nötigen Produktspezifikationen zu erörtern und schließlich entsprechende Verträge abzuschließen, würde einen erheblichen Zeitaufwand bedeuten. Der automatische Untergang des Erfüllungsanspruchs bei Terminüberschreitung ist somit nicht unbedingt in seinem Interesse. Wichtig ist für den Hersteller lediglich, einen ihm ggf. entstandenen Schaden wegen einer verspäteten Ablieferung des fertigen Produkts ohne Nachfristsetzung (und damit ohne Chance zur zweiten Andienung) geltend machen zu können. Das ermöglicht wie gesehen aber schon das bürgerlich-rechtliche Fixgeschäft.

Ein automatischer Untergang des Erfüllungsanspruchs ist in diesen Fällen auch nicht unbedingt im Interesse des Verkäufers. Die häufig nach genauen Vorgaben des Käufers hergestellten Produkte dürften nämlich nur schwer anderweitig verkäuflich sein, wenn sie es überhaupt sind.

Um diese nicht den Interessen der Parteien entsprechende Wertung des Gesetzes zu umgehen, wird im Schrifttum zweierlei in Betracht gezogen. Einerseits könnte § 376 HGB als konkludent abbedungen angesehen werden. Andererseits sei es aufgrund der unpassenden Rechtsfolge auch denkbar, schon „den Charakter des Kaufvertrages als Fixgeschäft" zu bestreiten.[469]

Letztgenannter Vorgehensweise stehen erhebliche Bedenken entgegen. Der Charakter des Fixgeschäfts ergibt sich aus den Tatbestandsmerkmalen des § 376 Abs. 1 S. 1 HGB. Sind diese erfüllt, liegt ein Fixhandelskauf vor.

467 Daneben enthält § 376 HGB noch die Möglichkeit einer modifizierten Schadensberechnung, auf die hier nicht näher eingegangen wird.

468 *Stuhlfelner*, HK-HGB, § 376 Rn. 1 warnt aus diesem Grund vor einer „oft unbedachten" Vereinbarung von Fixhandelskäufen.

469 MünchKommHGB/*Grunewald*, § 376 Rn. 3.

An dieser Stelle bereits die möglichen Folgen einzubeziehen, stellt eine unzulässige Vermengung von Tatbestand und Rechtsfolge dar. Es ist gerade die Wertung des Gesetzes, dass ein bestimmter Sachverhalt eine bestimmte Konsequenz hat. Dogmatisch vertretbar erscheint es dagegen eher, § 376 HGB *insoweit* (d.h. dessen Abs. 1 S. 2 und nicht die Vorschrift insgesamt) als konkludent abbedungen anzusehen. Im Grunde handelt es sich dabei um nichts anderes, als eine ergänzende Vertragsauslegung.[470] Die „planwidrige Unvollständigkeit" liegt darin, dass die Parteien einen im Hinblick auf ihre Interessen regelungsbedürftigen Punkt nicht bedacht haben. Innerhalb der entsprechenden Schranken ist eine Ergänzung des Vertragsinhalts auf der Grundlage des hypothetischen Parteiwillens denkbar. Zwar besteht grundsätzlich ein Vorrang des dispositiven Rechts. Davon sind jedoch Ausnahmen anerkannt, insbesondere wenn das dispositive Recht (wie hier) dem mutmaßlichen Parteiwillen widerspricht.[471] Wären sich die Vertragsparteien der Rechtsfolgen des § 376 HGB bewusst gewesen, hätten sie vermutlich den ihren Interessen zuwiderlaufenden automatischen Untergang des Erfüllungsanspruchs ausgeschlossen. § 376 Abs. 1 S. 2 HGB kann somit durchaus als konkludent abbedungen angesehen werden.

III. Praktische Bedeutung

Der sofortige Untergang des Erfüllungsanspruchs als einziger verbleibender Unterschied zu den Rechtsfolgen des BGB-Fixgeschäfts liegt häufig nicht im Interesse der Parteien. Da § 376 HGB abdingbar ist,[472] besteht grundsätzlich die Möglichkeit, die Geltung der Vorschrift durch entsprechende AGB-Klauseln gänzlich auszuschließen oder abweichende Regelungen zu treffen, soweit sie den Parteien überhaupt bekannt ist.

Darüber hinaus ist die Anwendbarkeit der Vorschrift zu Ungunsten eines Verbrauchers, wie bereits dargestellt, im Wege einer teleologischen Reduktion auszuschließen.[473]

In der Rechtsprechung herrscht darüber hinaus Zurückhaltung, was die Annahme eines relativen Fixgeschäfts betrifft.[474] Die Frage, wann bestimm-

---

470 Zu deren Grundsätzen Palandt/*Heinrichs*, § 157 Rn. 2 ff.; MünchKommBGB/*Mayer Maly/Busche*, § 157 Rn. 25 ff.

471 Palandt/*Heinrichs*, § 157 Rn. 5.; MünchKommBGB/*Mayer-Maly/Busche*, § 157 Rn. 35 ff.

472 Baumbach/*Hopt*, § 376 Rn. 15.

473 § 2 III. 2. c).

te Klauseln, seien es individualvertragliche oder allgemeine Ein- und Verkaufsbedingungen, einen Lieferzeitpunkt tatsächlich wirksam als fix festschreiben, wäre nach den allgemeinen Regeln ebenfalls zu klären, ggf. unter Berücksichtigung entsprechender Übungen im Geschäftsverkehr. Originäre Besonderheiten des § 376 HGB haben dagegen bislang keine Rolle gespielt.

All dies spricht dafür, die praktische Bedeutung von § 376 HGB als eher gering einzustufen.

§ 6 Sonstige Regeln im Recht des Handelskaufs

Mit Ausnahme der Untersuchungs- und Rügeobliegenheit wird den Vorschriften über den Handelskauf allgemein nur eine unwesentliche praktische Bedeutung zugeschrieben.[475] Diese Einschätzung wird durch eine überschaubare Rechtsprechung zu den §§ 373 ff. HGB bestätigt. Als weiteres Indiz kann auch der Umstand gewertet werden, dass die Diskussion über eine entsprechende Anwendung handelsrechtlicher Vorschriften auf nichtkaufmännische Unternehmer im Bereich des Handelskaufs fast ausschließlich auf § 377 HGB bezogen ist.

Schließlich erfolgt der Warenkauf im kaufmännischen Verkehr häufig unter Verwendung allgemeiner Ein- und Verkaufsbedingungen.[476] Diese ermöglichen es den Parteien, den spezifischen Anforderungen ihres Geschäftsbereichs Rechnung zu tragen, indem ihrem Vertragsverhältnis der jeweils zweckmäßigste rechtliche Rahmen zu Grunde gelegt wird.

1. §§ 373, 374 HGB – Annahmeverzug des Käufers

Unverändert erweitern die §§ 373, 374 HGB die allgemeinen Verkäuferrechte bei Annahmeverzug des Käufers nach §§ 293 BGB ff. um ein Hinterlegungsrecht und die Möglichkeit zum Selbsthilfeverkauf. Letzterer kommt dem nach § 383 BGB eingeräumten Recht zur Versteigerung nicht hinterlegungsfähiger Sachen allerdings sehr nahe.[477]

---

474 BGH NJW 1990, 2065, 2067; BGH NJW-RR 1989, 1373; MünchKommHGB/*Grunewald*, § 376 Rn. 9.

475 Röhricht/Graf von Westphalen/*Wagner*, vor §§ 373 – 382 Rn. 2; Ebenroth/Boujong/Joost/*Müller*, vor § 373 Rn. 10; *Emmerich* JuS 1997, 98.

476 Koller/*Roth*/Morck, Vor §§ 373-376 Rn. 3

477 MünchKommHGB/*Grunewald*, §§ 373, 374 Rn. 2.

Problematisch ist hier die Anwendung der Vorschrift gegenüber einem Verbraucher. Insbesondere wird eine lediglich auf § 373 HGB gestützte Hinterlegung auf dessen Kosten für nicht vertretbar gehalten.[478] Daneben ist die Rechtfertigung der Besserstellung der Kaufleute im Vergleich zu den für Nichtkaufleute geltenden allgemeinen Vorschriften zweifelhaft. Auch nichtkaufmännische Unternehmer oder Privatpersonen können als Verkäufer vergleichbare Interessen haben.[479]

2. § 375 HGB – Bestimmungskauf

Ein Bestimmungskauf liegt vor, wenn im Rahmen eines einseitigen Handelskaufs der Käufer noch eine nähere Bestimmung über Form, Maß oder ähnliche Verhältnisse der Kaufsache zu treffen hat. Die von § 375 Abs. 2 HGB angeordneten Rechtsfolgen für den Fall, dass der Käufer mit der Bestimmung in Verzug gerät, sind in der Sache unverändert geblieben.[480] Lediglich die Verweisungen auf die Rechtsbehelfe Schadensersatz und Rücktritt wurden der neuen BGB-Systematik angepasst, wodurch das Erfordernis einer Ablehnungsandrohung nach § 326 BGB a.F. entfallen ist.[481]

Wie bei den §§ 373, 374 HGB stellt sich die Frage, warum einem Kaufmann, der an eine Privatperson verkauft, gegenüber einer Privatperson, die ebenfalls an eine Privatperson verkauft, weitergehende Rechte eingeräumt werden sollten. Beiden kann gleichermaßen an einem Vorgehen nach § 375 HGB gelegen sein.[482]

3. §§ 379, 380, 381 Abs. 1 HGB

Keinerlei Veränderungen sind im Rahmen der §§ 379, 380, 381 Abs. 1 HGB festzustellen.

Liegt ein beidseitiger Handelskauf vor, hat der Käufer im Falle einer Beanstandung der ihm von einem anderen Orte übersandten Ware für deren einstweilige Aufbewahrung zu sorgen, § 379 Abs. 1 HGB. Nach Abs. 2 kann der Käufer die Ware auch in der in § 373 HGB vorgeschriebenen Art und Weise verkaufen, wenn diese dem Verderb ausgesetzt ist und Gefahr

---

478 *K. Schmidt*, Handelsrecht, § 29 II 2. b).

479 MünchKommHGB/*Grunewald*, §§ 373, 374 Rn. 3.

480 Baumbach/*Hopt*, § 375 Rn. 1.

481 Ebenroth/Boujong/Joost/*Müller*, Aktualisierungsband § 375 Rn. 1; *Steck* NJW 2002, 3201, 3202.

482 MünchKommHGB/*Grunewald*, § 375 Rn. 3.

im Verzug ist. Warum einem kaufmännischen Käufer eine Aufbewahrung nur bei Erwerb von einem anderen Kaufmann zumutbar sein soll, ist nicht nachvollziehbar. Mit § 379 Abs. 1 HGB vergleichbare Aufbewahrungspflichten ergeben sich allerdings schon nach den allgemeinen Vorschriften des BGB,[483] da die Vermögensinteressen des Verkäufers grundsätzlich zu beachten und Schäden soweit möglich abzuwenden sind. Einzig die Rücksendung der Ware soll im Anwendungsbereich von § 379 HGB nicht zulässig sein.[484] Liegen die Voraussetzungen des Abs. 2 nicht vor, kann ein Notverkauf nach den Grundsätzen der Geschäftsführung ohne Auftrag erfolgen.[485] Insoweit stellt auch § 379 Abs. 2 HGB keine unentbehrliche Vorschrift dar.

§ 380 HGB enthält lediglich eine Auslegungsregel, nach der das Gewicht der Verpackung nicht zu berücksichtigen ist, wenn der Kaufpreis nach dem Gewicht der Ware zu berechnen ist. Vertragliche Vereinbarungen und damit auch Ein- und Verkaufsbedingungen sowie Handelsbräuche am Erfüllungsort des Verkäufers gehen jedoch vor.

In § 381 Abs. 1 HGB wird klar gestellt, dass die §§ 373 – 380 HGB und damit insbesondere § 377 HGB auch auf den Kauf von Wertpapieren anzuwenden sind. Die Bedeutung der Untersuchungs- und Rügeobliegenheit hat im Rahmen des Wertpapierkaufs erheblich zugenommen, da nunmehr nicht nur der Sach- sondern auch der Rechtsmangel zu rügen ist. Waren Sachmängel wie Unleserlichkeit oder Beschädigung eher unerheblich, spielen Rechtsmängel eine entscheidende Rolle.[486] Ob diese Klarstellung allerdings zwingend erforderlich ist, ist fraglich. Wertpapiere, ehemals in § 1 Abs. 2 Nr. 1 HGB a.F. definiert als handelbare bewegliche Sachen, unter den Begriff der Waren in § 377 HGB zu subsumieren, erscheint durchaus nachvollziehbar.

4. Neufassung des § 381 Abs. 2 HGB

Nach § 381 Abs. 2 HGB finden auf einen Vertrag, der die Lieferung herzustellender oder zu erzeugender beweglicher Sachen zum Gegenstand hat, die Vorschriften der §§ 373 ff. HGB Anwendung.

Vor der Schuldrechtsreform war § 381 Abs. 2 HGB a.F. notwendig gewesen, da nach § 651 Abs. 1 S. 2 BGB a.F. auf Verträge über die Herstel-

---

483 Vgl. Staudinger/*Beckmann*, § 433 Rn. 181.
484 MünchKommHGB/*Grunewald*, § 375 Rn. 3.
485 Baumbach/*Hopt*, § 379 Rn. 11.
486 Baumbach/*Hopt*, § 381 Rn. 3 f.

lung nicht vertretbarer Sachen als Werklieferungsverträge überwiegend Werkvertragsrecht anwendbar war und diese somit nicht dem Handelskaufrecht unterfallen wären. Inzwischen stellt bereits § 651 S. 1 BGB, dessen Tatbestandsvoraussetzungen mit denen des § 381 Abs. 2 HGB identisch sind, klar, dass auf einen Vertrag, der die Lieferung herzustellender oder zu erzeugender beweglicher Sachen zum Gegenstand hat, die Vorschriften über den Kauf Anwendung finden. Da aber auch der Handelskauf zu den „Vorschriften über den Kauf" im Sinne des § 651 S. 1 BGB gehört, sind die §§ 373 ff. HGB schon deshalb unmittelbar anwendbar. Rechtsfolge der Vorschrift ist mithin die Anwendbarkeit aller kaufrechtlichen Vorschriften. So gilt § 651 S. 1 BGB auch im Rahmen des Verbrauchsgüterkaufs,[487] ohne dass dort eine § 381 Abs. 2 HGB entsprechende Vorschrift existiert.

§ 381 Abs. 2 BGB besitzt damit allenfalls noch eine klar stellende Funktion, im Grunde ist er jedoch überflüssig.[488] Die Rechtsprechung nimmt die für die Anwendbarkeit des (Handels-) Kaufrechts erforderliche Abgrenzung der beweglichen von den unbeweglichen Sachen allerdings weiterhin im Rahmen des § 381 Abs. 2 HGB und nicht unter § 651 S. 1 BGB vor.[489]

5. Ergebnis

Soweit die sonstigen Vorschriften über den einseitigen Handelskauf überhaupt noch einen von den allgemeinen Vorschriften abweichenden Regelungsgehalt aufweisen, ist dieser weitestgehend ohne praktische Bedeutung.

Nochmals sei auf die Fragwürdigkeit der Bevorzugung kaufmännischer Interessen im Rahmen von einseitigen Handelsgeschäften hingewiesen.

---

487 Palandt/*Sprau*, § 651 Rn. 6.

488 I.E. ebenso: MünchKommHGB/*Grunewald*, § 381 Nr. 2.

489 OLG Düsseldorf BauR 2003, 409.

3. Teil: Veränderung der Kaufrechtssystematik

Im dritten Teil der vorliegenden Arbeit werden nunmehr, nach einer kurzen Zusammenfassung der sich aus den ersten beiden Teilen ergebenden Problemstellungen, infrage kommende Lösungsansätze dargestellt und auf ihre Tauglichkeit hin untersucht. Abschließend wird ein konkreter Vorschlag für eine Überarbeitung der Systematik der subjektiven Anknüpfungspunkte im Kaufrecht vorgeschlagen und im Einzelnen begründet.

§ 7 Defizite des geltenden Rechts und daraus folgender Handlungsbedarf

I. Die einzelnen subjektiven Anknüpfungspunkte im Kaufrecht

Die genaue Abgrenzung zwischen Verbraucher und Unternehmer bereitet zwar in einzelnen Punkten noch Schwierigkeiten. Diese lassen sich jedoch bei näherer Betrachtung hinreichend und im Ergebnis befriedigend lösen. Die grundsätzliche Reichweite der Begriffe steht somit fest. Zu einer Überschneidung kann es nicht kommen, da sich die Begriffe jeweils ausschließen. Allerdings sind sie in ihrer derzeitigen Formulierung nicht abschließend. Es existiert noch eine Zwischenkategorie die weder Verbraucher noch Unternehmer ist, die sog. Zivilperson.

Die Kritik am geltenden Kaufmannsbegriff im Sinne der §§ 1 ff. HGB als subjektiver Anknüpfungspunkt des Handelsrechts ist zwar nicht neu, sie hat deshalb aber nicht ihre Berechtigung verloren. Vor allem die Ausklammerung der Freien Berufe aus dem Handelsrecht insgesamt und nicht nur in Teilbereichen ist kaum mehr zu rechtfertigen. Sie ist in aller erster Linie historisch bedingt. Sowohl der Gesetzgeber wie auch Literatur und Rechtsprechung haben andere Bereiche erkannt, in denen die Freien Berufe Gewerbetreibenden gleichzustellen sein sollen. Dies gilt jedoch auch für den Bereich der Handelsgeschäfte. Es liegt hier die Vermutung nahe, dass mit steuerpolitischen Erwägungen sachfremde Gründe für die Sonderbehandlung der Freien Berufe verantwortlich sind.

Entscheidender Unterschied des Kaufmannsbegriffs gem. §§ 1 ff. HGB zum Unternehmerbegriff nach § 14 BGB ist nach wie vor, dass Letzterer auch die freiberufliche, landwirtschaftliche oder künstlerische Tätigkeit erfasst. Von ihrer Funktionsweise (Beweislast und Strukturmerkmale) sind die Begriffe im Wesentlichen miteinander vergleichbar.

Schließlich ist der Kaufmannsbegriff als Anknüpfungspunkt für die handelsgeschäftlichen Vorschriften auch deshalb nicht geeignet, weil er als Statusbegriff einen Typus von Rechtssubjekten im Blick hat und nicht einen Typus von Rechtsgeschäften, wie sie in den §§ 343 ff. HGB enthalten sind.[490]

II. Systematik der subjektiven Anknüpfungspunkte im Kaufrecht

Auf der Grundlage der im ersten Teil dargestellten Rechtssubjekte ergibt sich wie gesehen eine Vielzahl von theoretisch denkbaren Konstellationen kaufrechtlicher Vertragsverhältnisse. Im Rahmen dieser Konstellationen kommen jeweils unterschiedliche Vorschriften zur Anwendung. Hinzukommt, dass dabei mehrere Gesetzeskodifikationen zu beachten sind. Vorzugswürdig wäre demgegenüber eine einheitliche, überschneidungsfreie Abgrenzung zwischen privat und geschäftlich handelnden Rechtssubjekten bzw. privater und geschäftlicher Tätigkeit, zumindest im Bereich des Kaufrechts. Zweckmäßigerweise sollte diese Abgrenzung sowie daran anknüpfende Regelungen innerhalb eines Gesetzes verankert werden. Dabei geht es um mehr als ein bloßes „Gefühl der Kodifikationsästhetik und des redaktionellen Ungenügens“,[491] nämlich um eine zweckmäßig strukturierte und damit anwenderfreundliche Rechtsordnung.

Der Umstand, dass ein Verbrauchsgüterkauf regelmäßig zugleich als einseitiger Handelskauf anzusehen ist, führt zu erheblichen Wertungswidersprüchen.

III. Der Handelskauf

Zu Recht wird in der Untersuchungs- und Rügeobliegenheit des § 377 HGB die einzige noch praktisch bedeutsame handelskaufrechtliche Vorschrift gesehen. Sie ist weder europarechtswidrig noch überflüssig. Vielmehr stellt § 377 HGB unverändert ein effektives Mittel zur Beschleunigung der Ver-

---

490 *K. Schmidt* BB 2005, 837, 841.

491 Schulte-Nölke/Schulze/*Schmidt*, Die Schuldrechtsreform vor dem Hintergrund des Gemeinschaftsrechts, S. 148

tragsabwicklung im geschäftlichen Warenhandel dar. Damit dient sie einem der wesentlichen handelsrechtlichen Ziele. Die Untersuchungs- und Rügeobliegenheit ist noch immer von großem praktischem Nutzen und daher grundsätzlich beizubehalten.

Auf der anderen Seite hat § 377 HGB im Falle eines Rügeversäumnisses „katastrophale Folgen“ [492] für den Käufer. Hinter den dargestellten Umgehungsversuchen stehen in Anbetracht dieser Konsequenzen zwar „durchaus legitime Erwägungen eines verbesserten Käuferschutzes“.[493] Von einem dem Grunde nach berechtigten Anliegen kann umso mehr im Hinblick auf die Tatsache ausgegangen werden, dass § 377 HGB obschon seiner gravierenden Rechtsfolgen in seinem sachlichen Anwendungsbereich noch ausgedehnt wurde. In der Sache überzeugen sie jedoch nicht. Durch die Vorgehensweise der Rechtsprechung wird aufgrund von originären Nebenpflichtverletzungen des Verkäufers die an sich ausschließlich auf Sachmängel als Verletzung einer Hauptpflicht ausgerichtete Untersuchungs- und Rügeobliegenheit umgangen. Zweckmäßiger wäre es stattdessen, über eine Modifikation von § 377 HGB selbst nachzudenken, damit derartige „Umgehungsversuche“ künftig nicht mehr erforderlich sind. So ist es sinnvoller, die hohen Anforderungen an den Käufer zur Erfüllung seiner Obliegenheiten zu „entschärfen“, allerdings ohne dadurch beseitigte Probleme wie z.B. die Unterscheidung zwischen genehmigungsfähig und genehmigungs-unfähig wieder einzuführen.

Die Vorschriften über den einseitigen Handelskauf sind im Hinblick auf den persönlichen Anwendungsbereich in mehrfacher Hinsicht kritikwürdig. Aus der Sicht des Verbrauchers bestehen größte Bedenken, ihn aufgrund eines an einen völlig anderen Personenkreis adressierten Sonderrechts nachteiligen Regelungen zu unterstellen. Weniger gravierend, aber ebenso wenig bezweckt ist die Besserstellung des Verbrauchers durch das Handelsrecht, wenn er auf der durch den einseitigen Handelskauf begünstigten Vertragsseite steht.

Aus der Sicht der kaufmännischen Vertragspartei ist schwer zu vermitteln, warum ein Kaufmann, der an eine Privatperson verkauft, durch die §§ 373 ff. HGB gegenüber nicht kaufmännischen Verkäufern bevorzugt wird. In aller Regel wird zwar das Interesse an einer schnellen Vertragsabwicklung bei Privatpersonen nicht den gleichen Stellenwert haben wie bei

492 BMJ, Diskussionsentwurf eines Schuldrechtsmodernisierungsgesetzes, S. 477, abgedruckt in: *Canaris*, Schuldrechtsmodernisierung 2002, S. 3 ff.

493 *Emmerich* JuS 1997, 98, 102.

Kaufleuten.[494] Es jedoch gänzlich in Abrede zu stellen, führt zu einer nicht gerechtfertigten Benachteiligung.

Bestätigt haben sich die Zweifel, ob den §§ 373 ff. HGB (mit Ausnahme von § 377 HGB) überhaupt noch eine maßgebliche praktische Bedeutung zukommt. So ist vor allem im Rahmen von § 376 HGB häufig eine ergänzende Vertragsauslegung erforderlich, um den Interessen beider Vertragsparteien widersprechende Ergebnisse zu vermeiden. Im Rahmen der Abschaffung von § 378 HGB a.F. hat sich der Gesetzgeber zwar damit auseinander gesetzt, ob die bislang in dieser Vorschrift enthaltene handelskaufrechtliche Besonderheit der Genehmigungsfähigkeit einer Falschlieferung künftig noch erforderlich ist. Die wenigen weiteren handelskaufrechtlichen Regelungen wurden jedoch nicht auf ihre Erforderlichkeit hin überprüft. Vor dem Hintergrund, dass auch der Gesetzgeber bestrebt ist, eine „Zersplitterung des Kaufrechts" zu vermeiden, kann dies als verpasste Gelegenheit angesehen werden, eine vorhandene Zersplitterung zu beseitigen, auch wenn primärer Anlass der Neufassung des Kaufrechts die Verbrauchsgüterkaufrichtlinie war.

§ 8 Lösungsansätze

I. Die ersatzlose Abschaffung des Handelskaufs

Hatte das ADHGB das Recht des Handelskaufs noch sehr eingehend geregelt (Art. 337 ff.), da es aufgrund der zu diesem Zeitpunkt in Deutschland herrschenden Rechtszersplitterung teilweise ein allgemeines Schuldrecht substituieren musste,[495] so enthält das HGB seit In-Kraft-Treten des BGB ohnehin nur noch wenige Sonderregeln über den Handelskauf. Eine mögliche Lösung besteht daher darin, die handelskaufrechtlichen Regelungen nunmehr gänzlich und ersatzlos zu streichen.

Durch einen ersatzlosen Verzicht auf den Handelskauf wäre zwar eine erhebliche Vereinfachung der Kaufrechtssystematik zu erreichen. So würden von den zahlreichen denkbaren Konstellationen, in denen die unterschiedlichen Kaufrechtssubjekte aufeinander treffen können,[496] diejenigen Varianten wegfallen, an denen ein Kaufmann bzw. zwei Kaufleute beteiligt sind. Für die grundsätzliche Frage einer Erweiterung der persönlichen An-

494 MünchKommHGB/*Grunewald*, § 375 Rn. 3.
495 *Rabel*, Das Recht des Warenkaufs, § 20.
496 S.o. § 1 VI.

wendungsbereiche handelsrechtlicher Ausnahmen von zwingenden Schutzvorschriften bzw. Verschärfungen von Verhaltensanforderungen brächte dieser Ansatz allerdings keine Anregung.

Schließlich sind zwar die meisten handelskaufrechtlichen Vorschriften tatsächlich nur noch von geringer praktischer Bedeutung. Der nach wie vor großen Bedeutung von § 377 HGB würde dieser Ansatz jedoch ebenfalls nicht gerecht.

Eine ersatzlose Streichung *aller* Vorschriften über den Handelskauf kann daher nicht befürwortet werden.

II. Die sog. „Unternehmensrechtstheorie"

Den bislang am weitesten gehenden Ansatz für eine Reform des Anwendungsbereichs des Handelsrechts stellt die von *K. Schmidt* begründete „Unternehmensrechtstheorie"[497] dar, die im Hinblick auf eine Lösung der hier dargestellten Problembereiche in Betracht zu ziehen ist.

1. Unternehmensträger statt Kaufmann

Ausgangspunkt ist einmal mehr der vermeintlich unbefriedigende Begriff des Kaufmanns als Anknüpfungspunkt des Handelsrechts. Ziel des Ansatzes ist es, das Handelsrecht bereits de lege lata vom Sonderprivatrecht der Kaufleute zum Außenprivatrecht der Unternehmen fortzubilden. Bislang ist ausschließlich das Rechtssubjekt des Kaufmanns Normenadressat des HGB. Hier setzt die Unternehmensrechtstheorie an, indem sie den Kaufmannsbegriff durch den des Unternehmensträgers ersetzt.[498] Unter den beiden Voraussetzungen, dass es sich zum einen um Vorschriften handelt, die dem Rechtsverkehr aller Unternehmen oder jedenfalls der in Rede stehenden Art von Unternehmen Rechnung tragen, sowie dass keine zwingenden Schutzgedanken entgegenstehen, soll eine Ausdehnung des Anwendungsbereichs des HGB auch auf sonstige, nichtkaufmännische Unternehmer erfolgen. Allerdings soll dabei keine generelle analoge Anwendung des HGB insgesamt erfolgen, sondern lediglich eine Analogie einzelner verallgemeinerungsfähiger Vorschriften.[499]

---

497 Den Begriff verwendet beispielsweise *Böhler*, Grundwertungen zur Mängelrüge, S. 84.

498 *K. Schmidt*, Handelsrecht, § 4 I. 1. b).

499 MünchKommHGB/*K. Schmidt*, § 1 Rn. 99; ders., JuS 1985, 249 ff.

Nach *K. Schmidt* galt diese Analogie zwar insbesondere den einst unter § 2 HGB a.F. fallenden, jedoch nicht im Handelsregister eingetragenen Unternehmen, die nach der Handelsrechtsreform durch § 1 Abs. 2 HGB jetzt unmittelbar dem Handelsrecht unterliegen. Auch wenn sich damit der wichtigste Anwendungsbereich der Unternehmensrechtstheorie erledigt hat, bleibe sie von Bedeutung für die nicht gewerblichen Unternehmen sowie die nicht eingetragenen Unternehmen nach §§ 2, 3 HGB. Dass die freiberuflichen Unternehmen vom Gesetzgeber bewusst nicht in das Handelsrecht einbezogen wurden, stehe dem nicht entgegen, da der Gesetzgeber die bis dahin geltende Rechtslage lediglich unverändert gelassen hat, woraus sich kein generelles Analogieverbot ergebe.[500] Da jedoch nicht (mehr) von einer planwidrigen Lücke des Gesetzes ausgegangen werden kann, sei eine entsprechende Analogie nur noch als „gesetzesübersteigende Rechtsfortbildung im Interesse von Verkehrserwartungen" zu rechtfertigen.[501] In Betreff der Kleingewerbetreibenden stehe einer analogen Anwendung des HGB weder die diesen durch § 2 HGB eingeräumte Möglichkeit der freiwilligen Eintragung noch die diese betreffenden einzelnen Sonderbestimmungen des HGB entgegen. Durch Letztere ergebe sich gerade der Analogiebedarf: Sie griffen zu kurz, da sich aus ihnen nur ergebe, welche Bestimmungen von jeder Anwendung auf nicht eingetragene Kleingewerbetreibende ausgeschlossen sind (die §§ 348-350 HGB).[502]

Während nach der Unternehmensrechtstheorie die Rechtsfigur des Unternehmens den Ausgangspunkt darstellt, dem mangels eigener Rechtssubjektivität ein Unternehmensträger beigegeben wird, soll nach einem damit häufig gleichgesetzten Vorschlag von *Raisch* der Kaufmannsbegriff zum Unternehmerbegriff fortentwickelt werden.[503] Gemein ist beiden Ansätzen jedoch im Ergebnis die Erstreckung des Handelsrechts auf einen über den Begriff des Kaufmanns nach den §§ 1 ff. HGB hinausgehenden Anwendungsbereich.[504]

2. Auswirkungen auf den Handelskauf

Im Rahmen der Unternehmensrechtstheorie soll aus dem Bereich des Handelskaufs § 377 HGB ausdrücklich entsprechend anwendbar sein, wenn das

500 MünchKommHGB-Ergb./*K. Schmidt*, § 1 Rn. 70.
501 *K. Schmidt*, Handelsrecht, § 3 II. 3. c)
502 MünchKommHGB-Ergb./*K. Schmidt*, § 1 Rn. 70.
503 *Raisch* JuS 1967, 533 ff.
504 Vgl. *K. Schmidt* BB 2005, 837, 839 zum „partiellen Gleichlauf der Ansätze".

Geschäft auf beiden Seiten zu einem Unternehmen gehört.[505] Die vom HGB-Gesetzgeber noch nicht beachteten Unternehmer gegenüber einem kleinen Gewerbetreibenden zu privilegieren, sei nicht durch den gegen diese Ansicht vorgebrachten Einwand der mangelnden Gesetzestreue gerechtfertigt.[506]

Daneben sollen nach der Unternehmensrechtstheorie die §§ 373 ff. HGB unverändert bleiben, so dass sich an der bestehenden Kaufrechtssystematik im Übrigen nichts ändern würde.

3. Umsetzbarkeit der Unternehmensrechtstheorie

a) Der Unternehmer nach § 14 BGB als erster Schritt zu einem Außenprivatrecht der Unternehmen?

Denkbar wäre, § 14 BGB als ersten Schritt in Richtung eines Außenprivatrechts der Unternehmen anzusehen. Dies zu beurteilen, setzt einen Vergleich der Begriffe des Unternehmensträgers im Sinne der Unternehmensrechtstheorie und des Unternehmers nach § 14 BGB voraus.

K. Schmidt selbst betont zunächst, dass die Rechtsfigur „Unternehmensträger" nicht eine mit dem „Unternehmer" inhaltsgleiche Vokabel sei, sondern Konsequenz und Ausdruck eines statt auf den „Unternehmer" auf das Unternehmen verweisenden programmatischen Ansatzes.[507] Da es selbst aber nicht rechtsfähig sei, habe jedes Unternehmen eben einen Unternehmensträger.[508] Dieser ist das (Zurechnungs-) Subjekt der das Unternehmen treffenden Rechte und Pflichten, er ist der Rechtsträger des Unternehmens.[509] Davon ausgehend ist die Reichweite des Unternehmensbegriffs entscheidend, um den Unter-nehmensträger in Relation zum Unternehmer nach § 14 BGB zu setzen. Der der Unternehmensrechtstheorie zu Grunde liegende handelsrechtliche Unternehmensbegriff soll dabei dem um die wis-

505 *K. Schmidt*, Handelsrecht, § 29 III 2. b); ders., JuS 1985, 249, 254; es stellt sich die Frage, warum § 377 HGB dagegen in der Aufzählung analogiefähiger Normen in MünchKommHGB/*Schmidt*, § 1 Rn. 108 bzw. MünchKommHGB-Ergb./*Schmidt*, § 1 Rn. 78 nicht enthalten ist.

506 *K. Schmidt*, Handelsrecht, § 29 III. 2. b).

507 *K. Schmidt* BB 2005, 837, 839.

508 *K. Schmidt*, Handelsrecht, § 5.

509 Ebenso Baumbach/*Hopt*, Einl. v. § 1 Rn. 41; Heymann/*Horn*, Einl. I Rn. 18.

senschaftliche, künstlerische und freiberufliche Tätigkeit erweiterten Gewerbebegriff des Handelsrechts entsprechen.[510]

Der Unternehmerbegriff des § 14 BGB setzt ebenfalls eine gewerbliche oder aber selbstständige berufliche Tätigkeit voraus. Zieht man in Betracht, dass im Rahmen von § 14 BGB auf den handelsrechtlichen Gewerbebegriff abgestellt wird, und dass die selbstständige berufliche Tätigkeit auch die Freien Berufe erfasst, gelangt man zu dem Ergebnis, dass der Unternehmensträger im Sinne der Unternehmensrechtstheorie inhaltlich weit gehend gleich bedeutend ist mit dem Unternehmer des § 14 BGB. Beide stellen Zurechnungssubjekte bestimmter Rechte und Pflichten dar, die aus der geschäftlichen Natur ihrer Tätigkeit folgen. Dieser Befund wird dadurch bestätigt, dass das Merkmal eines „planmäßigen und dauerhaften Anbietens von Leistungen gegen Entgelt am Markt durch eine natürliche oder juristische Person" ebenso als Teil einer Beschreibung des Unternehmers nach § 14 BGB[511] wie auch des handels-rechtlichen Unternehmensbegriffs[512] dient. Schließlich legen einzelne Formulierungen in der Literatur den Schluss nahe, dass dem Unternehmerbegriff des BGB bereits ein weiteres Verständnis zu Grunde liegt als § 14 BGB vorgibt.[513] So ist im Zusammenhang mit § 14 BGB beispielsweise von den „Rechtsgeschäften eines Unternehmers" die Rede oder davon, dass „eine natürliche Person, die Unternehmer ist, in privaten Geschäften als Verbraucher handelt." Derartige Aussagen sind, allein an § 14 BGB gemessen, zumindest ungenau, ist doch die Unternehmereigenschaft für jedes vorgenommene bzw. vorzunehmende Rechtsgeschäft zu ermitteln und kann nicht grundsätzlich unterstellt werden. Möglicherweise scheint hier tatsächlich bereits ein Unternehmerverständnis im Sinne eines Unternehmensträgers durch.

Nach *Micklitz* stellt § 14 BGB jedoch aus zwei Gründen keinen Schritt in Richtung eines Unternehmensaußenprivatrechts dar. Zum einen sei § 14 BGB auf Rechtsgeschäfte von Unternehmern untereinander nicht anwendbar. Zum anderen hätte sich der Gesetzgeber, wenn er eine solche Erweiterung gewollt hätte, auch mit dem Verhältnis von Kaufmann, Unternehmer und Unternehmen befassen müssen, wobei bislang Unsicherheiten bestün-

---

510 *K. Schmidt*, Handelsrecht, § 4 I. 2. b).

511 Palandt/*Heinrichs*, § 14 Rn. 2.

512 *K. Schmidt*, Handelsrecht, § 4 I 2. b)

513 Z.B.: „... sind Rechtsgeschäfte eines Unternehmers im Zweifel dem unternehmerischen Bereich zuzuordnen", Palandt/*Heinrichs*, § 14 Rn. 2; „... eine natürliche Person, die Unternehmer ist, in den privaten Geschäften als Verbraucher handelt", Palandt/*Putzo*, § 491 Rn. 7.

den. Schwierig sei die Abgrenzung des Unternehmerbegriffs vom Unternehmensbegriff. Zwar verwende der Gesetzgeber den Unternehmensbegriff an verschiedenen Stellen, doch fehle dort eine Legaldefinition.[514]

Dem ist zunächst entgegenzuhalten, dass mit § 478 BGB nunmehr eine Vorschrift existiert, deren persönlicher Anwendungsbereich ein Rechtsgeschäft zwischen Unternehmern ist. Mag es sich auch um eine sehr spezielle Regelung handeln, die in erster Linie eine Konsequenz des verbesserten Verbraucherschutzes ist, so handelt es sich dennoch um eine Vorschrift, die ausschließlich auf Rechtsgeschäfte zwischen Unternehmern im Sinne des § 14 BGB anwendbar ist. Was das Verhältnis von Kaufmann, Unternehmer und Unternehmen betrifft, ist zuzugestehen, dass hier noch keine abschließende Klarheit herrscht. Eine hinreichende Abgrenzung von Unternehmer und Unternehmen ist, wie soeben dargestellt, jedoch durchaus möglich: der Unternehmer ist der Träger des Unternehmens, ihm sind alle Rechte und Pflichten zugeordnet. Insofern entsprechen sich wie gesehen handelsrechtlicher und bürgerlich-rechtlicher Unternehmerbegriff.

Dennoch sind die Zweifel an einer Einordnung von § 14 BGB als Grundstein eines Unternehmensaußenrechts durchaus begründet. Der Unternehmerbegriff des § 14 BGB wurde im Zusammenhang mit § 13 BGB durch das Fernabsatzgesetz eingeführt, durch das verschiedene europarechtliche Vorgaben umgesetzt wurden. Allesamt beschäftigen sich ausschließlich mit Verbraucher-schutzrecht und nicht mit Unternehmensrecht. § 14 BGB ist in diesem Zusammenhang lediglich eine Konsequenz aus § 13 BGB, nämlich der Gegensatz bzw. Gegenteil vom Verbraucher. Der Unternehmerbegriff hat dabei hauptsächlich die Funktion denjenigen Personenkreis zu bestimmen, der die erweiterten Verbraucherrechte garantieren, d.h. gegen sich gelten lassen muss. Ferner hatte sich der Gesetzgeber noch 1998, d.h. relativ kurze Zeit vor Einführung des § 14 BGB im Jahr 2000, ausdrücklich gegen eine Veränderung des Anwendungsbereichs des HGB in Form der Einbeziehung der Freien Berufe ausgesprochen, wofür insbesondere nach In-Kraft-Treten des PartGG auch kein Bedürfnis mehr bestehe. Gleichzeitig darf aber auch nicht unbeachtet bleiben, dass der Begriff des Unternehmens vom Gesetzgeber selbst zunehmend als Anknüpfungspunkt gewählt wird.[515]

Festzuhalten ist somit, dass zwar der Unternehmerbegriff des § 14 BGB dem Unternehmerbegriff im Sinne der Unternehmensrechtstheorie weit ge-

---

514 MünchKommBGB/*Micklitz*, Vor §§ 13, 14 Rn. 51 f.
515 *Canaris*, Handelsrecht, § 1 Rn. 27.

hend entspricht.[516] Wegen der bislang noch völlig unterschiedlichen Zielrichtungen der jeweiligen Begriffe kann dieser Umstand jedoch nur im Zusammenhang mit anderen Gründen geltend gemacht werden, alleine vermag er die Unternehmensrechtstheorie nicht zu rechtfertigen.

b) Stellungnahmen zur Unternehmensrechtstheorie

Grundsätzliche Zustimmung zur Unternehmensrechtstheorie wurde damit begründet, dass diese auf „begründbarer rechtlicher Einsicht und nicht bloß politischen Wünschen, Vorstellungen, oder partikulären Interessen" beruhe.[517] Daneben steigere ein unternehmensrechtlicher Ansatz die materielle Gerechtigkeit wie auch die Rechtssicherheit. Die in Randbereichen hinzunehmenden Abgrenzungsschwierigkeiten bestünden ohnehin schon de lege lata.[518]

Insgesamt überwiegen jedoch die kritischen Stimmen.[519] So wurde der Unternehmensrechtstheorie entgegengehalten, mit anerkannten methodischen Grundsätzen unvereinbar zu sein. Statt der generellen Ersetzung der Grundkonzeption des Gesetzes (Kaufmann) durch eine andere (Unternehmen bzw. Unternehmensträger) sei lediglich eine punktuelle Rechtsfortbildung im Wege einer Analogie zulässig.[520] Dementsprechend versucht ein weiterer Ansatz, die Defizite der weder als ausreichend noch als interessengerecht empfundenen eingeschränkten Anwendbarkeit handelsrechtlicher Vorschriften durch eine punktuelle analoge Anwendung auf Nichtkaufleute auszugleichen.[521] Unabhängig davon, dass im Rahmen der Unternehmensrechtstheorie ohnehin nur eine analoge Anwendung einzelner verallgemeinerungsfähiger Vorschriften und nicht des HGB insgesamt erfolgen soll,[522] handelt es dabei lediglich um eine (vermeintlich) andere rechtstechnische Vorgehensweise. Das Ergebnis ist jedoch in der Regel das gleiche.

---

516 Ebenso *Schmitt*, Die Rechtsstellung der Kleingewerbetreibenden, S. 167.

517 *Bydlinski*, Handels- oder Unternehmensrecht als Sonderprivatrecht, S. 25.

518 *Knop*, Ein neues Recht des Wirtschaftsverkehrs, S. 182.

519 Zu den Bedenken gegen eine analoge Anwendung von § 377 HGB, wie sie im Rahmen der Unternehmensrechtstheorie befürwortet wird, s.o. § 3 1. I.

520 Vgl. *Böhler*, Grundwertungen zur Mängelrüge, S. 85; *Bydlinski*, Handels- oder Unternehmensrecht als Sonderprivatrecht, S. 13.

521 Vgl. Ebenroth/Boujong/Joost/*Kort*, § 343 Rn. 20 und MünchKommBGB/*Micklitz*, vor §§ 13, 14 Rn. 42.

522 MünchKommHGB/*K. Schmidt*, § 1 Rn. 99

Unüberwindbar steht einer Umsetzung der Unternehmensrechtstheorie de lege lata allerdings eine bewusste und eindeutig erkennbare rechtspolitische Grundsatzentscheidung des Gesetzgebers entgegen.[523] Dieser hätte hinreichend Gelegenheit gehabt, auf die geäußerte Kritik an der persönlichen Bereichsabgrenzung des HGB zu reagieren, was er bislang jedoch nicht getan hat.[524] Vielmehr hat der Gesetzgeber den Freien Berufen, zu deren Einbeziehung in das Handelsrecht die Unternehmensrechtstheorie führt, das PartGG gewidmet. § 1 Abs. 2 S. 2 PartGG ist zu entnehmen, dass durch einen Zusammenschluss von Freiberuflern zwar eine Partnerschaftsgesellschaft entstehen kann. Ausdrücklich ist dort aber auch klar gestellt, dass diese kein Handelsgewerbe betreibt. Da eine Änderung des HGB in diesem Zusammenhang nicht erfolgt ist, wird die Absicht des Gesetzgebers deutlich, die Freien Berufe nicht weitergehend handelsrechtlichen Vorschriften zu unterwerfen, als dies durch das PartGG selbst angeordnet wird.

Einer Fortentwicklung des Handelsrechts vom Kaufmannsbegriff hin zu dem Begriff des Unternehmensträgers de lege ferenda wird darüber hinaus entgegengehalten, dass eine Generalklausel wie der Unternehmensbegriff als Tatbestandsmerkmal zu vage bzw. zu unscharf sei.[525] Es existiere bislang kein einheitlicher Rechtsbegriff des Unternehmens. Gerade ein hinreichend klar definierbarer handelsrechtlicher Unternehmensbegriff sei jedoch Voraussetzung für die Umsetzung der Unternehmensrechtstheorie.[526] Dem wurde erwidert, dass der handelsrechtliche Gewerbebegriff doch nur vereinfacht zu werden braucht, indem man seine wesentlichen Funktionselemente übernimmt, ihn aber von der lediglich historisch bedingten Ausklammerung der Freien Berufe befreit.[527] Der so bestimmte Unternehmensbegriff ist in der Tat weder schwieriger noch unklarer als der geltende Gewerbebegriff.

---

523 *Röhricht*/Graf von Westphalen, Einl. Rn. 38a; Heymann/*Horn*, Einl. I Rn. 19; Ebenroth/Boujong/Joost/*Kort*, § 343 Rn. 20; *Canaris*, Handelsrecht, § 1 Rn. 24; *Neuner* ZHR 157 (1993), 243, 258.

524 So schon vor der HGB-Reform *Henssler* ZHR 161 (1997), 13, 25 und *Preis* ZHR 158 (1994), 567, 573.

525 *Canaris*, Handelsrecht, § 1 Rn. 35; Heymann/*Horn*, Einl. I Rn. 19.

526 Ebenroth/Boujong/Joost/*Kindler*, § 1 Rn. 12 ff; Baumbach/*Hopt*, Einl. v. § 1 Rn. 31 ff.

527 *K. Schmidt*, Handelsrecht, § 4 I. 2. b).

4. *Fazit zur Unternehmensrechtstheorie*

Die Unternehmensrechtstheorie ist der erste Schritt zu einer grundlegenden Neuausrichtung des Anwendungsbereichs des Handelsrechts. Ihre Umsetzung führt zur entsprechenden Anwendung von § 377 HGB auf Kaufverträge zwischen Personen, die mit dem Unternehmer im Sinne des § 14 BGB vergleichbar sind. Sie ist allerdings mit geltendem Recht nicht vereinbar, da der Gesetzgeber unmissverständlich und uneingeschränkt am Kaufmannsbegriff festhält. Das mag (insbesondere für das vierte Buch des HGB) aus guten Gründen infrage gestellt werden, allerdings nur de lege ferenda. Nach geltendem Recht ist diese Entscheidung jedoch so hinzunehmen.

III. *Keine Rügeobliegenheit bei schuldhafter Schlechtleistung*

Bei den bislang dargestellten Vorschlägen stand die Kritik am Kaufmannsbegriff als einer der subjektiven Anknüpfungspunkte des Kaufrechts im Mittelpunkt. Auf die in dieser Arbeit ebenfalls problematisierte Reichweite der Genehmigungsfunktion der Untersuchungs- und Rügeobliegenheit zielt der Vorschlag einer Einschränkung von § 377 HGB, wonach bei einer schuldhaften Schlechtleistung generell keine Rügepflicht bestehen soll. Es sei nicht einzusehen, dass die Haftung des Warenherstellers für vielleicht sogar durch grobe Fahrlässigkeit hervorgerufene Schäden völlig entfällt, nur weil der Käufer mehr oder weniger zufällig Kaufmann ist und er die Rügeobliegenheit lediglich aus leichter Unachtsamkeit nicht ordnungsgemäß erfüllt hat.[528]

Dieses „unvernünftig“ anmutende Ergebnis ist zunächst nur die Folge einer von mehreren möglichen Fallkonstellationen. Ebenso würde aus der vorgeschlagenen Einschränkung der Rügeobliegenheit folgen, dass der Warenhersteller über den gesamten Lauf der deutlich verlängerten Verjährung mit der Geltendmachung von Gewährleistungsrechten rechnen muss, der einen Mangel mit leichtester Fahrlässigkeit zu vertreten hat und zwar auch dann, wenn dieser Mangel schon durch eine nur oberflächliche Begutachtung der Kaufsache durch den Käufer zu erkennen gewesen wäre. Dies scheint keinesfalls vernünftiger.

Weiterhin ist fraglich, welchen unmittelbaren Nutzen der Käufer überhaupt davon hätte, wenn ihn (nur) im Fall einer schuldhaften Schlechtleis-

528 *Müller* ZIP 2002, 1178, 1185; ders. ZIP 1997, 663, 669; dem Ansatz zustimmend *Wellenhofer-Klein*, Zulieferverträge, S. 350 f.

tung keine Rügeobliegenheit träfe. Stellt der Käufer einen Sachmangel nicht umgehend, sondern erst später fest, da er eine unverzügliche Untersuchung unterlassen hat, müsste er ein Verschulden des Verkäufers nachweisen, um die Wirkung des § 377 Abs. 2 HGB zu vermeiden. Nur wenn dieser Nachweis gelingt, hat keine Rügeobliegenheit bestanden und der Käufer wäre keiner Gewähr-leistungsrechte verlustig gegangen. Der Verschuldensnachweis dürfte für den Käufer jedoch häufig nicht so leicht zu erbringen sein, da er beweisen müsste, dass der Verkäufer den Mangel verursacht oder gekannt hat oder hätte kennen müssen.[529] Dafür hat der Käufer jedoch in der Regel nicht den erforderlichen Einblick in die Betriebsabläufe des Verkäufers. Gelingt der Nachweis nicht, kann der Käufer wegen der dann doch erforderlich gewesenen, aber unterlassenen unverzüglichen Anzeige keine Gewährleistungsrechte mehr geltend machen.

Um kein Risiko einzugehen bei der Frage, ob ihn nun eine Rügeobliegenheit trifft oder nicht, bleibt ihm wohl ohnehin nichts anderes übrig, als die Ware grundsätzlich zu untersuchen. Anders kann er sich erst recht kein Bild davon machen, ob der Verkäufer schuldhaft gehandelt hat oder nicht. Stellt er dabei einen Mangel fest, muss der Käufer auch im Rahmen eines Schadensersatzanspruchs als einzigem verschuldensabhängigen Gewährleistungsrecht kein Verschulden des Verkäufers nachweisen, da dies gem. § 280 Abs. 1 S. 2 BGB vermutet wird. Das kann der Verkäufer zwar widerlegen, jedoch nur unter Offenlegung seiner Betriebsabläufe. Im Übrigen wäre nicht nach-vollziehbar, warum es dem Käufer (mangels für ihn ungünstiger Folgen) freigestellt sein sollte, einen bei einer Untersuchung (oder auch später zufällig) entdeckten, offensichtlich vom Verkäufer zu vertretenden Mangel un-verzüglich anzuzeigen.

Bedenken gegen eine entsprechende Vorgehensweise bestehen erneut auch in Anbetracht des Wortlauts von § 377 HGB. Hinsichtlich des anzuzeigenden Mangels ist der Vorschrift eine Unterscheidung zwischen vom Verkäufer verschuldet oder unverschuldet nicht zu entnehmen.

Die Ziele der Rügeobliegenheit, insbesondere die zügige Abwicklung kaufmännischer Geschäfte und die Schadensvermeidung, lassen sich am effektivsten nur mit einer generellen Untersuchungs- und Rügeobliegenheit erreichen. Zwar kann auch eine vertraglich vereinbarte Warenausgangskontrolle beim Verkäufer vergleichbare Wirkungen bei einem insgesamt geringeren Aufwand haben. Dabei handelt es sich allerdings nur um den Parteien mögliche Zusatzvereinbarungen und nicht um den Regelfall, dem § 377 HGB Rechnung zu tragen hat.

---

529 Palandt/*Putzo*, § 437 Rn. 37.

Weiterhin kann auf die obigen Ausführungen zu den veränderten rechtlichen Rahmenbedingungen verwiesen werden,[530] wonach die Bedeutung von § 377 HGB für den Verkäufer noch zugenommen hat. Auch das spricht gegen den erneuten Versuch, den Anwendungsbereich von § 377 HGB einzuschränken.

Überzeugend sind schließlich auch die Einwände von *Grunewald*. Einerseits unterscheide das Gesetz nämlich im Rahmen von Obliegenheiten generell nicht, ob derjenige schuldhaft oder nicht gehandelt hat, zu dessen Gunsten die Obliegenheit wirkt. Daneben wäre es misslich, wenn an sich verschuldens-unabhängige Gewährleistungsrechte wie Rücktritt und Minderung nach einer unterlassenen Rüge systemwidrig doch wieder von einem Verschulden des Käufers abhingen.[531] Aus diesen Gründen kann dem Vorschlag, bei verschuldeten Sachmängeln generell von einer Rügepflicht abzusehen, nicht zugestimmt werden. Dagegen bestehen keine Bedenken gegen eine vergleichbare Regelung in AGB. So kann der Käufer durch eine entsprechende Klausel dem Verkäufer für von ihm verschuldete Sachmängel den Einwand des Rügeversäumnisses abschneiden.[532] Durch eine entsprechende Erweiterung des Handlungsspielraums wird der Selbstverantwortung im Geschäftsverkehr ein größeres Gewicht eingeräumt, was nicht zu beanstanden ist.

IV. Eigener Lösungsansatz

Die folgenden Vorschläge sind in erster Linie als Möglichkeit zur Beseitigung der in dieser Arbeit erörterten Unzulänglichkeiten zu verstehen. Einige der im Vorangegangenen sowie im Folgenden dargestellten Aspekte lassen sich jedoch übertragen auf Problembereiche, die hier nicht behandelt oder lediglich angedeutet wurden, wie z.B. der Berechtigung eines eigenständigen Handelsgesetzbuchs in seiner derzeitigen Form oder dem Kaufmannsbegriff als Anknüpfungspunkt für das gesamte Handelsrecht und können daher vielleicht auch in Bezug auf diese als Anregung dienen.

530 § 3 IV. 2. b).
531 MünchKommHGB/*Grunewald*, § 377 Rn. 5.
532 Vgl. *Wellenhofer-Klein*, Zulieferverträge, S. 351.

1. Einführung eines Unternehmerkaufs im BGB

Zur Beseitigung der aufgezeigten Unzulänglichkeiten wird die Überführung der Untersuchungs- und Rügeobliegenheit des § 377 HGB als einzige noch bedeutsame Vorschrift des Handelskaufs in modifizierter Form in einen Unternehmerkauf mit Standort im BGB vorgeschlagen.[533] Die restlichen Vorschriften des Handelskaufs sind ersatzlos zu streichen oder zumindest in ihrem subjektiven Anwendungsbereich auf den Verkehr zwischen Unternehmern einzugrenzen. Subjektiver Anknüpfungspunkt für die kaufrechtliche Untersuchungs- und Rügeobliegenheit sowie ggf. weiterer unternehmerkaufrechtlicher Regelungen wird die beidseitige Unternehmereigenschaft.

2. Erweiterung der Verbraucherdefinition in § 13 BGB

Der Wortlaut des § 13 BGB sollte spiegelbildlich zu § 14 BGB dahingehend geändert werden, als dass der Verbraucher eine natürliche Person *oder eine rechtsfähige Personengesellschaft* ist, die bei Abschluss eines Rechtsgeschäfts nicht in Ausübung ihrer gewerblichen oder selbstständigen beruflichen Tätigkeit handelt.

V. Begründung der vorgeschlagenen Gesetzesänderungen

1. Veränderter persönlicher Anwendungsbereich der Untersuchungs- und Rügeobliegenheit

Steht einmal fest, dass die Untersuchungs- und Rügeobliegenheit trotz bzw. gerade wegen veränderter tatsächlicher und rechtlicher Rahmendbedingungen dem Grunde nach erhalten bleiben sollte,[534] stellt sich anschließend die Frage, welchen persönlichen Anwendungsbereich diese zweckmäßigerweise haben sollte. Die Kaufmannseigenschaft als Anknüpfungspunkt des Handelsrechts im Allgemeinen und des § 377 HGB im Besonderen ist zunehmender Kritik ausgesetzt und führt zu den dargestellten (Folge-) Problemen. Alternativ ist eine Anwendung auf alle Kaufrechtssubjekte oder eine Erweiterung des Anwendungsbereichs lediglich, um einzelne Gruppen von Personen zu erwägen. Dabei kann es allerdings nur um eine Veränderung des persönlichen Anwendungsbereichs de lege ferenda gehen. De lege lata

---

533 Der Entwurf eines einzufügenden § 479a BGB befindet sich im Anhang.

534 S.o. § 3 IV.

ist eine analoge Anwendung auf andere Personen als Kaufleute aus den dargestellten Gründen ausgeschlossen.

a) Sonderrecht oder Allgemeines Zivilrecht

In Betracht kommt zunächst eine allgemeine Untersuchungs- und Rügeobliegenheit, die für alle Käufergruppen gleichermaßen gilt. Dies wurde in der Literatur bereits befürwortet, soweit gleichzeitig die Anforderungen an die Untersuchung abgeschwächt[535] bzw. angemessene Rügefristen eingeräumt[536] werden. Ein Blick auf die Rechtsordnungen der Nachbarländer zeigt, dass beispielsweise in der Schweiz eine allgemeine Untersuchungs- und Rügeobliegenheit existiert.[537]

Im Hinblick auf eine allgemeine *Obliegenheit zur Untersuchung* der Kaufsache wäre eine entsprechende nationale Regelung gegenüber einem Verbraucher mittlerweile unvereinbar mit Art. 5 Abs. 2 der Verbrauchsgüterkaufrichtlinie. Im Einklang mit der Richtlinie stünde nunmehr lediglich noch die Einführung einer *allgemeinen Rügeobliegenheit* in Form einer Frist von mindestens zwei Monaten ab Feststellung der Vertragswidrigkeit, innerhalb derer der Käufer den Verkäufer über den Sachmangel zu unterrichten hat. Eine entsprechende Vorschrift enthielt der Diskussionsentwurf zum Schuldrechtsmodernisierungsgesetz, womit die deutliche Ausdehnung der Verjährungsfristen kompensiert werden sollte. Dagegen wurde zunächst eingewandt, es sei zu befürchten, dass aufgrund der Unkenntnis der Rechtslage eine Anzeige unterbleibt. Das Risiko eines solchen Rechtsverlusts des Käufers sei nicht durch das Interesse des Verkäufers an einer zügigen Abwicklung gerechtfertigt.[538] Das mag in der Sache zutreffen. Ob jedoch die Gefahr einer anfänglichen Unwissenheit der Betroffenen die Einführung von

535 *Honsell* JZ 2001, 18, 21.

536 Baumbach/*Hopt*, § 377 Rn. 1.

537 Art. 201 Obligationenrecht (Stand 3. Mai 2005):

1 Der Käufer soll, sobald es nach dem üblichen Geschäftsgange tunlich ist, die Beschaffenheit der empfangenen Sache prüfen und, falls sich Mängel ergeben, für die der Verkäufer Gewähr zu leisten hat, diesem sofort Anzeige machen.

2 Versäumt dieses der Käufer, so gilt die gekaufte Sache als genehmigt, soweit es sich nicht um Mängel handelt, die bei der übungsgemässen Untersuchung nicht erkennbar waren.

3 Ergeben sich später solche Mängel, so muss die Anzeige sofort nach der Entdeckung erfolgen, widrigenfalls die Sache auch rücksichtlich dieser Mängel als genehmigt gilt.

538 *Gsell* JZ 2001, 65 72.

für diese nachteiligen Rechtssätzen grundsätzlich zu verhindern mag, erscheint fraglich. Einer Fortentwicklung des Rechts wären dadurch wohl zu enge Grenzen gesetzt. Letztlich wurde von diesem Vorschlag wegen der absehbaren Schwierigkeiten, den exakten Zeitpunkt der Entdeckung des Mangels und damit des Fristbeginns nachzuweisen, wieder Abstand genommen.[539]

Im Ergebnis sprechen noch weitere Gründe gegen eine allgemeine Rügeobliegenheit. Insbesondere die Untersuchungs- aber auch die Rügeobliegenheit des § 377 HGB sind seit jeher typisch handelsrechtliche Verhaltensanforderungen, sie zielen in allererster Linie auf den Verkehr zwischen unternehmerisch tätigen Personen.[540] Wegen fehlender Sachkunde und Erfahrung der Nichtkaufleute mutet das BGB diesen bewusst weder eine Untersuchungs- noch eine Rügeobliegenheit zu. Die Interessen der Kaufleute würden zu einseitig berücksichtigt, wenn man einem Nichtkaufmann eine Untersuchungsobliegenheit auferlegt, nur weil er von einem Kaufmann gekauft hat. Dies berücksichtigend haben die Verfasser des HGB auch den Anwendungsbereich des § 377 HGB bewusst auf den beidseitigen Handelskauf beschränkt.[541] Dass sich an den diesen Entscheidungen zu Grunde liegenden Wertungen oder tatsächlichen Verhältnissen etwas Grundlegendes geändert hätte, ist nicht zu erkennen.

In Anbetracht von Sinn und Zweck des § 377 HGB besteht auch kein Bedürfnis, den Anwendungsbereich der Vorschrift auf Kaufverträge zwischen Verbrauchern auszudehnen. Zwar ließe sich auch unter Verbrauchern ein Interesse an einer zügigen Vertragsabwicklung annehmen, dem käme jedoch nicht annähernd die Bedeutung zu, wie im geschäftlichen Verkehr. Auch die Möglichkeit zur Schadensbegrenzung und zur Vorsorge für mögliche Schadensersatzansprüche spielt zwischen Verbrauchern wie auch zwischen Unternehmer und Verbraucher wenn überhaupt nur eine untergeordnete Rolle.

Im Hinblick auf eine Obliegenheit zur umgehenden Anzeige eines entdeckten Sachmangels ist es schließlich ohnehin eher unwahrscheinlich, dass eine nichtkaufmännische Person, die einen solchen festgestellt hat, erst eine erhebliche Zeit verstreichen lässt, bevor sie ihre Rechte geltend macht. In ihrem eigenen Interesse wird sie sich alsbald als möglich an den Verkäufer wenden. Einen besonderen Anreiz liefert dafür auch § 476 BGB, der im

539 Vgl. Schimmel/Buhlmann/*Achilles*, Frankfurter Handbuch zum neuen Schuldrecht, E. I. Rn. 189.

540 *Knop*, Ein neues Recht des Wirtschaftsverkehrs, S. 187.

541 Denkschrift zum HGB-Entwurf, S. 226; *K. Schmidt*, Handelsrecht, § 29 III 2. b).

Rahmen des Verbrauchsgüterkaufs eine Beweislastumkehr für das Vorliegen eines Mangels im Zeitpunkt des Gefahrübergangs für die sechs darauf folgenden Monate festlegt.[542]

Ein willkürliches Hinauszögern der Mängelanzeige kann ohnehin auch schon nach den allgemeinen Regeln zum Verlust der Gewährleistungsrechte führen. Das bloße Unterlassen der Anzeige reicht dafür jedoch nicht aus. Erst, wenn der Verkäufer berechtigterweise davon ausgehen durfte, wegen des Mangels würden keine Rechte mehr geltend gemacht werden, kommt eine Verwirkung nach den Grundsätzen von Treu und Glauben entsprechend § 242 BGB in Betracht.[543] Auch ist nach der Rechtsprechung nicht auszuschließen, dass ein grundsätzlich nicht der Rügeobliegenheit nach § 377 HGB unterliegender Käufer zum Zwecke der Schadensabwendung dennoch eine Überprüfung der Ware vorzunehmen hat.[544]

Schließlich sei auch noch auf die durch § 309 Nr. 8 b) ee) BGB eingeräumte Möglichkeit hingewiesen, in AGB eine Ausschlussfrist für Mängelanzeigen von einem Jahr oder mehr festzusetzen.

Eine allgemeine Untersuchungs- und/oder Rügeobliegenheit ist wäre somit nur schwer vertretbar, ein Bedürfnis für eine solche besteht jedenfalls nicht.

b) Einbeziehung der Freiberufler

Es wurde im Verlauf der Arbeit dargestellt, dass die Herausnahme der Freien Berufe aus dem Kaufmannsbegriff insgesamt nur noch schwer zu rechtfertigen ist, was insbesondere für den Bereich der Handelsgeschäfte gilt. Dabei stellt wie gesehen vor allem die Tatsache, dass bestimmte handelsrechtliche Ausnahmen von zwingenden Schutzvorschriften bzw. Verschärfungen von Verhaltensanforderungen nur für Kaufleute und nicht auch für die Freien Berufe gelten, einen erheblichen Wertungswiderspruch dar.[545]

Was nun die Vorschrift des § 377 HGB angeht, die eine besonders einschneidende Form einer solchen Verschärfung von Verhaltensanforderungen darstellt, lässt bereits der Umstand, dass eine Ausdehnung des persönlichen Anwendungsbereichs auf nichtkaufmännische Unternehmer im

---

542 Staudinger/*Matusche-Beckmann*, Vorbem zu §§ 474 ff Rn. 22.

543 MünchKommHGB/*Grunewald*, § 377 Rn. 9; Staub/*Brüggemann*, § 377 Rn. 22; Koller/*Roth*/Morck, § 377 Rn. 2; vgl. ferner *Schäch*, Kaufmannsähnliche Personen, S. 320 ff.; seinerzeit auch schon RGZ 104, 95 ff.

544 BGH WM 1992, 68, 70.

545 S.o. § 2 III. 1. b).

Schrifttum seit langem diskutiert wird, die Existenz sachlicher Gründe für eine Einbeziehung der Freien Berufe vermuten. Dass einer solchen Analogie de lege lata der Wortlaut von § 377 Abs. 1 i.V.m. §§ 343 Abs. 1, 345, 1 ff. HGB unüberwindbar im Wege steht, lässt dagegen umgekehrt keinerlei Schluss darauf zu, dass es an der sachlichen Rechtfertigung für eine Erweiterung des Anwendungsbereichs de lege ferenda fehlen könnte.

Die Interessen eines kaufmännischen Verkäufers, denen die Untersuchungs- und Rügeobliegenheit dienen soll, bestehen ebenso, wenn besagter Kaufmann an einen nicht gewerblich tätigen Unternehmer verkauft. Ähnlich wie bei Kaufleuten kann nämlich auch die Unternehmereigenschaft bei einem Verkäufer das Vertrauen erwecken, der Unternehmer werde seine Interessen ohne Verzögerung geltend machen.[546] Aber auch zwischen Unternehmern kann ein vergleichbares Interesse an einer zügigen Vertragsabwicklung bestehen.

Gegen eine Belastung von Nichtkaufleuten mit einer Obliegenheit zur Rüge wurde eingewandt, dass es ihnen an der für Kaufleute typischen Organisation zur Überprüfung eingehender Ware fehle, da ein Weiterverkauf durchweg nicht geplant sei.[547] Das überzeugt jedoch im Hinblick auf das Ausmaß der Untersuchungs- und Rügeobliegenheit nicht. Eine Ausdehnung des persönlichen Anwendungsbereichs, insbesondere in der hier vorgeschlagenen modifizierten Form, ist den Freien Berufen durchaus zumutbar. Nach § 377 Abs. 1 HGB ist die Ware ohnehin nur dann bzw. nur mit einer Intensität zu untersuchen, soweit dies nach ordnungsmäßigem Geschäftsgange tunlich ist. Die Anforderungen an die danach mit verkehrsüblicher Sorgfalt durchzuführende, dem Käufer zumutbare Prüfung der Ware sind durch eine Interessenabwägung zu ermitteln.[548] Diese von der Rechtsprechung hergeleiteten Anforderungen an die Untersuchung lassen ausreichend Spielraum, um in den Fällen, in denen aufgrund der Art der unternehmerischen Tätigkeit Zweifel an der Angemessenheit einer Rügeobliegenheit überhaupt bzw. ihres Umfangs aufkommen, eine unzumutbare Belastung des Käufers zu vermeiden. Erwartet werden somit keine unverhältnismäßig aufwändigen Prüfungen oder gar die Einschaltung von Sachverständigen, sondern eine Begutachtung auf die Vertragsgemäßheit mit den Augen eines durchschnittlich sachkundigen, jedoch regelmäßig geschäftlich handelnden Käufers. Dies berücksichtigend ist der unternehmerische, aber nicht ge-

---

546 *Theim*, Die Anwendung Handelsrechtlicher Vorschriften auf Geschäfte zwischen Nichtkaufleuten, S. 198.

547 MünchKommHGB/*Grunewald*, § 377 Rn. 9.

548 BGHReport 2003, 285.

werbliche Käufer grundsätzlich ebenso gut zur alsbaldigen Prüfung der Ware in der Lage wie ein Kaufmann. Im Verhältnis zum Zweck der Vorschrift, die kaufrechtliche Vertragsabwicklung zu beschleunigen usw., ist eine entsprechende Obliegenheit damit auch durchaus angemessen.

Aus diesen Gründen ist § 377 HGB dem Inhalt nach eine Vorschrift, deren persönlicher Anwendungsbereich auf die Angehörigen der Freien Berufe ausgedehnt werden sollte.[549] Aus Gerechtigkeitsgründen, nämlich der Gleichbehandlung vergleichbarer Personengruppen, könnte dies sogar als geboten erscheinen.

c) Anknüpfung an die Unternehmereigenschaft

In Anbetracht der bislang getroffenen Feststellungen, dass einerseits eine allgemeine Rügeobliegenheit nicht in Betracht kommt, andererseits aber eine Einbeziehung der Freiberufler sachgerecht wäre, liegt es nur nahe, künftig auf den Unternehmerbegriff des § 14 BGB als subjektiven Anknüpfungspunkt abzustellen. Denn dieser setzt sich vereinfacht dargestellt aus dem um die Freiberufler erweiterten Kaufmannsbegriff des HGB zusammen. Auch von ihrer Struktur her sind sich die beiden Begriffe wie gesehen sehr ähnlich. Von seiner systematischen Funktionsweise her ist dem Unternehmerbegriff des § 14 BGB jedoch der Begriff des Handelsgeschäfts in § 343 HGB (und somit auch der Handelskauf) noch viel näher als der Kaufmannsbegriff.

Vorzugswürdig ist der Begriff des Unternehmers bereits deshalb, weil er europäischen Ursprungs ist. Schon heute wird in zahlreichen, europarechtlich vorgegebenen Bereichen auf eine Unterscheidung zwischen unternehmerischem und privatem Handeln abgestellt. Damit scheint die Richtung für eine weitere Harmonisierung der subjektiven Anwendungsbereiche der Sonderprivatrechte vorgegeben.[550]

Aber auch der nationale Gesetzgeber hat bereits an anderer Stelle den Kaufmannsbegriff durch den des Unternehmers ersetzt. So fand sich in § 24 AGBG in der Fassung vom 19.07.1996 noch eine Anknüpfung an die

549 I.E. ebenso: *Knop*, Ein neues Recht des Wirtschaftsverkehrs, S. 144 f.; *Marburger* JuS 1983, 1 f.

550 Zur Bereichsabgrenzung in der europäischen Privatrechtssetzung *Preis* ZHR (158) 1994, 567, 580.

Kaufmannseigenschaft. Durch das Handelsrechtsreformgesetz[551] erfolgte eine Abkehr vom Kaufmannsbegriff in der Form, als dass dort fortan von einer Person die Rede war, „die bei Abschluß des Vertrages in Ausübung ihrer gewerblichen oder selbständigen beruflichen Tätigkeit handelt (Unternehmer)". Ausweislich der entsprechenden Gesetzesbegründung stehe es außer Frage, dass Selbstständige in Ausübung ihrer Berufstätigkeit im Zusammenhang mit der Verwendung vorformulierter Vertragsbedingungen Gewerbetreibenden gleichzustellen sind.[552] Diese so selbstverständliche Gleichstellung wirft jedoch die Frage auf, warum sie nur für den Bereich der AGB gelten soll und nicht zumindest auch für einzelne Rechtsgeschäfte wie den Kaufvertrag.[553]

(1) Kleingewerbetreibende – Kleinunternehmer?

Folge einer Anknüpfung der Untersuchungs- und Rügeobliegenheit an die Unternehmereigenschaft nach § 14 BGB ist, dass diese künftig auch die bislang ausgenommenen Kleingewerbetreibenden im Sinne des § 2 HGB erfasst. Für die Annahme der beidseitigen Kaufmannseigenschaft als Anwendungsvoraussetzung von § 377 HGB müssen nach § 1 Abs. 2 HGB qualifizierte Merkmale im Hinblick auf Art und Umfang der Organisation des Gewerbebetriebes vorliegen, wohingegen für die gewerbliche Tätigkeit im Rahmen des § 14 BGB keine entsprechenden Anforderungen zu erfüllen sind.[554]

---

551 Gesetz zur Neuregelung des Kaufmanns- und Firmenrechts und zu Änderung anderer handels- und gesellschaftsrechtlicher Vorschriften vom 22.06.1998, BGBl I S. 1474.

552 BT-Drs. 13/8444, 47; zu den weiteren Gründen für die Abkehr vom Kaufmannsbegriff an dieser Stelle vgl. Staudinger/*Weick*, Vorbem zu §§ 13, 14 Rn. 21.

553 *K. Schmidt* BB 2005, 837, 842 kann sich ebenfalls eine Bezugnahme der Untersuchungs- und Rügeobliegenheit auf den Unternehmerbegriff des § 14 BGB vorstellen; auch für *Canarais*, Handelsrecht, § 1 Rn. 34 ff. ist der Kaufmannsbegriff nicht der sachgerechte persönliche Anknüpfungspunkt für eine Rügeobliegenheit, er spricht sich vielmehr für eine Unterscheidung zwischen selbstständiger beruflicher oder gewerblicher Tätigkeit einerseits und privater Tätigkeit andererseits, was gleichfalls auf das Unternehmer/Verbraucher Begriffspaar hinausläuft; schließlich befürwortet noch MünchKommHGB/*Grunewald*, Vor § 373 Rn. 17 eine Angleichung der Regeln der §§ 373 ff. HGB an die europäische Einteilung in Unternehmer und Verbraucher.

554 S.o. § 1 III. 5. b).

Aufgrund der einschneidenden Rechtsfolgen einer pflichtwidrig unterlassenen Rüge ist eine entsprechende Abstufung für den Unternehmerbegriff des BGB zwar in Betracht zu ziehen. Abgesehen von den Schwierigkeiten bei der Suche nach einem geeigneten Abgrenzungskriterium im Rahmen des § 14 BGB ist eine solche Differenzierung für den persönlichen Anwendungsbereich der Untersuchungs- und Rügeobliegenheit aber auch nicht erforderlich.[555] So dürfte es den Kleingewerbetreibenden in der Regel nicht an der erforderlichen Geschäftserfahrung fehlen.[556] Auch ihnen kann grundsätzlich eine umgehende Untersuchung der in Ausübung ihrer gewerblichen Tätigkeit erworbenen Waren sowie eine Anzeige erkennbarer Mängel zugemutet werden.[557] Schon der Wortlaut von § 377 HGB und erst recht die hier befürwortete abgeschwächte Fassung einer Untersuchungs- und Rügeobliegenheit bietet hinreichende Ansatzpunkte, um dem geringeren Ausmaß der geschäftlichen Tätigkeit von Kleingewerbetreibenden Rechnung zu tragen. Dies gilt zum einen für den Zeitpunkt der Untersuchung, bei dessen Bestimmung auch die Verhältnisse des Käufers zu berücksichtigen sind. Noch größer ist der Spielraum zum anderen bei den Anforderungen an Art und Umfang der Untersuchung, die sich de lege lata aus der „Tunlichkeit nach ordnungsmäßigem Geschäftsgang" ergeben.[558]

Nicht zuletzt galt § 377 HGB bis zur Reform des Handelsrechts im Jahre 1999 auch für die sog. Minderkaufleute des § 4 Abs. 1 HGB a.F., ohne dass sich daran nennenswerter Widerstand geregt hätte.[559]

Aus der Sicht des Verkäufers ist unter dem Gesichtspunkt des Vertrauensschutzes eine Untersuchungs- und Rügeobliegenheit für Kleingewerbetreibende auch notwendig. Denn der Verkäufer, der in Anbetracht seines geschäftlich auftretenden Gegenübers auf eine zügige Vertragsabwicklung vertraut, kann nicht erkennen, ob die unternehmerische Tätigkeit seines

---

555 *Canaris*, Handelsrecht, § 1 Rn. 36, soweit es sich wie hier lediglich um eine Verschärfung von Verhaltensanforderungen handelt. Gehe es dagegen um die Ausnahme von zwingenden Schutzvorschriften, sei über eine entsprechende Unterscheidung auch im Rahmen des Unternehmerbegriffs nachzudenken; kritisch zum Fehlen einer entsprechenden Unterscheidung de lege lata *Weyer* WM 2005, 490, 496.

556 *Knop*, Ein neues Recht des Wirtschaftsverkehrs, S. 104.

557 *Schmitt*, Die Rechtsstellung der Kleingewerbetreibenden, S. 305 ff.

558 *Schmitt*, Die Rechtsstellung der Kleingewerbetreibenden, S. 308 f.

559 BGH BB 1980, 384; Schlegelberger/*Hefermehl*, § 377 Rn. 10; *K. Schmidt*, Handelsrecht § 29 III 2. b); *Schmitt*, Die Rechtsstellung der Kleingewerbetreibenden, S. 306.

Vertragspartners nun nach Art und Umfang einen eingerichteten Geschäftsbetrieb erfordert oder nicht.

(2) Schaffung eines Wirtschaftsverkehrsgesetzes

Im Hinblick auf einen veränderten persönlichen Anwendungsbereich im Handelsrecht zielt der Vorschlag von *Knop*, das Handelsgesetzbuch durch ein Wirtschaftsverkehrsgesetz zu ersetzen, in eine ähnliche Richtung wie der Vorschlag des Verfassers dieser Arbeit. Besagtes Wirtschaftsverkehrsgesetz soll für alle selbstständig wirtschaftlich tätigen Personen und Gesellschaften gelten, wobei die wirtschaftliche Tätigkeit jede planmäßige entgeltliche, erkennbar marktorientierte Tätigkeit erfasst. Vergleicht man diese Merkmale mit der Definition des Unternehmers als eine Person, die in Ausübung einer selbstständigen beruflichen oder gewerblichen Tätigkeit handelt, wobei Gewerbe wiederum eine planvolle, nach außen hervortretende wirtschaftliche Tätigkeit ist, zeigt sich bereits im Wortlaut eine weit gehende Übereinstimmung. Allerdings steht in diesem Ansatz nicht der Handelskauf für sich, sondern eine generelle Neugestaltung des handelsrechtlichen Anknüpfungspunktes im Mittelpunkt.[560] Soweit dadurch der persönliche Anwendungsbereich der Untersuchungs- und Rügeobliegenheit des § 377 HGB betroffen ist, entspricht dies dem hier dargestellten Ansatz eines Unternehmerkaufs.

2. Standort des Unternehmerkaufs im BGB

a) Zweifel an der Berechtigung eines eigenständigen Handelsgesetzbuchs

Zunehmend wird die Rechtfertigung für eine eigenständige Kodifikation handelsrechtlicher Normen insgesamt infrage gestellt und eine Integration der Vorschriften des HGB in das BGB vorgeschlagen.[561] So stellt sich für *Grundmann* die Integration von Handelsrecht ins allgemeine Privatrecht ein „mächtiges Entdeckungsverfahren" dar. Einerseits sei der Gesetzgeber dann ungleich stärker gezwungen, die eine Sonderregel rechtfertigenden Unterschiede in den jeweiligen Sachverhalten zu benennen, wodurch das Risiko einer ungerechtfertigten Privilegierung des Handelstands sinke. Andererseits werde jede spezielle handelsrechtliche Sondernorm erkennbarer, wenn sie in

560 Zu diesem Ansatz *Knop*, Ein neues Recht des Wirtschaftsverkehrs, S. 188 ff.
561 Vgl. MünchKommBGB/*Micklitz*, vor §§ 13, 14 Rn. 44.

einem einheitlichen Hauptkodex enthalten ist.[562] Den sich aus berufs- und geschäftsmäßiger Tätigkeit ergebenden besonderen Interessen und Bedürfnissen innerhalb eines allgemeinen Zivilgesetzbuches Rechnung zu tragen hätte jedenfalls den Vorteil, dass die Einheit des Zivilrechts deutlicher in Erscheinung treten würde.[563]

Im Rahmen der sich abzeichnenden Überlegungen zur Kodifikation eines europäischen Zivilrechts kann erneut darüber zu entscheiden sein, ob Verbraucherrecht Teil eines allgemeinen zivilrechtlichen Hauptkodex sein sollte.[564] Dieselbe Frage ist aber auch in Bezug auf die Vorschriften des geschäftsmäßigen Rechtsverkehrs zu stellen, soweit sich diese überhaupt davon trennen lassen.

In besonderem Maße stellt sich die Frage nach einer Überführung handelsrechtlicher Vorschriften ins allgemeine Zivilrecht für den Bereich der Handelsgeschäfte. Schon im Zusammenhang mit der sich seinerzeit erst anbahnenden Schuldrechtsreform wurde die Möglichkeit gesehen, die §§ 373 ff. HGB ohne redaktionelle oder sachliche Schwierigkeiten in das BGB integrieren zu können.[565] Dass dergleichen nicht geschehen ist, kann durchaus als vergebene Chance betrachtet werden.

b) Zusammenhängende Kodifikation des Kaufrechts

Nachdem § 378 HGB a.F. nunmehr gestrichen wurde, ist im Rahmen des Handelskaufs nur noch § 377 HGB und damit eine Sonderregelung für die kaufrechtliche Gewährleistung von praktischer Bedeutung. Ob eine einzige praktisch relevante Vorschrift eine systematisch eigenständige, vom übrigen Kaufrecht getrennte Kodifikation zu rechtfertigen vermag, ist fraglich. Durch die eigenständige Kodifikation des Handelskaufs ist die Übersichtlichkeit des Kaufvertragsrechts erheblich beeinträchtigt. Ansatzpunkt der Rechtsfindung im Kaufvertragsrecht wie für alle Schuldverträge ist das

562 *Grundmann* AcP 202 (2002), 40, 69; die dort ebenfalls geäußerte Vermutung, dass durch eine Integration von Handelsrecht ins allgemeine Privatrecht auch in diesem Bereich der Markt an Ideen breiter wird, da „alle zentralen Privatrechtler“ am Hauptkodex in der einen oder anderen Form mitarbeiten und somit auch die Anbieter der besten Ideen angezogen werden, sei dagegen dahingestellt.

563 *Röhricht*/Graf von Westphalen, Einl. Rn. 15.

564 Soergel/*Pfeiffer*, § 13 Rn. 17.

565 Schulte-Nölke/Schulze/*Schmidt*, Die Schuldrechtsreform vor dem Hintergrund des Gemeinschaftsrechts, S. 150; jungst erneut *K. Schmidt* BB 2005, 837, 842.

BGB. Sondernormen für bestimmte Rechtssubjekte sollten daher im räumlichen Zusammenhang mit den allgemeinen Vorschriften geregelt werden, die sie verdrängen.[566] Für das kaufvertragliche Sonderrecht der Verbraucher ist dies bereits der Fall, für das der Unternehmer sollte dies ebenfalls der Fall sein.

Das bis vor der Schuldrechtsreform außerhalb des BGB befindliche Sonderrecht der Verbraucher führte auch nach Ansicht des Gesetzgebers für den Rechtsanwender und im Geschäftsverkehr zu einer erheblichen Intransparenz.[567] Diese ist aber auch im Bereich des Kaufrechts gegeben und hier sogar besonders ausgeprägt, da mit dem Kaufmann ein weiteres Kaufrechtssubjekt und mit dem HGB ein weiteres Gesetz außerhalb des BGB zu beachten ist.

Nach der Anknüpfung an die Unternehmereigenschaft als Anwendungsvoraussetzung der Sonderregeln im Kaufrecht ist die Übernahme derselben in das BGB nur konsequent.

c) Unternehmerkauf bereits de lege lata in § 478 BGB

Ein weiterer Grund für das BGB als Standort einer unternehmerrechtlichen Untersuchungs- und Rügeobliegenheit kann in § 478 BGB gesehen werden, da damit bereits eine Vorschrift existiert, die in ihrem persönlichen Anwendungsbereich einen zwischen Unternehmern geschlossenen Kaufvertrag voraussetzt.[568]

Zwar wurde bereits vorgebracht, § 478 BGB sei eine „ausschließlich dem Verbraucherschutz dienende Norm.“ [569] Die Vorschrift könne einen isolierten, eigenständigen Schutz der als Käufer fungierenden Unternehmer schon rechtssystematisch als Bestandteil der Regelungen des Verbrauchsgüterkaufs nicht leisten, Rechtfertigung dieser Norm seien allein die mittelbaren Auswirkungen auf den Verbraucherschutz.[570] Diese sind zunächst nicht von der Hand zu weisen und werden auch nicht bestritten. Auch kann der systema-

566 Ebenso *Knop*, Ein neues Recht des Wirtschaftsverkehrs, S. 187 f.

567 BT-Drs. 14/6040, S. 91 f.

568 § 478 Abs. 1 BGB: (...) Rechte des *Unternehmers* gegen den *Unternehmer*, der ihm die Sache *verkauft* hatte (Lieferant), (...); s. auch schon oben, § 2 III 2. e).

569 *Matthes* NJW 2003, 2305.

570 AnwKomm-BGB/*Büdenbender* (2002), § 478 Rn. 2; widersprüchlich erscheint es, die Rechtfertigung für § 478 BGB allein in den mittelbaren Auswirkungen auf den Verbraucherschutz zu sehen, in derselben Vorschrift gleichzeitig aber auch eine „allgemeine Regreßlogik“ zu erkennen, s.o. § 2 III 2. e).

tische Standort einer Rechtsnorm im Rahmen einer Funktionsbeschreibung derselben durchaus herangezogen werden. Ist aber der systematische Standort selbst derart kritikwürdig wie im vorliegenden Fall, kann er nicht mehr als Argument herangezogen werden. Seinen derzeitigen Standort verdankt § 478 BGB wohl auch dem Umstand, dass de lege lata neben dem Handelskauf keine weiteren spezifisch unternehmerkaufrechtlichen Vorschriften existieren, die einen eigenen Untertitel hätten „füllen" können.

§ 478 Abs. 1 BGB stellt zwar noch keine eigene Anspruchsgrundlage dar, sondern setzt Ansprüche nach § 437 BGB voraus. In § 478 Abs. 2 BGB ist dann jedoch eine eigenständige Anspruchsgrundlage enthalten, die einen identischen subjektiven Anwendungsbereich aufweist. Die Anspruchsgrundlage eines Unternehmers gegenüber einem anderen Unternehmer (Lieferant) bezweckt doch aber gerade einen eigenständigen Schutz des jeweiligen Anspruchsinhabers, auch wenn weiteres Tatbestandsmerkmal ein abschließender Verbrauchsgüterkauf ist. § 478 BGB dient somit auch bzw. insbesondere dem Schutz des Unternehmers als Letztverkäufer[571] und als Käufer gegenüber einem anderen Unternehmer.

3. Entschärfung der Untersuchungs- und Rügeobliegenheit

a) Anpassung an UN-Kaufrecht

Was eine Abschwächung der Rügeobliegenheit für den Käufer angeht, bietet sich eine Orientierung am UN-Kaufrecht an. Die vorgeschlagene unternehmerrechtliche Untersuchungs- und Rügeobliegenheit stellt einen Schritt in Richtung eines Gleichlaufs des nationalen Handels(kauf)rechts mit dem UN-Kaufrecht dar. Eine inhaltliche Anpassung ist grundsätzlich zweckmäßig,[572] insbesondere aber trägt das UN-Kaufrecht den Wandlungen im Handelskauf besser Rechnung als § 377 HGB.[573]

Bislang hat der Käufer die Ware unverzüglich nach der Ablieferung durch den Verkäufer zu untersuchen, § 377 Abs. 1 HGB. Nach Art. 38 Abs. 1 CISG ist die Ware innerhalb einer so kurzen Zeit zu untersuchen, wie es die Umstände erlauben. Entscheidend ist jedoch die in Art. 39 Abs. 1 CISG normierte Pflicht des Käufers, eine Vertragswidrigkeit innerhalb einer an-

---

571 Ebenso *Jacobs* JZ 2004, 225, 226; *Tröger* AcP 204 (2004), 115, 117 f.: „effiziente Risikoallokation", die nichts mit verbraucherrechtlichen Verteilungszielen zu tun habe.

572 Ernst/Zimmermann/*Roth*, S. 226, 252 f.

573 *Huber* ZHR 161 (1997), 160, 185.

gemessenen Frist nach dem Zeitpunkt, in dem er sie festgestellt hat oder hätte feststellen müssen, anzuzeigen. Im Gegensatz zu der nach HGB erforderlichen unverzüglichen Anzeige besteht hier die Möglichkeit einer weiteren Auslegung. Die Anforderungen der Rügeobliegenheit des Käufers werden damit bereits deutlich abgemildert.[574]

Weiterhin enthält Art. 44 CISG einen „Entschuldigungs-Tatbestand“, wonach dem Käufer ungeachtet einer unterlassenen Anzeige der Vertragswidrigkeit immerhin noch ein Anspruch auf Minderung bzw. Ersatz des direkten Schadens erhalten bleibt, wenn er eine „vernünftige Entschuldigung“ für seine Obliegenheitsverletzung geltend macht. Ob im Rahmen der nationalen Rügeobliegenheit eine entsprechende Beschränkung auf bestimmte Käufer-rechte erfolgen sollte, sei zunächst dahingestellt. Jedenfalls könnte der Käufer so weiter entlastet bzw. seine Rechtsposition gestärkt werden. Damit würde der Umstand kompensiert, dass die Untersuchungs- und Rügeobliegenheit unabhängig vom Umfang der geschäftlichen Tätigkeit gelten soll. Obwohl sie grundsätzlich für alle geschäftlich tätigen Käufer gelten soll, kann der besonders unerfahrene Unternehmer in nicht zu beanstandender Weise vor den einschneidenden Folgen eine Rügeversäumnis geschützt werden.[575]

b) Entwurf der §§ 477 – 477 d BGB von Recknagel (1985)

Bereits 1985 hat *Recknagel* vorgeschlagen, § 377 HGB aufzuheben und dafür die von ihm entworfenen §§ 477 – 477 d in das BGB einzufügen.[576]

In § 477 wird zunächst eine allgemeine Untersuchungs- und Rügeobliegenheit ohne Einschränkungen im subjektiven Anwendungsbereich angeregt. In ihrer inhaltlichen Ausgestaltung orientiert sie sich am UN-Kaufrecht. Anschließend wird in § 477 a Abs. 1 der Verbraucherkauf definiert als Kauf zu einem Zweck, der nicht der beruflichen oder gewerblichen Tätigkeit des Käufers zugerechnet werden kann. Im Rahmen dieses Verbraucherkaufs wird vom Käufer lediglich erwartet, offensichtliche Mängel innerhalb einer angemessenen Frist nach Ablieferung der Sache anzuzeigen. Die veränderten persönlichen Anwendungsbereiche ebenso wie die Überführung ins BGB leitet der Verfasser in erster Linie aus rechtsverglei-

---

574 *Westphal*, Der Ausschluß der §§ 377, 378 HGB durch AGB, S. 116.

575 Zur Gegenüberstellung von § 377 HGB und Art. 39 ff. CISG vgl. *Westphal*, Der Ausschluß der §§ 377, 378 HGB durch AGB, S. 109 ff.

576 *Recknagel*, S. 219 ff; die vorgeschlagenen §§ 477 – 477d BGB sind in Anhang 3 aufgeführt.

chenden Untersuchungen hinsichtlich der Trennung von Zivil- und Handelsrecht im englischen, französischen, schweizerischen sowie US-amerikanischen Recht her.

Der Integration einer Untersuchungs- und Rügeobliegenheit wurde hier, wenn auch aus anderen Gesichtspunkten, ebenfalls befürwortet. Auch werden die Vorteile einer Anpassung an das UN-Kaufrecht ähnlich bewertet. Insoweit ist dem Verfasser zuzustimmen.

Überholt ist der Vorschlag der §§ 477 – 477 d BGB in Hinblick auf die Definition des Verbraucherkaufs. Der durch die Schuldrechtsreform eingeführte Verbrauchsgüterkauf setzt demgegenüber einschränkend die Unternehmereigenschaft des Verkäufers voraus, § 474 Abs. 1 S. 1 BGB. Nicht erfasst ist somit der Kauf, der auf beiden Seiten nicht einer (selbstständigen) beruflichen oder gewerblichen Tätigkeit zugerechnet werden kann. Auch die in § 477 d des Entwurfs enthaltene Erstreckung der (Untersuchungs- und) Rügeobliegenheit auf die sog. Aliud-Lieferung ist im Hinblick auf den erweiterten Sachmangelbegriff in § 434 Abs. 3 BGB hinfällig

4. *Wegfall der sonstigen handelskaufrechtlichen Vorschriften*

Grundsätzlich ist anzumerken, dass sich bestehende Rechtsvorschriften nicht selbst rechtfertigen können. Ihre Rechtfertigung sind vielmehr die tatsächlichen Verhältnisse, die ggf. einer Regelung bedürfen. Da sich dieses tatsächliche Umfeld aber stetig und mit zunehmendem Tempo verändert, sind auch die entsprechenden Rechtsvorschriften stetig(er) auf ihre Rechtfertigung bzw. ihren Regelungsgehalt hin zu überprüfen. Das gilt auch für solche, die sich über lange Jahre bewährt haben mögen. Das Gesetz sollte nur dort Regeln vorgeben, wo wirklich ein entsprechender Regelungsbedarf besteht. Dem folgen die zunehmenden rechtspolitischen Bestrebungen, die nationale Normenflut auf ein tatsächlich notwendiges Maß zurückzuführen.

Ausgangspunkt für eine Streichung der §§ 373 ff. HGB ist die ihnen verbleibende geringe praktische Bedeutung. Ihr persönlicher Anwendungsbereich ist weiter eingeschränkt, da sie gegenüber einem Verbraucher nicht zur Anwendung kommen sollten.[577] Hinzu kommt, dass im modernen Warenhandel in hohem Maße von AGB Gebrauch gemacht wird, um einen rechtlichen Rahmen festzulegen. Dadurch kann den spezifischen Anforderungen der unterschiedlichen Bereiche erheblich besser Rechnung getragen werden. Der Handelsverkehr zeichnet sich insgesamt durch ein hohes Maß an Selbstbestimmung und Eigenverantwortung aus. Es ist nicht ersichtlich,

---

577 S.o. § 2 III. 2. c).

welchen Zweck die §§ 373 ff. HGB daneben noch erfüllen könnten. Im Interesse einer schlanken, aber gleichzeitig präzisen und effektiven Rechtsordnung ist diese von Vorschriften mit vergleichbar geringer praktischer Bedeutung zu befreien.

5. Anpassung des Verbraucherbegriffs

Der geltende Verbraucherbegriff in § 13 BGB erfasst dem Wortlaut nach nur natürliche Personen. Im Zusammenhang mit § 14 Abs. 2 BGB ergibt sich, dass entgegen der Rechtsprechung des BGH die BGB-Gesellschaft nicht Verbraucher sein kann. Da sie aber bei entsprechender Zielsetzung ebenso schutzwürdig ist, wie die hinter ihr stehenden natürlichen Personen, sollte die rechtsfähige Personengesellschaft in § 13 BGB ausdrücklich erwähnt werden. Damit wird das rechtspolitisch erwünschte Ziel ohne Begründungsnot erreicht.

Die anders lautende Rechtsprechung des EuGH mit einem engen Verständnis des Verbraucherbegriffs[578] steht dem nicht entgegen, denn der Verbraucherschutz würde lediglich ausgedehnt. Der Einwand, dass der gemeinschaftsrechtlich bedeutende und erst nach einiger Zeit einheitlich angewandte Begriff des Verbrauchers, in den Mitgliedstaaten nicht unterschiedlich angewandt werden sollte,[579] ist durchaus berechtigt. Ob eine einheitliche mitgliedsstaatliche Anwendung allerdings Vorrang vor einer sachlich gerechtfertigten nationalen Erweiterung des Verbrauchbegriffs hat, ist fraglich.[580]

6. Konsequenzen für die dargestellten Problembereiche

Die vorgeschlagene Einführung eines Unternehmerkaufs bei gleichzeitiger Abschaffung des Handelskaufs führt zunächst dazu, dass nur noch Verbraucher und Unternehmer im Sinne der §§ 13, 14 BGB als persönliche Anknüpfungspunkte kaufrechtlicher Vorschriften in Betracht kommen. Konsequenz ist eine klare, übersichtliche Systematik im Kaufrecht, da im Rahmen der drei verbleibenden Kauftypen auch nur noch drei Fallkonstellationen zu unterscheiden sind:

---

578 Soergel/*Pfeiffer*, § 13 Rn. 25.

579 KompaktKom-BGB/*Tonner*, § 474 Rn. 4.

580 In einigen Mitgliedstaaten der EU kann auch die juristische Person Verbraucher sein, vgl. MünchKommBGB/*Micklitz*, § 13 Rn. 10.

1. Der normale Kauf – §§ 433 – 473 BGB
   → stets anwendbar
2. Der Verbrauchsgüterkauf – §§ 474 – 477 BGB
   → zusätzlich anwendbar im Verhältnis Verbraucher – Unternehmer
3. Der Unternehmerkauf – §§ 478 – 479a BGB
   → zusätzlich anwendbar im Verhältnis Unternehmer – Unternehmer

In diesen drei Kaufvertragstypen spiegelt sich dann auch erkennbar die allgemeine Dreiteilung der Vertragsverhältnisse[581] wieder.

Die Untersuchungs- und Rügeobliegenheit bleibt erhalten, setzt jedoch statt der Kaufmanns- die Unternehmereigenschaft voraus. Der Kaufmann im Sinne der §§ 1 ff. HGB würde als subjektiver Anknüpfungspunkt im Kaufrecht keine Rolle mehr spielen. Die seit langem kontrovers diskutierte Frage einer analogen Anwendung von § 377 HGB auf andere als Kaufleute ist damit erledigt. Die Anforderungen an den Käufer werden abgeschwächt, ohne dabei den Zweck der Rügeobliegenheit zu gefährden. Dadurch bestünde kein Anlass mehr, durch wie auch immer geartete Versuche die Rügeobliegenheit auszuhebeln.

Eine weitere Kategorie zwischen Unternehmer und Verbraucher (wie die Zivilperson) ist nicht mehr denkbar. Mit der Aufnahme der rechtsfähigen Personengesellschaft in § 13 BGB erfassen diese Begriffe nunmehr alle Rechtssubjekte abschließend und überschneidungsfrei. Die Anknüpfung an eine pauschal vermutete Schutzbedürftigkeit erfolgt ohne Rücksicht auf den Status der privat handelnden, nicht juristischen Person.

Schließlich besteht die Möglichkeit, dass von einer Anknüpfung der Unter-suchungs- und Rügeobliegenheit als Kernstück der Vorschriften über die Handelsgeschäfte an die Unternehmereigenschaft neue Impulse für die festgefahrene Diskussion über eine Reform des persönlichen Anwendungsbereichs des Handelsrechts insgesamt ausgehen. Positive Erfahrungen könnten derart weit reichende Veränderungen erleichtern.

581 S.o. § 1 VII.

Zusammenfassung

1. Eingeteilt nach Art der beteiligten Parteien (*persönlicher Anwendungsbereich*) besteht im nationalen *Kaufrecht* eine *Dreiteilung* in *Verbrauchsgüterkauf*, *Handelskauf* und *„normaler" Kauf*. Als Kaufrechtssubjekte kommen nach geltendem Recht *Unternehmer*, *Verbraucher*, *Zivilpersonen* und *Kaufleute* in Betracht. Diese Personengruppen überschneiden sich, was eine Vielzahl von denkbaren Fallkonstellationen zur Folge hat.

2. *Kaufmanns- und Unternehmerbegriff* sind sich von ihrer Reichweite und Funktionsweise her *sehr ähnlich*. Einzig wesentlicher jedoch *nicht gerechtfertigter Unterschied* ist die *Herausnahme der Freien Berufe* und der Kleingewerbetreibenden aus dem Kaufmannsbegriff. Dies gilt jedenfalls für die Vorschriften der §§ 373 ff. HGB über den Handelskaufs.

3. Konsequenz aus den Überschneidungen der kaufrechtlichen Anwendungsbereiche ist eine *unübersichtliche Kaufrechtssystematik*, zu der die unterschiedlichen Standorte der einzelnen Vorschriften weiter beitragen. Die §§ 373 ff. HGB über den *einseitigen Handelskauf* führen zu einer *nicht nachvollziehbaren Privilegierung der Kaufleute*. Ferner können sie sich entgegen der Zielsetzung eines hohen Verbraucherschutzniveaus *zulasten von Verbrauchern* auswirken. Einen Kaufvertrag zwischen einem Kaufmann und einem Verbraucher gleichzeitig als Verbrauchsgüterkauf sowie als einseitigen Handelskauf einzuordnen, führt daher zu erheblichen Widersprüchen.

4. Die Untersuchungs- und Rügeobliegenheit in § 377 HGB dient unverändert *elementaren Zielen des Handelsrechts*: der beschleunigten Abwicklung von Rechtsgeschäften im geschäftlichen Verkehr sowie Schadensabwehr- und Minderungsfunktion. Trotz vereinzelter Kritik hat sie ihre *Berechtigung nicht verloren*.

5. Im Hinblick auf die Vorschriften über den *einseitigen Handelskauf* unterscheidet sich die Rechtslage nur noch unwesentlich von der nach den allgemeinen Vorschriften gem. den §§ 433 ff. BGB, wozu die Schuldrechtsreform erheblich beigetragen hat. Praktisch wird die ohnehin *geringe Bedeutung* der Vorschriften über den einseitigen Handelskauf noch durch ihren zweifelhaften Gerechtigkeitsgehalt geschmälert. Insbesondere gegenüber einem Verbraucher führt ihre Anwendung zu erheblichen Wertungswidersprüchen. Im geschäftlichen Verkehr werden sie ohnehin häufig durch AGB verdrängt.

6. In Anbetracht dieser Analyse wird die *Überführung* einer auf dem UN-Kaufrecht aufbauenden und an die Unternehmereigenschaft im Sinne des § 14 BGB *Untersuchungs- und Rügeobliegenheit ins BGB* sowie die *ersatzlose Streichung der restlichen Vorschriften über den Handelskauf* angeregt. Die Definition des Verbrauchers in § 13 BGB ist um die in § 14 BGB erwähnte rechtsfähige Personengesellschaft zu erweitern, weil sich nur so die Annahme einer Zwischenkategorie vermeiden lässt.

7. Zu erreichen wäre so eine *übersichtliche Systematik* der persönlichen Anwendungsbereiche im Kaufrecht mit einer *überschneidungsfreien Einteilung* in Verbrauchsgüterkauf, Unternehmerkauf und „normaler" Kauf. Die wenigen abweichenden Sondernormen für Verbraucher und Unternehmer fänden sich künftig in unmittelbarem räumlichem und sachlichem Zusammenhang mit den allgemeinen Vorschriften. Die Rechtsanwendung würde vereinfacht und die Einheit des Zivilrechts deutlicher hervortreten.

Anhang 1: Entwurf Untertitel 4. Unternehmerkauf (BGB)

Nach § 477 BGB wird ein „**Untertitel 4. Unternehmerkauf**“ eingefügt. Der jetzige Untertitel 4. wird zu Untertitel 5.

Untertitel 4. Unternehmerkauf

§ 478 Rückgriff des Unternehmers. (1) – (5) – unverändert –
(6) § 479a bleibt unberührt.

§ 479 Verjährung von Rückgriffsansprüchen.
– unverändert –

§ 479a BGB Untersuchungs- und Rügeobliegenheit. (1) Kauft ein Unternehmer von einem anderen Unternehmer eine bewegliche Sache (Unternehmerkauf), so hat der Käufer die Ware innerhalb so kurzer Frist zu untersuchen oder untersuchen zu lassen, wie es die Umstände erlauben.

(2) Erfordert der Vertrag eine Beförderung der Ware, so kann die Untersuchung bis nach dem Eintreffen der Ware am Bestimmungsort aufgeschoben werden.

(3) Wird die Ware vom Käufer umgeleitet oder von ihm weiterversandt, ohne dass er ausreichend Gelegenheit hatte, sie zu untersuchen, und kannte der Verkäufer bei Vertragsabschluß die Möglichkeit einer solchen Umleitung oder Weiterversendung oder musste er sie kennen, so kann die Untersuchung bis nach dem Eintreffen der Ware an ihrem neuen Bestimmungsort aufgeschoben werden.

(4) Der Käufer verliert das Recht, sich auf eine Vertragswidrigkeit der Ware zu berufen, wenn er sie dem Verkäufer nicht innerhalb einer angemessenen Frist nach dem Zeitpunkt, in dem er sie festgestellt hat oder hätte feststellen müssen, anzeigt und dabei die Art der Vertragswidrigkeit genau bezeichnet.

(5) Der Käufer verliert in jedem Fall das Recht, sich auf die Vertragswidrigkeit der Ware zu berufen, wenn er sie nicht spätestens innerhalb von einem Jahr, nachdem ihm die Ware tatsächlich übergeben worden ist, dem Verkäufer anzeigt, es sei denn, dass diese Frist mit einer vertraglichen Garantiefrist unvereinbar ist.

(6) Der Verkäufer kann sich auf die Abs. 1 – 5 nicht berufen, wenn die Vertragswidrigkeit auf Tatsachen beruht, die er kannte oder kenne musste.

(7) Ungeachtet des Abs. 4 kann sich der Käufer auf die Vertragswidrigkeit der Ware berufen, wenn er eine vernünftige Entschuldigung dafür hat, dass er die erforderliche Anzeige unterlassen hat.

Anhang 2: Änderung der §§ 13, 14 BGB

§ 13 Verbraucher. (1) Verbraucher ist jede natürliche Person oder eine rechtsfähige Personengesellschaft, die ein Rechtsgeschäft zu einem Zweck abschließt, der weder ihrer gewerblichen noch ihrer selbstständigen beruflichen Tätigkeit zugerechnet werden kann.

(2) Eine rechtsfähige Personengesellschaft ist eine Personengesellschaft, die mit der Fähigkeit ausgestattet ist, Rechte zu erwerben und Verbindlichkeiten einzugehen.

§ 14 Unternehmer. (1) – unverändert –

(2) § 13 Abs. 2 gilt entsprechend.

Anhang 3: Entwurf der §§ 477 – 477d BGB von Recknagel[582]

§ 477 BGB

(1) Der Käufer hat die Sache unverzüglich nach der Ablieferung zu untersuchen. Ist vereinbart, daß der Verkäufer die Sache nach einem anderen Ort als dem Erfüllungsort zu versenden hat, so hat der Käufer die Untersuchung nach der Ankunft der Sache am Bestimmungsort vorzunehmen. Wird die Sache durch den Käufer weiterversendet, ohne daß eine zumutbare Möglichkeit zur Untersuchung besteht, und hat der Verkäufer bei Vertragsschluß die Möglichkeit der Weiterversendung gekannt oder war sie für ihn erkennbar, so kann die Untersuchung bis zum Eintreffen der Sache am neuen Bestimmungsort aufgeschoben werden.

(2) Bei der Untersuchung erkennbare Mängel muß der Käufer innerhalb einer angemessen Frist dem Verkäufer anzeigen. Alle übrigen Mängel hat er innerhalb einer angemessenen Frist nach der Entdeckung anzuzeigen. Andernfalls sind die Recht des Käufers ausgeschlossen. Die Anzeige muß spätestens innerhalb von zwei Jahren nach der Ablieferung und bei Vereinbarung einer längeren Gewährleistungsfrist innerhalb dieser Frist erfolgen. Zur Wahrung der Frist genügt die rechtzeitige Absendung der Anzeige

§ 477a BGB

(1) Bei einem Kauf zu einem Zweck, der nicht der beruflichen oder gewerblichen Tätigkeit des Käufers zugerecht werden kann (Verbraucherkauf), hat der Käufer offensichtliche Mängel innerhalb einer angemessenen Frist nach der Ablieferung der Sache anzuzeigen.

(2) Alle anderen Mängel hat er innerhalb von zwei Jahren, bei Vereinbarung einer längeren Gewährleistungsfrist innerhalb dieser Frist anzuzeigen. Andernfalls sind die Rechte des Käufers ausgeschlossen. Zur Wahrung der Frist genügt die rechtzeitige Absendung der Anzeige.

(3) Wenn der Verkäufer oder der Hersteller dem Käufer ein vertragliches Nachbesserungsrecht einräumen, kann die Anzeige dadurch erfolgen, daß der Käufer dem zur Nachbesserung Verpflichteten eine angemessene Gele-

582 *Recknagel*, S. 219 ff.

genheit zur Nachbesserung gibt. Eine Nachlieferung oder die Vertragsaufhebung kann der Käufer erst dann verlangen, wenn er den Mangel gemäß Satz 1 angezeigt hat und die Nachbesserung fehlgeschlagen oder verweigert worden ist. Der Verkäufer oder der Hersteller haben in diesem Fall zu beweisen, daß die Nachbesserung gelungen ist.

(4) § 477a BGB findet keine Anwendung, wenn der Verkäufer auch aus den Umständen des Kaufes nicht erkennen konnte, daß ein Verbraucherkauf vorlag.

§ 477b BGB

Der Verkäufer kann sich auf die Nichtanzeige von Mängeln nicht berufen, wenn er den Mangel arglistig verschwiegen oder den Käufer vorsätzlich geschädigt hat.

§ 477c BGB

(1) Die Ansprüche des Käufers wegen eines Mangels verjähren innerhalb eines Jahres nach der Absendung der Mängelanzeige.

(2) Nimmt der Verkäufer im Einverständnis mit dem Käufer eine Prüfung der Sache vor oder versucht er den Mangel durch Nachbesserung zu beheben, so ist die Verjährung solange gehemmt, bis der Verkäufer dem Käufer das Ergebnis der Prüfung mitteilt oder ihm gegenüber den Mangel für beseitigt erklärt oder die Behebung des Mangels verweigert.

§ 477d BGB

Wenn eine andere Sache als die verkaufte Sache oder eine Sache anderer Art geliefert worden ist, hat der Käufer die §§ 477, 477a BGB zu beachten. Das gleiche gilt, wenn nur ein Teil der verkauften Sache oder Sachmenge geliefert worden ist.

Anhang 4: Ausgewählte Rechtsvorschriften

Bürgerliches Gesetzbuch (BGB)

In der Fassung der Bekanntmachung vom 2. Januar 2002
(BGBl. I S. 42, ber. S. 2909 und BGBl. 2003, S. 738)

§ 13 Verbraucher. Verbraucher ist jede natürliche Person, die ein Rechtsgeschäft zu einem Zweck abschließt, der weder ihrer gewerblichen noch ihrer selbständigen beruflichen Tätigkeit zugerechnet werden kann.

§ 14 Unternehmer. (1) Unternehmer ist eine natürliche oder juristische oder eine rechtsfähige Personengesellschaft, die bei Abschluß eines Rechtsgeschäfts in Ausübung ihrer gewerblichen oder selbständigen beruflichen Tätigkeit handelt.

(2) Eine rechtsfähige Personengesellschaft ist eine Personengesellschaft, die mit der Fähigkeit ausgestattet ist, Rechte zu erwerben und Verbindlichkeiten einzugehen.

§ 434 Sachmangel. (1) Die Sache ist frei von Sachmängeln, wenn sie bei Gefahrübergang die vereinbarte Beschaffenheit hat. [2]Soweit die Beschaffenheit nicht vereinbart ist, ist die Sache frei von Sachmängeln,

1. wenn sie sich für die nach dem Vertrag vorausgesetzte Verwendung eignet, sonst

2. wenn sie sich für die gewöhnliche Verwendung eignet und eine Beschaffenheit aufweist, die bei Sachen der gleichen Art üblich ist und die der Käufer nach der Art der Sache erwarten kann.

[3] (...)

(2) (...)

(3) Einem Sachmangel steht es gleich, wenn der Verkäufer eine andere Sache oder eine zu geringe Menge liefert.

Handelsgesetzbuch (HGB)

In der Fassung vom 3. August 2005
(BGBl. I S. 2267)

§ 1. [Istkaufmann] (1) Kaufmann im Sinne dieses Gesetzbuchs ist, wer ein Handelsgewerbe betreibt.

(2) Handelsgewerbe ist jeder Gewerbebetrieb, es sei denn, daß das Unternehmen nach Art oder Umfang einen in kaufmännischer Weise eingerichteten Geschäftsbetrieb nicht erfordert.

§ 343. [Begriff der Handelsgeschäfte] (1) Handelsgeschäfte sind alle Geschäfte eines Kaufmanns, die zum Betriebe seines Handelsgewerbes gehören.

(2) (aufgehoben)

§ 344. [Vermutung für das Handelsgeschäft] (1) Die von einem Kaufmanne vorgenommenen Rechtsgeschäfte gelten im Zweifel als zum Betriebe seines Handelsgewerbes gehörig.

(2) (...)

§ 345. [Einseitige Handelsgeschäfte] Auf ein Rechtsgeschäft, das für einen der beiden Teile ein Handelsgeschäft ist, kommen die Vorschriften über Handelsgeschäfte für beide Teile gleichmäßig zur Anwendung, soweit nicht aus diesen Vorschriften sich etwas anderes ergibt.

§ 377. [Untersuchungs- und Rügepflicht] (1) Ist der Kauf für beide Teile ein Handelsgeschäft, so hat der Käufer die Ware unverzüglich nach der Ablieferung durch den Verkäufer, soweit dies nach ordnungsmäßigem Geschäftsgang tunlich ist, zu untersuchen und, wenn sich ein Mangel zeigt, dem Verkäufer unverzüglich Anzeige zu machen.

(2) Unterläßt der Käufer die Anzeige, so gilt die Ware als genehmigt, es sei denn, daß es sich um einen Mangel handelt, der bei der Untersuchung nicht erkennbar war.

(3) Zeigt sich später ein solcher Mangel, so muß die Anzeige unverzüglich nach der Entdeckung gemacht werden; anderenfalls gilt die Ware auch in Ansehung dieses Mangels als genehmigt.

(4) Zur Erhaltung der Rechte des Käufers genügt die rechtzeitige Absendung der Anzeige.

(5) Hat der Verkäufer den Mangel arglistig verschwiegen, so kann er sich auf diese Vorschriften nicht berufen.

§ 378 a.F.* [Untersuchungs- und Rügepflicht bei Falschlieferung und Mengenfehlern] Die Vorschriften des § 377 finden auch dann Anwendung, wenn eine andere als die bedungene Ware oder eine andere als die bedungene Menge von Waren geliefert ist, sofern die gelieferte Ware nicht offensichtlich von der Bestellung so erheblich abweicht, daß der Verkäufer die Genehmigung des Käufers als ausgeschlossen betrachten mußte.

*aufgehoben durch Art. 5 Abs. 16 des Schuldrechtsmodernisierungsgesetzes